WESTEND

FLORIAN SCHWINN

RETTET DEN BODEN!

Warum wir um das Leben unter unseren Füßen kämpfen müssen

mit Zeichnungen von Katharina Schmidt

WESTEND

Mehr über unsere Autoren und Bücher:
www.westendverlag.de

Die Deutsche Nationalbibliothek verzeichnet diese Publikation in der Deutschen Nationalbibliografie; detaillierte bibliografische Daten sind im Internet über http://dnb.d-nb.de abrufbar.

MIX
Papier aus verantwortungsvollen Quellen
FSC® C083411
FSC www.fsc.org

2. Auflage 2019
ISBN 978-3-86489-242-4

Umschlaggestaltung: Buchgut Berlin
Illustrationen: Katharina Schmidt, kwittiseeds
Redaktion: Viviane Richarz
Satz: Publikations Atelier, Dreieich
Druck und Bindung: CPI – Clausen & Bosse, Leck
Printed in Germany

Inhalt

Warnung 8

PROLOG: **Alles Gewürm** 11

1 **Drunter und drüber** 21

Gärtners Spurensuche 21

Die Spur der Würmer

Der Storch des Bodens

Gang nach drüben

Insel Denken

Darauf stehen wir 39

Schichtarbeiter

Moder und Mull

Verlustrechnung

Schwemmland 55

Mein Acker

Kommt fett

Land unter

Der Feldzug

Fliegende Erde 72

Aus dem Staub

Bodenlos 77

Kassensturz

2 Reparaturbetrieb 91

Ewigkeitskosten 91

Wiederbelebt

Tabula rasa

Luftlandetiere

Wartejahre

Unten ohne 108

Hochhausgemüse

Tod auf dem Acker 113

Erster Anlauf

Zweiter Anlauf

Sisyphos

Selbst ist der Wurm 129

Wurmolution

Bisexologie

Wissen schafft 142

Ostboden

Tiefes Leben 149

3 Ausverkauf 155

Wachstum und Wahn 155

Der totale Stall

Suizid

Ackergold 172

Geldland

Megaland

Bauernland 182

Zugangzuland

Land Grabbing

4 Humuswende 195

Bodendefensive 195

Acker-Adipositas

Ackern als Leidenschaft

Bauers Tierleben 208
Bodenfütterung
Biolebenstest
Humusoffensive
Anfüttern 225
Die Druntersaat
Der Wurmwettkampf
Das Einhecken
Ökologisierung 239
Moor Leben

Epilog: Lebensboden 249

Literatur 259

Anmerkungen 263

Dank 272

Siehe auch: www.rettetdenboden.de

Warnung

Wenn du hier weiterliest, dann begibst du dich in die Unterwelt. Aber keine Angst, du musst den Todesfluss Styx nicht überqueren. Es geht nicht um die Hölle, den Hades, die Unterwelt von Orpheus und Eurydike, sondern nur um die reale Unterwelt unter unseren Füßen. Und die ist das Gegenteil des Todes, sie ist der Quell des Lebens.

Es hat in den letzten Jahren einen wahren Hype um Waldbücher gegeben. Die Menschen wollten offenbar unbedingt die Bäume verstehen. Eine sehr deutsche Form der Hinwendung zur Natur. Dieses Interesse würde ich gerne auch dem Boden angedeihen lassen. Ohne ihn könnten übrigens auch die Wälder nicht sein. Sie wurzeln in ihm und leben von und mit ihm. So wie sich viele Menschen in letzter Zeit mit den Wäldern beschäftigt haben, würde ich gerne viele Menschen anregen, sich mit dem Leben unter unseren Füßen zu beschäftigen. Einfach weil das noch wichtiger ist als die Sache mit dem Wald. Aber Achtung: Die Welt ist da unten leider nicht so einfach gestrickt, wie man oberirdisch denken könnte. Sie ist deutlich vielfältiger und überraschender. Und sie ist gleichzeitig fragil, vergänglich, zerbrechlich und stark, widerstandsfähig und regenerationsfähig. Wir alle können nur überleben, wenn sie funktioniert und weiterlebt. Genau das ist aber nicht gesichert, weil wir dabei sind, den Boden zu zerstören – und damit unsere Lebensgrundlage.

Es ist also keine freudige Botschaft, die ich zu verkünden habe, aber eine nötige. Wer dennoch den Blick unter seine Füße wagt – so viel sei versprochen –, der gewinnt einen Einblick in eine Welt, die es in dieser Vielfalt bei uns oberirdischen Lebewesen nicht gibt.

Prolog
Alles Gewürm

»Am Anfang schuf Gott Himmel und Erde. Und die Erde war wüst und leer, und Finsternis lag auf der Tiefe; und der Geist Gottes schwebte über dem Wasser. Und Gott sprach: Es werde Licht! Und es ward Licht!«

Das war schon das ganze Setting! Die Genesis sagt alles über unsere Lebensgrundlagen: Erde, Wasser, Licht. Und auch, welches Leben zuerst im Blick ist:

»Gott sprach: Es lasse die Erde aufgehen Gras und Kraut, das Samen bringe, und fruchtbare Bäume, die ein jeder nach seiner Art Früchte tragen, in denen ihr Same ist auf der Erde. Und es geschah so.«

Die Erde lasse das aufgehen? Und wer ist das, diese Erde? Wie lässt sie aufgehen, woraus sprießt es hervor, wohin fällt der Same? Auch dafür wird gesorgt. Am sechsten Tag der Schöpfung kommen die Landtiere – und mit ihnen »alles Gewürm des Erdbodens nach seiner Art. Und Gott sah, dass es gut war.«[1]

Nur die Menschen, die später hinzukamen, hörten dann irgendwann auf zu sehen, was gut war. Sie hörten fast gänzlich auf zu sehen, was in der Erde geschieht. Ihr Blick endete an ihren Fußsohlen. Was darunter geschah, interessierte nur noch wenige. Die meisten hatten bald vergessen, worin Gras und

Kraut und die Früchte tragenden Bäume wurzeln und wovon die Pflanzen eigentlich leben, von denen wiederum sie leben. Denn sie hatten Mittel gefunden, mit denen sie Leben schaffen konnten auch ohne fruchtbaren Boden und mit denen sie beseitigen konnten, was sie störte, auf dem Boden und endlich auch in ihm. Wobei sie auch töteten, wovon sie gar nicht wussten, da sie Leben zerstörten, bevor sie es überhaupt wahrgenommen hatten. Und all den Arten von Gewürm des Erdbodens ging es schlechter und schlechter. Das allerdings geschah erst, nachdem die Menschen schon ein paar Millionen Jahre auf und von der fruchtbaren Erde gelebt hatten, und immerhin gut 15 000 Jahre nachdem sie sesshaft geworden waren und als Bauern begonnen hatten, die Erde zu bearbeiten.

Viele Tausend Jahre lang wussten die Bauern, dass sie ohne das Leben im Erdboden verloren waren. Auch wenn sie von dem Bodenleben selbst im Einzelnen noch gar nichts wussten, so doch von der natürlichen Fruchtbarkeit des Bodens. Sie waren angewiesen darauf, dass die Wälder und Wiesen, die sie nutzten, und die Äcker, die sie umgebrochen hatten und auf denen sie säten und ernteten, mehr Leben hervorbrachten, als die Böden brauchten, um sich selbst am Leben zu erhalten. Die Menschen und ihre Tiere lebten von diesem Überfluss. Sie lernten aber auch, dass der endlich ist, dass der Erdboden bald nichts mehr abgeben konnte, wenn sie ihm nichts zurückgaben von den Nährstoffen, die sie ihm nahmen. Sie wussten um ihre Abhängigkeit von der Fruchtbarkeit der Erde, die sie bebauten. Und wenn ein paar fette Jahre sie vergesslich gemacht hatten und hoffärtig, wenn sie ihre Böden vernachlässigten oder sie allzu sehr auszehrten, wenn sie ihnen keine Erholung mehr gönnten, dann erinnerte sie alsbald der Hunger daran. Wo die Menschen auf die Fruchtbarkeit ihrer Böden für längere Zeit nicht achteten, wo sie mehr nahmen, als die Böden an Leben erneuern konnten, da mussten sie irgendwann gehen. Die Geschichte der Umweltflüchtlinge ist so alt wie der Raubbau an den natürlichen Ressourcen.

In den entwickelten Ländern der Erde, die zuletzt auch ihre Landwirtschaft industrialisiert haben, ist die eigenständige Fruchtbarkeit der Böden heute kein Problem mehr. Zumindest scheint es so. Denn ein großer Teil der Böden wird inzwischen so bewirtschaftet, als gäbe es gar kein Leben im Boden, als sei die Erde nur das Substrat, in dem die Pflanzen sich festhalten.

Tatsächlich haben wir längst bewiesen, dass es auch ohne lebendige Erde geht, ja überhaupt ohne Erde. Wir können Pflanzen auch in Kügelchen aus Ton oder auf Steinwolle wurzeln lassen und künstlich bewässern und ernähren. Letztlich geht es sogar ohne Wurzeln: mit pflanzlichen Einzellern in Bioreaktoren. Nur ist das mit hohem technischem Aufwand bei der Gewinnung der Nährstoffe und der Produktion der Biomasse verbunden. Und mehr als das ist das Ergebnis dann auch nicht: Biomasse. Immerhin gut genug, um damit Biogasanlagen oder Biospritraffinerien zu füttern. Für unsere Nahrungsmittel sind wir aber noch auf die fruchtbaren Böden dieser Erde angewiesen, zumindest wenn es nicht um die Ernährung einzelner Menschen geht, die vielleicht mit Bioreaktoren an Bord zum Mars fliegen sollen, sondern um die Ernährung der ganzen wachsenden, bodenverhafteten Menschheit.

Unser derzeitiger Umgang mit dem fruchtbaren Boden der Erde ist aber ein Vernichtungsfeldzug. Wir betonieren, asphaltieren ihn zu, baggern ihn weg, planieren und versiegeln. Täglich gehen auch in Deutschland noch immer sechzig Hektar Land verloren. Um es anschaulich zu machen, der gängige Vergleich: Das sind knapp 150 Fußballfelder. Eigentlich wollte die Bundesregierung den Flächenfraß bis 2020 auf täglich dreißig Hektar begrenzen, was dann immer noch 74 Fußballfelder wären, die täglich draufgehen. Es bleiben aber mehr, denn diese selbstgesetzte Vorgabe ist eines der vielen nicht erreichten Umweltziele. Das Bundesamt für Bauwesen und Raumordnung geht davon aus, dass der Landverlust durch bauliche Versiegelung bis 2030 nur auf 45 Hektar pro Tag zurückgeht. Aber selbst wenn das ursprüngliche Ziel bis dahin erreicht würde, wären das immer noch dreißig Hektar zu viel. Denn, wenn uns schon die Welt groß genug erscheint, um sie immer weiter auszubeuten, das kleine Deutschland dürfte für jeden so überschaubar sein, dass leicht zu erkennen ist, dass die Ressource Land endlich ist und wir es uns nicht leisten können, jeden Tag dreißig Hektar zu verlieren.

Aber selbst da, wo kein Quadratmeter Fläche überbaut wird, geht Boden verloren. Denn die sogenannte moderne Landwirtschaft ist in ihrer industrialisierten Form an dem Vernichtungsfeldzug gegen das Leben beteiligt; auch sie sorgt dafür, die fragile Schicht fruchtbaren Bodens abzutöten und abzutragen, von der die Pflanzen und alle Landtiere leben – und also auch wir.

Noch nie in der Geschichte der Menschheit sind wir derart flächendeckend weltweit gegen unsere eigenen Lebensgrundlagen – im Wortsinn – »zu Felde« gezogen. Tatsächlich ziehen wir uns selbst den Boden unter den Füßen weg. Auch das wieder wörtlich gemeint, denn unsere Form der Bodenbearbeitung tötet nicht nur das Leben im Boden, sondern sorgt auch für Erosion durch Wind und Wasser. Wie das endet, kann man sich in der Sahelzone anschauen, wo der Raubbau an den Böden zu dauerhafter Verwüstung geführt hat. Man muss dafür aber nicht nach Afrika fahren. Im Süden Spaniens lassen sich malerisch verfallene Fincas besichtigen, ehemals profitable Bauernhöfe, die jahrhundertelang die Menschen ernährten. Jetzt stehen sie in einer von tiefen Erosionsgräben durchzogenen, stetig wachsenden Wüste. Und auch die von Touristen gern besuchten Karstlandschaften des Balkans und Süditaliens sind Zeugen vergangenen Raubbaus. Der Wald, der dort einstmals wuchs, ist nie wiedergekommen.

Wenn die flache Schicht fruchtbaren Bodens erst einmal fort ist, gelingt es uns kaum mehr, das Land wieder urbar zu machen.

Die natürlichen Prozesse der Bodenbildung laufen in zeitlichen Dimensionen ab, mit denen wir Menschen nichts zu tun haben. Die Spanne eines einzigen Menschenlebens allerdings reicht uns, um die Fruchtbarkeit ganzer Landstriche auf Dauer zu vernichten. Denn die oberste Schicht der Erde, auf der und von der wir leben, hat zwar Millionen Jahre des Aufbaus gebraucht, ist aber doch nur eine Winzigkeit, die schnell wieder verloren sein kann.

Vergleicht man den Aufbau unseres Planeten mit dem eines Apfels – eine früher in der Schule gern gezeigte Vorstellung –, dann ist das Fleisch des Apfels der flüssige Kern der Erde, und die Apfelschale stellt die feste steinerne Erdkruste dar. Abgesehen davon, dass auch dieser Vergleich mal wieder hinkt, weil die Apfelschale im Verhältnis viel zu dick ist – wäre in diesem Bild der Staub auf der Apfelschale jene äußerste Erdschicht, die alles Landleben auf dem Erdball möglich macht. Wobei dieses »Häutchen« auf dem Erdball »eine im Vergleich gar nicht darstellbar dünne Staubschicht« wäre, wie schon 1922 Raoul Heinrich Francé feststellte, der Vater der modernen Bodenforschung.[2] Vielleicht hilft uns der hinkende Vergleich dennoch, endlich wieder zu bemerken, dass der feste Boden, auf dem wir zu stehen glauben, nichts ist als ein Stäubchen und dass unser Leben und das Überleben der ganzen Menschheit mit diesem Stäubchen hinweggefegt werden kann.

Was mit hinweggefegt wird, wenn der Boden im Sturmwind davonfliegt, was mit untergeht, wenn der Boden im Sturzregen abgeschwemmt wird, was unter Beton und Asphalt stirbt, das ist der vielfältigste Lebensraum der Erde. Nirgendwo ist das Leben so dicht gepackt wie in der obersten fruchtbaren Erdschicht. In einem einzigen Kubikmeter gesunden Oberbodens leben mehr Organismen, als es Menschen auf der Erde gibt. Wenn auf einer gut eingewachsenen, intakten Weide zwanzig Rinder grasen, die zehn bis fünfzehn Tonnen Lebendgewicht auf die Grasnarbe bringen, dann sorgen in und unter der grünen Pflanzendecke gut 250 Tonnen Bodenorganismen dafür, dass die Pflanzen und damit auch die Rinder da oben satt werden. All diese Asseln, Fadenwürmer, Springschwänze, Doppel- und Hundertfüßer, Algen, Pilze, Milben, Regenwürmer und Mikroorganismen arbeiten unermüdlich daran, in und auf diesem Boden Leben zu ermöglichen. Allerdings ist diese stark belebte und fruchtbare Schicht des Bodens an vielen Stellen weniger als einen halben Meter dick und entsprechend schnell zerstört. An anderen Stellen existiert sie fast gar nicht oder nur in Nischen.

In immer mehr Gebieten der Erde wird den kleinen und kleinsten Helferlein zudem das Überleben im Boden immer schwerer gemacht, weil wir Menschen wirtschaften, als wüssten wir gar nichts von ihnen. Wir ignorieren sie und ihre Funktion, ihre »Dienstleistung«* für uns.

Das fällt uns leicht, weil die meisten von uns inzwischen verlernt haben, auch nur zu sehen, ob es dem Leben im Boden gut geht. Wir erkennen den Unterschied gar nicht mehr zwischen einer Grünfläche, die hauptsächlich Entsorgungsplatz für Gülle ist, und einer intakten Weide. Ebenso wenig den zwischen einem totgefahrenen, totgespritzten und erodierten Acker, der nurmehr als Substrat genutzt wird, und einem lebendigen, aus sich selbst heraus fruchtbaren Ackerboden. Bestenfalls sehen wir noch den Unterschied zwischen einem wöchentlich gemähten Gartenrasen und der vom Gärtner bewusst gesäten Wildwiese. Wobei wir die artenarm gekürzte Halmsteppe schön finden und das wilde Durcheinander der Wiese nur dulden, weil uns immer wieder gesagt wurde, dass das so gut sei und so sein solle.

---

* Tatsächlich sprechen Ökologen von Ökosystem-Dienstleistungen, um zu benennen, welche Funktion bestimmte Biotope für uns Menschen haben. So als sei die Natur ein Gewerbeverband, der für uns arbeitet. Dahinter steckt die Idee, den Menschen ihre Abhängigkeit von der Vielfalt funktionierender natürlicher Lebensräume klarzumachen. Eine Idee, die bislang ohne Breitenwirkung blieb.

Dabei könnten wir noch viel mehr der »Dienstleistungen« des Bodenlebens für uns in Anspruch nehmen als nur die Funktion, die fruchtbare Erde bereitzustellen, die wir seit dem Bioland-Vordenker Hans Peter Rusch »Mutterboden«[3] nennen. Sie speichert Wasser, verhindert Überflutungen, sie filtert es zu sauberem Grundwasser. Sie versorgt die Pflanzen. Sie klimatisiert das Land.

Wir könnten die Bodenorganismen sogar nutzen, um unseren größten Umweltfrevel zu reparieren: den Klimawandel. Bei ihrer vielfältigen Zersetzungsarbeit, der Umwandlung von Streu und Dung, von totem pflanzlichen und tierischen Material in organische Nährstoffe, entsteht Humus: organisches Material im Boden. Die Basis der aktuellen und zukünftigen Nährstoffe der Pflanzen und des Wasserreservoirs im Oberboden. Bei der Humusbildung lagern die Bodentiere und -pflanzen, die Pilze und Mikroorganismen auch Kohlenstoff im Boden ein; bei ungestört wachsenden Böden wie unter Wäldern und Weiden wird der Kohlenstoff dauerhaft im Boden gespeichert. Auch in intaktem Ackerboden wird Humus gebildet, wenn er nicht ständig gepflügt wird und nicht wochen- und monatelang ohne Pflanzendecke vor sich hin dämmert. Würden wir nun auf allen landwirtschaftlich genutzten Böden dieser Erde in jedem Jahr auch nur vier Promille mehr Humus wachsen lassen, dann wäre der gesamte jährliche Kohlendioxid-Ausstoß der Menschheit im Boden gespeichert. Bei der Klimakonferenz in Paris[4], bei der sich die Staaten endlich auf ein Klimaabkommen einigen konnten, hat Gastgeber Frankreich genau das vorgeschlagen: eine weltweite Vier-Promille-Initiative.

Das wäre einer der guten Gründe für die unbedingt nötige Humuswende: Die Landwirtschaft könnte vom Klimazerstörer zum Klimaretter werden. Welch grandioser Imagewandel! Der andere wichtige Antrieb für den radikalen Wandel muss aber das schlichte Überleben der Menschen sein – oder sagen wir ruhig:

der Menschheit. Denn es geht ums Ganze, es geht darum, uns die wenigen fruchtbaren Böden dieser Erde so zu erhalten, dass wir von ihnen leben können. Und wenn wir es ganz toll treiben wollen, dann könnten wir sogar Leben zurückbringen in manche Böden und etwas von dem reparieren, was wir schon zerstört haben oder gerade noch zerstören. Auch das ist möglich. Wenn die Humuswende kommt.

1 Drunter und drüber

»Man kann wohl bezweifeln, ob es noch viele andere Thiere gibt, welche eine so bedeutende Rolle in der Geschichte der Erde gespielt haben.« *

Charles Darwin

Gärtners Spurensuche

Der morgendliche Blick ist ein prüfender. Was ist in der Nacht geschehen, was in den frühesten Stunden? Der Gärtner schaut, ob alles in Ordnung ist in seinem kleinen Reich. Das ist der Fall, wenn nichts die Ordnung stört, die er dem Garten gegeben hat. Wobei diese Ordnung nie vollkommen ist, obwohl das Streben des Gärtners stets das nach Vollkommenheit ist. Was daran liegt, dass die Menschheit aus einem Garten stammt, wie der Dichter und Gartenphilosoph Rudolf Borchardt feststellt – aus dem Garten Eden nämlich, der in vielen Religionen als unser Ursprung gilt.

> *»Mit der Kündigung des Gartengastrechts und dem Auszuge in die aus Acker und Kindbetten bestehende Welt beginnt das*

* Charles Darwin 1881 in »Die Bildung der Ackererde durch die Thätigkeit der Würmer« über den Regenwurm, der Anfang des 19. Jahrhunderts bei Gärtnern und Bauern noch als Schädling galt.

normale Dasein seine unabsehbare Kette von weiteren Vertreibungen aus immer wieder neuen Gärten, denen, im trotzigen Rhythmus des Menschenherzens, der Entschluß entspricht, in jedem Augenblick des Verschnaufens von Acker und Kindbett das Paradies, und sei es am Fenster des sechsten Stocks im Hinterhause, für die nächste Vertreibung wieder aufzubauen und den Engel mit dem feurigen Schwert zu provozieren.«[1]

Daher mag er kommen, der ewige Wunsch nach dem Garten, dessen Vollkommenheit nichts stört. Aber natürlich gibt es fast immer etwas Störendes zu entdecken. Nicht ganz so schlimm, wenn dies eigener Nachlässigkeit geschuldet ist oder wenn sich einzelne Pflanzen nicht so entwickeln wie gedacht. Da muss nachgeholfen, ausgebessert, neugestaltet werden. Aber eine ausgemachte Unverschämtheit, wenn fremde Hand eingegriffen hat: die grabende Hand des Maulwurfs zum Beispiel. In meinem Garten! Asymmetrisch aufgeworfene Haufen frischer Erde, das Untere zuoberst gewendet, der Rasen versehrt, die blühenden Primeln im Beet zugeschüttet, die geraden Reihen der gestern ausgesetzten Möhren und Radieschen durcheinandergeworfen.

Dieser schwärzeste aller schwarzen Gesellen hat kräftige Harken an seinen kurzen Armen, Grabgabeln mit starken Zinken, die ihn durch den Boden laufen lassen, wie sich andere Tiere nur überirdisch bewegen können. Einmal besaß einer dieser Kerle die Frechheit, direkt neben meinen Füßen einen neuen Haufen aufzuwerfen. Ein schneller entschlossener Spatenstich beförderte den Maulwurf nach oben. Und ich hob eben die Schippe, um sein zerstörerisches Leben zu beenden, als ich bemerkte, wie schön sein samtiges Fell war. Und als ich mich gerade wunderte, wie es wohl sein könne, dass dieses Fell so sauber bleiben konnte, ohne jede Anhaftung auch nur eines Krümelchens Erde – da war er auch schon wieder fort. Er war ein kurzes Stück über den Rasen gelaufen und hatte dann mit dem

Graben begonnen. Fasziniert sah ich zu, wie er dadurch nichts an Geschwindigkeit in der Fortbewegung verlor. Er lief einfach schräg nach unten davon, hinterließ noch einen aufgeworfenen Riss im Gras und einen Meter weiter dann den nächsten kleinen Haufen. Das war's.

Seit diesem Erlebnis jage ich keine Maulwürfe mehr. Das überlasse ich anderen, die dafür ungleich besser geeignet sind als der Mensch mit all seinen klobigen Gerätschaften und chemischen Keulen. In meinem Garten besorgt das eine Familie von zierlichen Mauswieseln. Die Jäger des Jägers graben die Gänge von Wühlmäusen und Maulwürfen auf und durchstreifen sie. Schon weil sie sich lieber an Wühlmäuse halten, rotten sie die Maulwürfe natürlich nicht aus, weshalb es immer noch Maulwurfhaufen im Garten gibt. Die aber weniger stören, seit ich mich damit angefreundet habe, die Aktivitäten des Maulwurfs als ein gutes Zeichen zu sehen. Die Haufen zeigen nämlich an, dass es in meinem Gartenboden ausreichend Nahrung gibt für den Maulwurf. Der Boden lebt. Der Boden nährt – eben auch den Maulwurf.

Ein Blick über die Hecke zeigt den Unterschied. Dort beginnt in einigem Abstand das Ackerland, dieses Jahr mit Raps bestanden. Der Acker wird von den Maulwürfen fast gänzlich verschont. Bestenfalls am Rand, zur benachbarten Wiese oder zu meinem Garten hin, gibt es mal einen Haufen. Der zeigt, dass sich einer der emsigen Graber dorthin verirrt hat, dann aber auch schnell wieder kehrtgemacht haben dürfte, weil es in diesem Ackerboden offenbar nichts zu holen gibt. Jedenfalls deutlich weniger als in der Wiese oder in meinem Garten, weil sich zuvor schon zahlreiche Insekten und Regenwürmer gegen den Ackerboden als Lebensraum entschieden haben.

Ist das wirklich so, ist mein Gartenboden das bessere, weil lebendigere Biotop, oder ist der Wunsch hier Vater des Gedankens? Machen wir einen Kontrollgang mit offenen Augen und einem kleinen Spaten in der Hand.

Die Spur der Würmer

Es hat ein wenig geregnet in der Nacht. Auch deshalb die frischen Maulwurfshügel. Der feuchte Boden und die feuchte Streu, die Pflanzenreste auf dem Boden und der vom Gärtner ausgebrachte Mulch, erlauben es den Regenwürmern, ihre Aktivitäten nach oben zu verlegen. Also kommt auch der Jäger weiter nach oben. Daher die Maulwurfshügel. Aber die Würmer sind offensichtlich weit zahlreicher als die Jahresration eines Würmerfressers. Überall haben auch sie ihre Spuren hinterlassen. Schon nach dem ersten Schritt vor die Haustür sind sie zu erkennen. In den Ritzen zwischen den Steinen des Gehwegs frische kleine Häufchen aus feinster Erde, wurmförmig aufgetürmt – wie das Tier, so sein Kot. Daneben stecken zusammengerollte Blätter in der Erde, aufrecht und ziemlich fest verankert. Ich muss schon kräftig ziehen, um sie wieder hervorzuholen und den Teil zu begutachten, der in der Wurmröhre stak. Der ist, wie vermutet, schon deutlich angefressen, manches Blatt besteht im eben noch unteren Teil nurmehr aus seinem Skelett. Oder es ist gleich gar kein Blatt mehr am tief in der Röhre steckenden Stiel.

Das ist auffällig: Die Würmer scheinen die Form der Blätter zu kennen, die sie nach unten ziehen, jedenfalls gehen sie unterschiedlich mit ihnen um. Die lanzettförmigen Blätter der Silberweide stecken immer mit der Spitze zuerst in den Röhren, der kurze harte Blattstiel ragt heraus. Die rundlichen Blätter der Erlen werden dagegen mit den langen Stielen voran nach unten gezogen, so als wisse der Wurm, dass sich das Blatt dieses Baumes zu seiner Basis hin verjüngt und deshalb so besser zusammenrollen kann, wenn es in die Röhre gezogen wird. Die kompliziert aufgebauten Blätter der Esche, die aus zehn paarig nebeneinanderstehenden Einzelblättern und einem elften als Abschluss an der Spitze bestehen, werden zerlegt nach unten befördert. Jedes einzelne Teilblatt mit dem kurzen Stiel voran und am Schluss der Mittelstiel des Ganzen, wobei dessen holzige dicke Basis bis in den Winter aus den Wurmröhren ragt. Diesem für Regenwürmer offenbar unverdaulichen Teil müssen sich andere widmen. Jetzt im Frühjahr sind kaum noch Herbstblätter übrig, jetzt ziehen die Regenwürmer die noch reichlich herumliegenden länglichen Eschensamen in ihre Röhren, immer mit der Spitze voran.

Woher nehmen die Regenwürmer die Kraft, große Blätter mit deren massiven Stielen in ihre engen Röhren zu holen und dabei die Blätter auch noch einzurollen, bis sie Passform haben? Der Regenwurmprofessor Nico Eisenhauer vom iDiv in Leipzig[2] sagt, die Würmer machen das mit Hilfe ihrer Borsten am hinteren Körperteil. Mit denen verkeilen sie sich in ihrer Röhre und ziehen dann mit Kontraktionen ihres langen Körpers die Nahrung in die Tiefe. Er sagt, dass sie manches Mal bei der Feldforschung Mühe haben, die Regenwürmer aus ihren Gängen zu holen, um sie zu bestimmen, weil die sich dermaßen festkrallen in der Erde. Die Forscher machen es dann wie die Amsel in meinem Garten: Sie ziehen ausdauernd am Wurm, ohne ihn zu zerreißen, lassen auch mal ein wenig nach, um dann wieder fester zu ziehen; bis der Wurm müde wird und schließlich loslassen muss.

Und woher wissen die Regenwürmer, wo vorne und hinten ist bei einem Blatt, welches Blattende zuerst in die Röhre gezogen werden muss und wie sich ein Blatt am besten zusammenrollen lässt? Das hat schon den wahrscheinlich für alle Zeiten berühmtesten Regenwurmforscher fasziniert: Charles Darwin.

> *»Wenn Würmer, entweder ehe sie einen Gegenstand nach den Öffnungen ihrer Röhren hinziehen oder nachdem sie denselben dorthin gezogen haben, zu beurtheilen im Stande sind, auf welche Weise sie ihn am besten hineinziehen können, so müssen sie irgend eine Vorstellung von seiner allgemeinen Gestalt erlangen. Dies erlangen sie wahrscheinlich dadurch, dasz sie*

ihn an vielen Stellen mit dem vorderen Ende ihres Körpers, welches als ein Tastorgan dient, berühren. Wir müssen uns hier daran erinnern, wie vollkommen der Gefühlssinn bei einem Menschen wird, der blind und taub geboren ist, wie es ja Würmer sind. Wenn die Würmer das Vermögen haben, irgend eine, wenn auch noch so rohe Vorstellung von der Gestalt eines Gegenstandes und ihrer Höhlen zu erlangen, wie es der Fall zu sein scheint, so verdienen sie intelligent genannt zu werden; denn sie handeln dann in nahezu derselben Art und Weise, wie ein Mensch unter ähnlichen Umständen handeln würde.«[3]

Weiter auf dem Pfad der Würmer durch den Garten. Da gibt es viele kleine Kothäufchen auf dem Rasen, der durch beabsichtigt nachlässige Pflege eher eine kurz gehaltene Wiese mit vielfältigen Pflanzengemeinschaften geworden ist. Da gibt es in den Beeten unter den Stauden und Sträuchern ausgemachte Fressplätze, wo sich doch noch etwas Herbstlaub und Mulch aus dem vergangenen Jahr befinden und die Würmer in der Nacht wohl Ausflüge gemacht haben. Ich sehe ihre Spuren im Feuchten und ihre Hinterlassenschaften. Auch hier kleine Häufchen von Wurmkot, die nichts anderes sind als junger Boden. Denn das ist es, was die Würmer in den Garten scheißen: sehr feinkörnige Erde. Sie produzieren sie regelrecht. Im Schutz der Nacht kommen sie nach oben und sammeln ein, was sie nach unten ziehen können, um es dort anrotten zu lassen. Auch Regenwürmer haben Helfer: Mikroorganismen, die ihre Nahrung zubereiten, so wie wir aus Weißkohl Sauerkraut machen.

Die Eingänge ihrer Wohnhöhlen zu finden, ist allerdings nicht so einfach. Überall Wurmspuren, aber kein Hinweis auf ihren Verbleib. Wenn nicht gerade ein halb eingezogenes Blatt im Abgang steckt, werden die Gänge von den Würmern immer sorgfältig mit ihrem Kot verschlossen, der ja eben auch nur Erde ist. Keine Chance, sie selbst zu finden. Wahrscheinlich sind sie längst in tieferen Gefilden und kommen erst wieder hervor, wenn es dunkel geworden ist und die Vögel schlafen.

Unter einem Trittstein ringeln dann aber gleich drei: Ein großer Tauwurm, der Inbegriff des Regenwurms, der hier eigentlich nichts zu suchen hat; der gehört in die Erde. Und zwei kleinere Braune Laubfresser, oder sind es doch Rote Laubfresser? Jetzt fehlt der Regenwurmprofessor. Er könnte sicher auch etwas zu den Asseln und dem schwarzrötlichen Tausendfüßer sagen, die sich rasch verkriechen.

Am Rand eines Beetes mit reichlich Wurmaktivitäten stecke ich den Spaten in den Boden und drehe eine Schippe Erde hervor. Es ist eigentlich vorwiegend lehmiger Boden gewesen, als ich vor Jahren den Garten übernommen habe. Jetzt hat seine Farbe vom Grau des Kleis schon langsam in humoses Schwarz gewechselt. Der Boden ist gut durchwurzelt und klebt auch nicht mehr am Spaten, wie früher. Dafür gibt es jetzt gleich mehrere Würmer in den zwei Händen Erde, die ich hochgeholt habe. Dazu wieder ein paar Asseln und diesmal einen schwarz glänzenden Doppelfüßer, also auch einen Vertreter der Tausendfüßer. Je zwei Beinpaare an den vielen, deutlich abgesetzten Segmenten des langen Tieres.* Und ganz sicher sind da noch Hunderte, und wenn wir die Kleinsten dazu nehmen, viele Tausend andere Bodenlebewesen, die ich mit bloßem Auge nicht sehen kann.

Das auffälligste und sicher auch bekannteste Lebewesen des Bodens in unseren gemäßigten Breiten ist und bleibt aber der Regenwurm. Jedes Kind kennt ihn, und jeder Bauer weiß oder sollte

---

* Beim späteren Bestimmungsversuch mit Hilfe von Buch und Internet stellt sich heraus: könnte der Gemeine Feldschnurfüßer gewesen sein, Cylindroiulus caeruleocinctus. Frisst herabgefallenes Laub, aber auch Gras und Moos und arbeitet so am Humusaufbau des Bodens. Hat Wehrdrüsen, aus denen er ein übel riechendes Sekret absondern kann. Es gibt aber noch andere schwarz glänzende Arten. Während der rötliche Verwandte zuvor wohl ein räuberischer, mit Giftklauen ausgestatteter Hundertfüßer war.

wissen: viele Regenwürmer – guter Boden. Wobei dieses Wissen meist ungenutzt bleibt, weil kaum einer sich darum kümmert, was wohl der Regenwurm braucht, um in seinem Boden zu überleben oder gar gut leben zu können. Und mit ihnen die Millionen anderer Helfer, die den Boden fruchtbar machen. Der Appell, den Raoul Heinrich Francé 1922 an die Landwirte richtete, gilt heute noch:

> *»Jeder Landmann muß es wissen, und wenn auch nur in der Form, daß in seiner geliebten Heimatscholle der Boden nicht leblos und tot ist, sondern durchzogen von gar nicht aussprechbaren Mengen kleinster Würmchen und Tierchen, die darin Gänge wühlen, Erde fressen, verdauen und auf das allerfeinste zerkleinert und gekrümelt von sich geben. Und so wie die große Zahl der einzelnen Tropfen den Regen ausmacht und mit ihm die köstliche Befruchtung der Erde und den Reichtum der Ernte, so ist es auch hier die Zahl, die die winzige Wirkung der einzelnen gewaltig und völkerbedeutend sein läßt.«*[1]

Vielleicht ist das Wissen bei manchem der von Francé angesprochenen »Landmänner« auch schon untergepflügt oder war nie weitergewachsen als bis zu jenem Merksatz von den vielen Regenwürmern. Sonst würden sich mehr Ackerbauern bemühen, es den Regenwürmern so gut gehen zu lassen, dass sie nicht nur bleiben, sondern sich auch vermehren. Mehr Regenwürmer bedeuten dann nämlich nicht nur den besseren Boden, sie produzieren ihn auch. Sie sind beides: Sie verbessern den Boden durch ihre unermüdliche Fress- und Zersetzungsarbeit, und sie zeigen durch ihr häufiges Vorkommen an, dass der Boden lebendig und gesund ist. Sie sind eine Zeigerart. So nennen die Ökologen Tiere oder Pflanzen, die als sogenannte Bioindikatoren dienen können, um die Qualität eines Lebensraums zu bewerten.

Naturschützer nehmen gerne charismatische Tierarten, die Menschen schön oder wenigstens interessant finden, um für den

Schutz von deren Lebensräumen zu werben. Am besten funktionieren diese Zeigertiere des Naturschutzes, wenn ihr Lebensraum groß ist. Das bringt größere Schutzgebiete. Wer den amerikanischen Weißkopfadler, das Wappentier der USA, bewahren will, muss quasi die gesamten Rocky Mountains schützen. Es geht aber auch eine Nummer kleiner: Der Storch ist in Deutschland das Symboltier für den Schutz der Auen, Feuchtgebiete und vielfältigen Wiesen- und Weidelandschaften.

Der Storch des Bodens

Ist der Regenwurm auch so ein charismatisches Tier? Kann ein Wurm, so ein feuchtes Ringeltier, das überhaupt sein? Der Regenwurm – der Storch des Bodens? Das Tier ist vergleichsweise winzig, aber das Biotop, das für sein Überleben zu schützen wäre, ist dafür umso größer: Es ist fast weltumspannend. Und sein Schutz würde unser Überleben, das Überleben der Menschheit, nachhaltiger sichern, als jeder Nationalpark. Also machen wir den Regenwurm, diesen Tauwurm, der sich da gerade in einen seiner Gänge zurückzieht, der offenbar neben dem Trittstein im Beet endet, zur Zeigerart für die Rettung des Bodens. Der Storch des Bodens!

Wobei – erste Schwierigkeit – Regenwurm nicht gleich Regenwurm ist. Ein Weißstorch ist ein Weißstorch. Es gibt zwar auch Schwarzstörche, die aber sind Waldbewohner und so scheu, dass sie kaum jemand zu Gesicht bekommt und entsprechend wenige Menschen sie überhaupt kennen. Aber von den *Lumbricidae*, den Regenwürmern, gibt es allein in Deutschland rund fünfzig bekannte Arten, die sechs Gattungen zugeordnet werden. Genau genommen sind es 46 einheimische Arten und ein Einwanderer. Der rote Kompost- oder Mistwurm mit den gelben Streifen stammt ursprünglich aus dem Mittelmeerraum. Von den fast fünfzig Regenwurmarten sind allerdings nur neun im ganzen

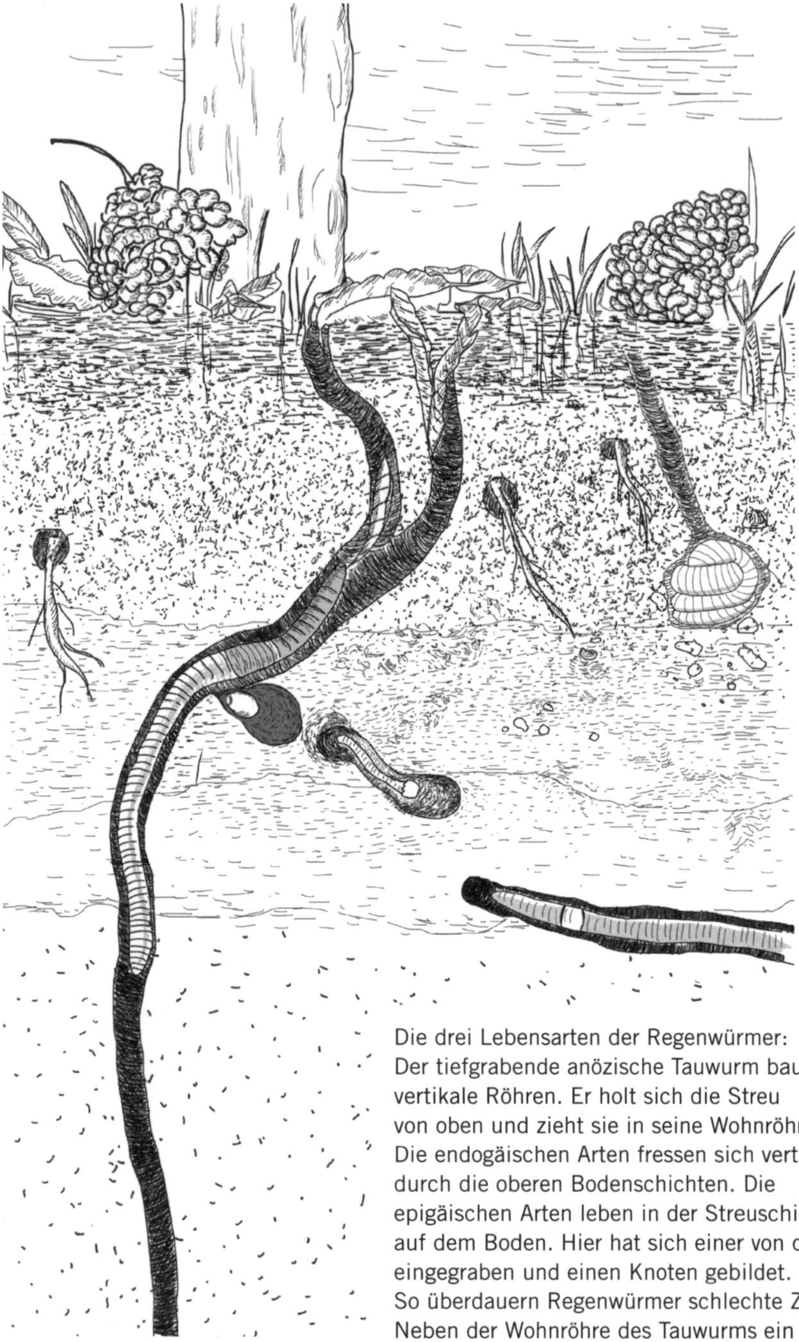

Die drei Lebensarten der Regenwürmer: Der tiefgrabende anözische Tauwurm baut vertikale Röhren. Er holt sich die Streu von oben und zieht sie in seine Wohnröhre. Die endogäischen Arten fressen sich vertikal durch die oberen Bodenschichten. Die epigäischen Arten leben in der Streuschicht auf dem Boden. Hier hat sich einer von oben eingegraben und einen Knoten gebildet. So überdauern Regenwürmer schlechte Zeiten. Neben der Wohnröhre des Tauwurms ein Kokon in einem Hohlraum und ein gerade aus dem Kokon schlüpfender Jungwurm. Außerdem Wurzeln, die in verlassene Wohnröhren hineinwachsen und ganz oben die Kothäufchen der Würmer.

Land verbreitet. Unser größter, der Badische Riesenregenwurm, der gut sechzig Zentimeter lang werden kann, lebt nur unter den Wäldern rund um den Feldberg im Schwarzwald. Überhaupt leben im Süden viel mehr Regenwurmarten als im Norden. Eine Langzeitfolge der letzten Eiszeit, die weite Gebiete des Nordens mit kilometerdicken Eispanzern bedeckte, unter denen die Würmer nicht überlebt haben. Sie starben aus oder verzogen sich nach Süden. Wahrscheinlich kam das Eis aber schneller, als die Würmer kriechen konnten. Nach der Eiszeit konnten nur wenige Arten wieder in den Norden einwandern. Am häufigsten und fast überall zu finden sind der Kleine Wiesenwurm und der von uns immer als der eigentliche Regenwurm angesprochene Tauwurm, der bisweilen deshalb auch Gemeiner Regenwurm genannt wird. Dagegen gibt es auch sehr seltene Regenwurmarten, die sich auf der Roten Liste der in ihrem Bestand oder gar vom Aussterben bedrohten Tiere befinden.

Und – zweite Schwierigkeit – der eine Regenwurm lebt auch nicht wie der andere. Auch das unterscheidet die kriechenden Ringelkerle vom fliegenden Adebar. Die Bodenzoologen kennen drei grundsätzlich unterschiedliche Lebensweisen der Regenwürmer. Es gibt epigäische Arten, also Arten, die auf der Erde leben, in der Streuschicht aus absterbenden Pflanzenteilen. Entsprechend heißen sie: Roter Laubfresser oder Brauner Laubfresser. Hierzu gehören auch der Kompostwurm und der Köcherwurm, der sich ein eigenes Zuhause baut. Es gibt endogäische Arten, die in der oberen Erdschicht leben und dort horizontale Gänge bauen. Sie kommen sehr selten an die Erdoberfläche und leben von abgestorbenen Wurzeln und anderem organischen Material, das andere Bodentiere oder der Regen nach unten geschafft haben. Um das für sie Verwertbare aus dem Boden zu filtern, müssen sie große Mengen Erde durch ihren Darm leiten. Sie sind regelrecht Erdfresser. Wobei das Bild nicht ganz trifft, denn eigentlich entsteht die fruchtbare Erde oft erst in ihrem

Darm, in dem sich eben noch tote Gesteinskrümel, Sand und Ton mit organischem Material und Mikroorganismen verbinden. Und dann gibt es noch die anözischen[5] Arten, die Tiefgräber. Sie sind die Wanderer zwischen den Bodenwelten. Sie fressen metertiefe Gänge vertikal nach unten, oft bis an den massiven Stein heran. In diesen Röhren schaffen sie organisches Material aus der Streuschicht von ganz oben in die Tiefe. Mit ihren Röhren erschaffen sie außerdem eine tiefführende Dränage der Böden, und in ihren Röhren dringen dann auch Pflanzenwurzeln weit in die tieferen Bodenschichten vor. Dort finden sie alles, was sie brauchen, denn die Regenwürmer kleiden ihre Gänge mit Schleim aus. Die von ihnen so produzierte Tapete gibt den Röhren Halt und bindet die für die Bewohner lebenswichtige Feuchtigkeit. Hat der Regenwurm die Röhre verlassen und ist nach nebenan umgezogen, findet die hineinwachsende Pflanzenwurzel dort Wasser und Nährstoffe; die feuchte Regenwurmtapete ist für sie reinster Dünger. Zu den Vertikalbohrern, die diese tiefen Röhren anlegen, gehört auch *Lumbricus terrestris*, der allbekannte Tauwurm.

Folgt die dritte Schwierigkeit beim Vergleich der Zeigerart Regenwurm mit der Zeigerart Storch. Der Regenwurm ist zwar nicht so charismatisch wie der Weißstorch, dafür aber ungleich wichtiger für das Bodenbiotop als der Storch für die Auen. Das hat schon Charles Darwin bemerkt:

> *»Es ist wohl wunderbar, wenn wir uns überlegen, dasz die ganze Masse des oberflächlichen Humus durch die Körper der Regenwürmer hindurchgegangen ist und alle paar Jahre wiederum durch sie hindurchgehen wird. Der Pflug ist einer der allerältesten und werthvollsten Erfindungen des Menschen; aber schon lange, ehe er existirte, wurde das Land durch Regenwürmer regelmäszig gepflügt und wird fortdauernd noch immer gepflügt.«*[6]

Als Darwin im 19. Jahrhundert auf die »Bildung der Ackererde durch die Thätigkeit der Würmer«[7] hinwies, erntete er zunächst Spott. Niemand wollte sich vorstellen, dass die winzigen Würmer dafür sorgen, dass der Boden fruchtbar bleibt und beständig neu aufgebaut wird – ja dass die Regenwürmer dafür sorgen, dass schwere Steine – und sogar ganze Monumente – langsam in den Boden einsinken. Charles Darwin hat das an einem großen Stein in seinem Garten beobachtet und gemessen – 2,2 Millimeter pro Jahr. Und er hat das an den umgestürzten Megalithen von Stonehenge nachgewiesen. Zu seinem 200. Geburtstag legte das Naturhistorische Museum in Wien einen Mühlstein vor das Gebäude. Seit 2009 kann man nun dort beobachten oder, vielleicht praktikabler, einmal im Jahr nachmessen, wie der Stein Millimeter für Millimeter im Rasen versinkt.

Nur Darwins Vergleich der aufbauenden Wurmarbeit mit dem vom Menschen erfundenen Pflug würden wir heute so nicht mehr ziehen. Denn der Pflug ist genau das Ackergerät, mit dem die Arbeit der Würmer und ihrer Gefährten im Boden zunichte gemacht wird, indem die oberste Erdschicht umgedreht und damit die ganze An-Ordnung, die die Bodenlebewesen aufgebaut haben, verkehrt wird.

Gang nach drüben

Wollen mal sehen, wie es um sie steht, um unsere Zeigerart Regenwurm, nebenan auf dem Acker, wo jedes Jahr mindestens einmal gepflügt und geeggt, mehrfach gedüngt und vielfach gespritzt wird. Ein Schritt über die scharfe und durchaus auch tiefe Kante, die der Pflug in die Landschaft gezogen hat – ein kleiner Schritt für mich und doch einer in eine andere Welt. Hier das Gebiet, in dem einzelne Pflanzen gesetzt und gepflegt werden, mit der Hand und kleinen technischen Geräten wie Schippe, Harke,

Rasenmäher und Heckenschere. Dort das Terrain großtechnischer Agrarwirtschaft. Da fahren tonnenschwere Traktoren mit sechs- oder achtscharigen Pflügen oder auch mit fünfzehn Meter breit ausladenden Feldspritzen. Da fahren Erntemaschinen, die jeden Traktor übertrumpfen, wenn es um das Gewicht geht, mit dem sie den Boden zerquetschen. Die Maschinen fahren möglichst immer in denselben Spuren. Die Landwirte wissen ja, was die fünf Tonnen Traktor anrichten, trotz der extrabreiten Reifen, die das Gewicht verteilen sollen: In den Fahrspuren wächst nichts Verwertbares. Und sie sind auch kaum mehr zurückzuholen in die landwirtschaftliche Produktion. Wenn ein Acker anders aufgeteilt und bewirtschaftet wird und also anders befahren, sind die alten Spuren auch nach Jahren noch sichtbar – durch den Mangel an Fruchtbarkeit und Aufwuchs. Da helfen kein Tiefpflügen und kein Kunstdünger.

Der erste Eindruck nach dem Schritt hinüber auf den Acker: mehr Wasser. Der nächtliche Regen ist noch nicht versickert und zu einfacher Bodenfeuchte geworden, er steht in kleinen und größeren Pfützen unter und zwischen den Rapspflanzen. Die Fahrspuren der Traktoren stehen ganz unter Wasser. Aber da wächst ja ohnehin nichts, außer vielleicht die Pionierpflanze Kamille später im Jahr. Maulwurfhügel gibt es keine, und die frische Erde aus Wurmkot fehlt ebenfalls; keine wurmförmigen Häufchen unter den Kulturpflanzen. Und obwohl es einige abgestorbene und abgefallene Blätter auch hier gibt, keines davon ist in den Boden gezogen worden. Es dürfte auch viel zu wenig Streu sein, die den Boden eben nicht bedeckt, um eine größere Wurmpopulation zu ernähren. Wenn hier irgendwann einmal Regenwürmer waren, dann sind sie längst verhungert. Oder ist da doch etwas? An einem leidlich abgetrockneten Ort abseits der Fahrspuren nehme ich den Spaten: Der braucht einen kräftigen Fußdruck zur Unterstützung. Mit einem deutlichen Schmatzen des schweren Kleis drehe ich den Spaten mit der Erde heraus.

Nichts – eine feste graue Masse klebt an der Schippe und dann auch an den Fingern. Oben ein paar wenige Wurzeln. Womit halten sich diese Pflanzen hier fest? Vielleicht haften sie einfach am Boden. Das Zeug hat ja auch die Konsistenz von Klebstoff und ist selbst nachher unter fließendem Wasser nur schwer abzuwaschen. Die Pflanzen müssen vielleicht auch nicht tiefer hinunter in den Boden, denn da sind offenbar nicht allzu viele Bodenlebewesen, die ihnen die Nährstoffe aufbereiten. Die vertikalen Gänge der tiefbohrenden Regenwürmer fehlen ebenfalls, da wird es auch schwer für die Pflanzen, überhaupt hinunter zu kommen. Alles Gute kommt hier aber ohnehin von oben: aus der Güllepumpe, dem Düngerstreuer, der Feldspritze oder gleich mit der Beize ans Saatkorn.

Was ist aber mit dem bäuerischen Wissen um die Zeigerart Regenwurm? Hatten wir nicht gelernt, dass ein guter Boden viele Regenwürmer beheimatet? Oder umgekehrt, dass viele Regenwürmer für die Qualität des Bodens sorgen. Die französische Bauernweisheit dazu sagt: »Dieu sait comment s'obtient la fertilité de la terre, il en a confié le secret aux vers de terre.«[8] Gott weiß, wie man die Erde fruchtbar macht, er hat das Geheimnis den Regenwürmern anvertraut. Aber der moderne Landwirt scheint es nicht mehr zu wissen. Oder er kann sich gerade nicht um das von seinen Vorfahren überkommene Wissen kümmern, weil er sich ständig um die technischen und chemischen Neuerungen der Agrarindustrie kümmern muss.

Allein, auch hier, in diesem auf den ersten Blick so unbelebten Boden, wird es Leben geben. Die bayerische Landesanstalt für Landwirtschaft zählt in ihrer Langzeituntersuchung regelmäßig auch in intensiv genutzten Ackerböden um die sechzig Regenwürmer pro Kubikmeter Boden. Also dürften auch in diesem Kleiacker Würmer sein. Um ihre Anzahl zu erhöhen, sodass sie für gute, durchlüftete, humushaltige Erde sorgen können, müsste man sie nur füttern. Aber was heißt schon »nur«? Von den wenigen Blättchen, die der Raps hier fallen lässt, wird kein Wurm satt. Also müsste man die gesamte Feldbewirtschaftung umstellen, für Streuauflage sorgen, mulchen, Zwischenfrüchte sähen. Ein Rattenschwanz an Folgen hätte das. Nur um ein paar Würmer zu ernähren? Kann sich der moderne Landwirt das leisten? Will er das? Ist dieser Acker der Ort für solche Gedanken? Offenbar nicht. Also fort aus dem Raps, über die Furche wieder zurück in den Garten.

Insel Denken

Der Gärtner in mir ist zufrieden. Quod errat demonstrandum: Ich kann das besser als der industrialisierte Landwirt nebenan. Mein Boden lebt! Ich habe in, zugegeben mühevoller, Kleinarbeit aus einem totgepflegten Rasengrundstück mit trittfestem Friedhofsgrün – Cotoneaster – und bienenfeindlichen Blühstecken – Forsythie – in wenigen Jahren eine lebendige Insel in der Agrarsteppe gemacht.

Aber bin ich eigentlich aufs Land gezogen, wenigstens zeitweise, um das zu beweisen? An einen solchen Entschluss kann ich mich jedenfalls nicht erinnern. Wem hilft das auch? Dem Landwirt von nebenan nicht und mir auch nicht, uns allen zusammen, der Menschheit, schon gar nicht.

Was könnte denn der Landwirt von mir lernen – wenn ich so hoffärtig wäre, ihm so etwas zuzumuten, ihm gar einen Vortrag hielte oder sonst wie erklären wollte, was er zu tun und vor allem zu lassen habe? Der dahergelaufene Städter, ihm, dem gelernten Landwirt. Was könnte er mir nachmachen? Rein gar nichts. Er ist gefangen in ganz anderen Systemen. Ihn treiben Kredite für seine Betriebsgebäude und Maschinen. Die wiederum bedeuten eine langfristige Festlegung auf ein bestimmtes System der Landbewirtschaftung. Das insgesamt getrieben ist von der Forderung nach Wachstum, nach immer höheren Erträgen, die das Geld generieren sollen, mit dem der Landwirt seine Kredite abzahlen kann. Es geht nur nebenbei noch um die Produktion von Nahrung, um die Ernährung von wem auch immer. Und schon gar nicht mehr um Zukunft. Denn der Landwirt lebt längst von der Substanz. Von der eigenen und der seiner Ressourcen, von denen der Boden die wichtigste ist und bald wohl auch die geschundenste, die am meisten ausgebeutete. Der industrialisierte Landwirt kann kein guter Gärtner sein, selbst wenn er wollte.

Der gute Gärtner indes schaut auf sein kleines Reich, nimmt die gestaltenden Eingriffe natürlicher Kumpanen hin, selbst wenn sie an für ihn unsinnig erscheinenden Stellen Haufen aufwerfen oder Löcher graben und Senken verursachen, selbst wenn sie seine Früchte abernten, bevor er dazu kommt, selbst wenn sie über sein Gemüse herfallen, seinen Salat anfressen, seine Sträucher befallen, sie umspinnen und an ihnen saugen. Er teilt Leben, und er freut sich an der zunehmenden Vielfalt der Vögel und der Bienen und Schmetterlinge, die seine blühende Insel besuchen oder gar dauerhaft bewohnen. Er lernt, welche Pflanzen welche Schmetterlinge nähren und welche Vögel wiederum von denen leben. Er akzeptiert, wenn der Habicht einen Sperling von der Hecke greift und die Libelle einen Schmetterling von der Blüte. Vielleicht greift er noch ein, wenn der wilde Salbei den Sonnenhut überwuchert, aber letztlich akzeptiert er auch das zumindest zeitweilig und sagt sich dabei: Habe ich nicht das alles gepflanzt und also gewollt? Und er findet die Spuren der heimlichen nächtlichen Jäger, die diese Vielfalt mit ernährt. Das kleine System funktioniert offenbar. Und das macht den Gärtner glücklich, weil er um die stetige Zerstörung weiß, die seinen Garten umgibt.

Und dennoch verschwindet er im Umfeld dieser Vernichtung. Was ist seine winzige Insel gegen die täglich weiter sterbende Agrarsteppe und die wachsende Betonwüste?

Der Gärtner sieht die Vitalität, die sein Boden hervorbringen kann, und die Ernte, die ihm das einbringt. Er weiß ja, dass seine Möhren, seine Radieschen, sein Lauch, sein Kohlrabi und seine Johannisbeeren, seine Äpfel und Mirabellen und Weintrauben, einfach alles, was er auf seinen Beeten und von seinen Sträuchern und Bäumen erntet, besser schmeckt als all die meist schöner aussehenden Früchte aus dem Supermarkt. Und das alles natürlich ohne Kunstdünger und Chemie – na klar, und auch noch besser als die Bioprodukte aus dem Regal. Der gute Gärtner weiß im Stillen, dass er der bessere Mensch ist, weil er zwar ein künstliches, aber eben doch ein Biotop geschaffen hat und erhält.

Das hilft aber nichts, weil das keine Trendwende ist, sondern nur Privatisierung. Weil der Nachbar in der Stadt auf den Betonboden seines Hinterhofs Garagen gepflanzt hat und seinen Vorgarten mit Kieselsteinen dekoriert. Weil der Nachbar auf dem Land längst ein Industriebetrieb ist, der mit der Erde auf seinen Äckern und unter seinen Wiesen umgeht wie mit irgendeinem toten Rohstoff, der beliebig formbar und nutzbar ist. So wie die Industrialisierung vor den Tieren nicht Halt gemacht hat, die wir aus gutem Grund Nutztiere nennen, so auch nicht vor dem Boden. Vielleicht sollten wir dazu übergehen, die Äcker und die Güllewiesen der Industrielandwirtschaft nurmehr Nutzfläche zu nennen. Das würde wenigstens sprachlich ihrer Ausbeutung näherkommen.

Diese Ausbeutung ist hart und flächendeckend. Sie greift bei dem noch selbstständigen Bauern, der der Abzahlung seiner Kredite nachhechelt, ebenso wie bei dem abhängigen Vertragslandwirt – und natürlich auch bei den Verwaltern der landwirtschaftlichen Betriebe von Industriellen und Spekulanten, die ihr Geld in Boden angelegt haben. Alle gehen sie den gleichen Weg: den des Geldes, nicht den des Lebens im Boden und auf ihm.

Auch die ökologische Landwirtschaft, Bio in seiner besten Form und mit den höchsten Ansprüchen, auch Urban Gardening, Guerilla Gardening, Solidarische Landwirtschaft und wie die trendigen Auswegsuchen alle heißen – nichts davon hält den eigentlichen Trend wirklich auf: die Verwüstung der Erde.

Darauf stehen wir

Bevor wir uns um die Verwüstung der Erde weiter kümmern können oder besser: bevor wir überlegen können, wie sie aufzuhalten wäre, müssten wir aber erst einmal wissen, was da verwüstet wird. Was droht uns also verloren zu gehen? Woraus besteht eigentlich und wie entsteht der fruchtbare Boden?

Grundsätzlich bildet sich jene »gar nicht darstellbar dünne Staubschicht« auf dem Apfel Erde, wie es Raoul Heinrich Francé ausgedrückt hat, also der Boden, auf und von dem wir leben, aus den Ausgangsmaterialien Gestein und organische Substanz. Um es angemessen dramatisch auszudrücken: Der fruchtbare Boden, die Basis allen Lebens auf dem Land, entsteht aus totem Stein und gestorbenem Leben.

Wo das Gestein der Erdkruste dem Wasser ausgesetzt ist, am Grunde von Bächen und Flüssen oder an Kliffen und Riffen der Meere, wo die Kraft der Wellen direkt zupacken kann, da wird das Gestein mechanisch abgetragen, zerkleinert, zu Sand und Tonteilchen zersetzt. Die werden an die Strände getragen und aufgespült und können dort irgendwann von Pflanzen und Tieren besiedelt werden. Wo das Gestein der Erdkruste offen liegt und direkt dem Wetter ausgesetzt ist, verwittert es langsam. Im Winter gefriert das Wasser in den Ritzen der Felsen. Es dehnt sich aus und sprengt die Ritzen breiter, bis ein Felsstück abbricht und zu Tal stürzt. Auch beim Sturz wird es schon wieder gebrochen und weiter zerkleinert. Eine Millionen Jahre dauernde Zersetzungsarbeit, die Sand, Ton, Schluff, die mineralischen Bestandteile des Bodens, produziert. Und mit ihnen die anorganischen Spurenstoffe, die dann auch zu Nährstoffen werden, wie Kalium, Calcium, Magnesium, Phosphor, Eisen und deren Abbaustoffe und Verbindungen.

Der grundsätzlich andere Teil des Bodens entsteht aus abgestorbenem Leben. Raoul Heinrich Francé beschreibt es in seinem Buch *Das Leben im Boden* in für seine damaligen Leser sicher aufschreckend genauer Art, schon deshalb, weil dieser Vorgang auch der ist, der am Ende auch uns Menschen droht:

> *»Mit vielstimmiger Totenmusik wird jede Leiche in der Natur zu Grabe getragen; man summt, schnarrt, piepst dazu in allen Tonarten. Alles arbeitet mit dem heiligen Eifer, der die Arbeit aller Tiere kennzeichnet. Und den vereinten Bemühungen vieler Tage gelingt das Unglaubliche: jeder Leichnam wird schließlich zugedeckt und eingegraben.*
>
> *Die Totengräber holen sich ihren Lohn während der Arbeit. Die einen schaffen aus Mutterliebe. Sie bemühen sich, um ihre Eier in dem nutzlos gewordenen Lebensrest abzulegen, und die alsbald erscheinenden Larven reißen dann Stückchen um Stückchen auseinander, um sich daran zu sättigen. So handeln die Fliegen; die Speckkäfer, Ameisen und Aaskäfer aller Arten nähren sich selbst davon, sorgen aber auch noch für ihre Brut. Die Totengräber vereinigen sich zu ganzen Schipperkolonnen. Ihre mittleren und hinteren Beinpaare sind besonders stark und als Grabbeine ausgebildet. Die Käfer kriechen unter den Leichnam und scharren die Erde aus; sie graben Millimeter um Millimeter ein regelrechtes Grab, in das der Tote hineinsinkt. Dann kommen die Totengräberfrauen und versorgen ihre Nachkommenschaft darin. Jedes Tier wird auf diese Weise begraben, jeder Vogel, jeder Maulwurf; die Hasen und Mäuse, die Insekten und Würmer verschwinden auf die gleiche Weise. (…)*

Wie immer in den Wirklichkeiten des Seins wird aus vielen Kleinen ein Großes: auf diese Weise wird der Tod ein für allemal überwunden; er wird zurückgebogen in den Kreislauf des Lebens, und die Erde, sonst ein Leichenfeld gräßlichster Art, bleibt rein, keusch, frisch und appetitlich, als gebe es keine so dunklen Worte wie Sterben und Vergehen.«[9]

Noch nicht erwähnt hat Francé hier den gleichen Vorgang bei abgestorbenen Pflanzen oder Pflanzenteilen. Und die beteiligten Mikroorganismen, die Einzeller, die Pilze, die Fadenwürmer, Springschwänze, Hornmilben und letztlich die Regenwürmer. Auch ihr Anteil bei der Erschaffung des Humus, also des im Boden eingelagerten Anteils an organischem Material, ist natürlich nicht zu verachten. Und sie halten, wie schon Darwin bemerkt, den Boden in Bewegung. Sie schaffen die feine Krümelstruktur und die Hohlräume dazwischen, die Gänge, durch die Luft und Wasser eindringen können. Neben den Regenwürmern lobt Raoul Heinrich Francé besonders die winzigen Nematoden:

»Die erdbewohnenden Fadenwürmer, eigentlich nahe Verwandte der Trichine, sowie der im schlechten Essig oder Kleister umherschwimmenden Essigälchen und der von jedem Zuckerrübenbauer gefürchteten Rübennematode, an sich völlig harmlose Tiere, die zur Sanitätspolizei der Natur gehören, sind unermüdlich. Sie sind alle farblos, klein, im besten Fall etwa 1-20 Millimeter lang und können den Ruhm beanspruchen, eine der artenreichsten Tierordnungen zu sein. Die ganze Humusdecke unserer Erde ist von zahllosen Mengen dieser Würmchen durchwandert, von denen ein Quadratfuß bis zu Hunderttausend in sich bergen kann. Ihr langer Darm ist stets von Erde in feinster Körnung erfüllt, der sie die darin enthaltenen Stickstoffverbindungen entnehmen. Dadurch bewegt ihr Heer tagaus, tagein ungeheure Erdmassen. Abgesehen davon

schlüpfen sie mit unglaublicher Behendigkeit durch alle Lücken und Spalten und halten dadurch die feinsten Körner in steter Bewegung.«[10]

Natürlich fressen Nematoden nicht nur Erde. Ihre vielen Tausend Arten haben sich auf alle möglichen Nahrungsgrundlagen eingestellt, eine davon leider auch auf Rüben. Manche können auch für uns Menschen zu Parasiten werden, wie der im Darm lebende Spulwurm. Manche werden auch als Pflanzenschutzmittel angewendet, etwa zur Bekämpfung von Schnecken im Gartenbau.

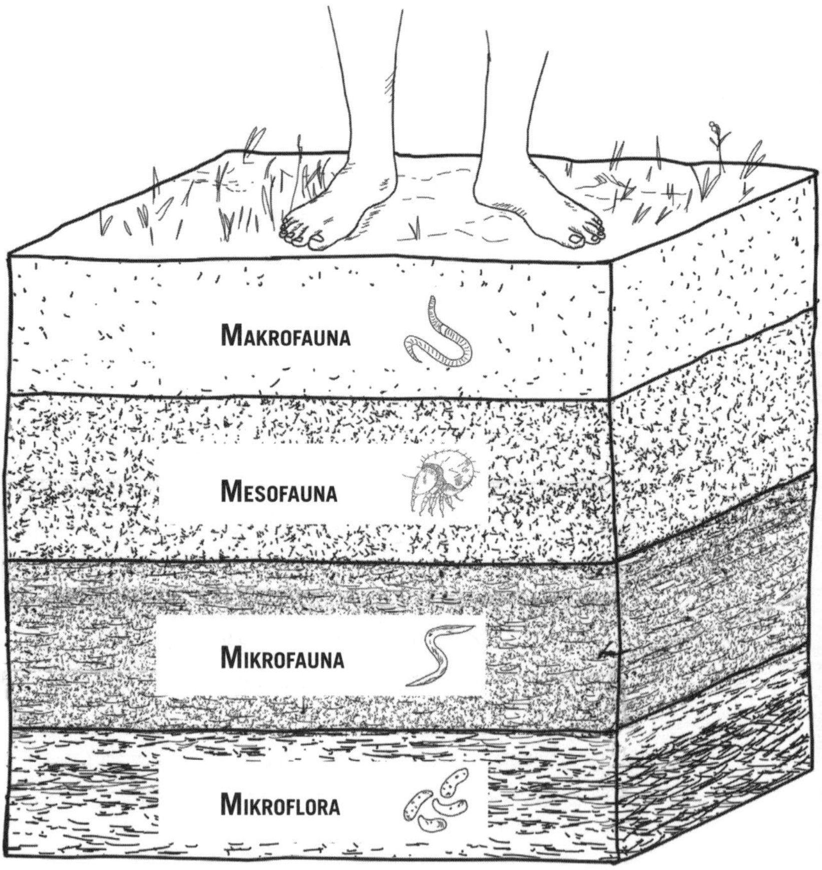

Schichtarbeiter

Aber der Reihe nach – von oben nach unten, wie der Weg der organischen Substanz, ob nun tierischen oder pflanzlichen Ursprungs von der Streu in den Boden. Das, was an Totem oben auf dem Boden landet, nennen die Bodenforscher Streu, und zwar ohne Ansehen der Herkunft. Alles Abgestorbene auf dem Boden ist Detritus[11] oder einfach Streu. Die sieht zunächst noch aus wie im Leben. Der tote Käfer ist noch erkennbar, wie auch das welke Blatt oder Gras.

Dann kommen die schon geschilderten Totengräber der gestorbenen Tiere oder die Besiedler von tierischen Ausscheidungen, also Kot. Und die sogenannten Erstzersetzer der pflanzlichen Hinterlassenschaften. Das sind bodenlebende Tiere aus dem Bereich der Makrofauna von über zwei Millimetern Größe:

Was in einem Kubikmeter gesundem, fruchtbaren Boden
und in der Streuschicht darauf lebt – nach Größe sortiert.

30 Hundertfüßer, 30 Asseln, 50 Spinnen, 50 Schnecken,
100 Zweiflüglerlarven, 100 Käfer und -larven,
100 Doppelfüßer, 100 Regenwürmer

30 000 Weißwürmer, 50 000 Springschwänze,
70 000 Milben

10 000 Rädertierchen, 1 Million Fadenwürmer,
1 Million Wimperntierchen, 10 Millionen Wurzelfüßer,
100 Millionen Geißeltierchen

100 Millionen Algen, 100 Milliarden Pilze,
10 Billionen Strahlenpilze, 100 Billionen Bakterien

Schnecken, Spinnen, Insekten, Hundertfüßer, Doppelfüßer, Käfer, Asseln. Dann die kleineren aus der Mesofauna, bis zu 0,3 Millimeter klein: Milben, Springschwänze, Weißwürmer. Sie zerkleinern, raspeln, zerstückeln und fressen sich durch die Streu. Sie sind dabei allerdings schlechte Futterverwerter, sodass sie einen Gutteil der Nahrung wieder ausscheiden. Ihr Kot wiederum ist Nahrung für die nächsten, die sogenannten Folgezersetzer: kleinere Bodentiere, wie Hornmilben und einige Arten von Springschwänzen.

Das angenagte Gewebe wird im Übrigen von Mikroorganismen besiedelt und weiter zersetzt. Die Tauwürmer ziehen Pflanzenmaterial in ihre Röhren, um es dort den Mikroorganismen, Bakterien und Pilzen zu übergeben. Erst wenn diese die Gewebestrukturen aufgelöst haben, können die Regenwürmer das vorverdaute Material fressen. Bei der Sekundärzersetzung durch Pilze und Bakterien, wir nennen sie gemeinhin schlicht Verwesung, werden komplizierte molekulare Verbindungen wie Eiweiß, Zellulose oder Lignin, der Holzfaser, in einfache Verbindungen umgesetzt, die meist schon wasserlöslich sind und den Pflanzen wieder als Nährstoffe zur Verfügung stehen. Die Pilze, Strahlenpilze und Bakterien, aber auch die Algen im und auf dem Boden werden ihrerseits wieder von Tieren abgeweidet. Und denen sind dann auch noch Räuber auf der Spur, von der Raubmilbe über Pseudoskorpione und Hundertfüßer bis zum Maulwurf.

Nach den Tieren der Mesofauna folgen die noch kleineren aus der Mikrofauna: Rädertiere, Fadenwürmer, Bärtierchen, Wimpern- und Geißeltierchen.

Am Ende des Zersetzungsprozesses, an dem Milliarden von Organismen beteiligt sind, können aus dem Material wieder anorganische Stoffe wie Wasser, Mineralstoffe und Kohlendioxid werden – oder sie werden als Huminstoffe im Boden eingelagert. Damit ist dann Dauerhumus entstanden und der Kohlenstoff im

Boden eingelagert, mithin auch das Treibhausgas Kohlendioxid der Luft, der Atmosphäre entzogen.

Humus besteht zu fast sechzig Prozent aus Kohlenstoff.[12] Die Dimension des im Boden eingelagerten Kohlenstoffs wird klar, wenn man die Menge im Boden mit der Menge vergleicht, die in den lebenden Pflanzen gespeichert ist. Die Pflanzen der Erde halten etwa 500 Gigatonnen Kohlenstoff von der Atmosphäre fern. In den Böden dagegen sind 2000 Gigatonnen gebunden. Nur die Ozeane binden mit 38000 Gigatonnen Kohlenstoff mehr als die Böden. Wir Menschen pusten jedes Jahr etwa fünf Gigatonnen zusätzlich in den Kohlenstoffkreislauf der Erde.

Im weltweiten Vergleich der Humusmengen in den Böden liegt der Norden deutlich vorn. Die nördliche Steppe, die Tundra, und die nördlichen, borealen Wälder der Taiga haben die höchsten Humusanteile, gefolgt von den Steppen der gemäßigten Breiten. In den Tropen sind die Böden nicht so humos, weil der Streuumsatz dort sehr viel rasanter ist, da die Mikroorganismen, aber auch viele Bodentiere, etwa Termiten, dort durch die feuchte Wärme optimale Lebensbedingungen vorfinden.[13]

Vergleicht man die Kohlenstoffspeicherung in den verschiedenen Biotopen, sind die Moore eindeutig führend. Das liegt daran, dass hier nur wenige Spezialisten unter den Zersetzern auf und im Boden leben. Regenwürmern zum Beispiel sind Moore eindeutig zu sauer. Durch die ständig aufsteigende Feuchtigkeit kann es zu langen Phasen andauernden Luftmangels kommen, und die Streu wird dann nicht zersetzt, sondern direkt in den Boden eingelagert. Es entsteht Torf. Aber auch wo kein Torf wächst, sind in der oberen Bodenschicht in den moorigen Gegenden oft bis zu dreißig Prozent Humus eingebaut. In einem in der üblichen Form bewirtschafteten Acker, mit mittelschwerem, gutem Boden, dürfte der Humusanteil dagegen bei maximal fünf Prozent liegen, in sandigem Boden deutlich darunter.

Moder und Mull

Die Entstehung des Humus ist »im Wesentlichen die Leistung des Edaphons«, sagt das Lehrbuch und benutzt den von Raoul Heinrich Francé eingeführten Begriff für das gesamte Leben im Boden und in der Streuschicht. Die Leistung des Edaphons besteht in der Umwandlung dieser Streuauflage, der Zersetzung und der Bioturbation, also der Einarbeitung in den Boden und der Durchmischung des Ganzen. Bei dem Wort Leistung schwingt wieder die von den Ökologen eingeführte Begrifflichkeit der Ökosystem-Dienstleistung mit, die beschreiben soll, was das Edaphon für uns Menschen tut und wie wichtig es deshalb für uns ist:

> *»Ein leistungsfähiges Edaphon bevorzugt gut durchlüftete, warme, frische, mäßig saure bis schwach alkalische und nährstoffreiche Standorte. Je nach Ausbildung der Umwelteinflüsse stellt sich eine andere Zersetzerpopulation ein und damit ändert sich die Humusform.«*[14]

Der Humus wird in drei Arten grob gegliedert: Es gibt Rohhumus, Moder und Mull. Um beim leistungsfähigen Edaphon zu bleiben: Dieses produziert bei guten Bedingungen Mull. Der Mull ist eine starke Humusauflage auf dem Unterboden, die dadurch entsteht, dass die Bodenorganismen es schaffen, alles, was oberirdisch anfällt, innerhalb eines Jahres zu zersetzen und in den Boden einzuarbeiten oder den Pflanzen wieder zur Verfügung zu stellen. Auf dem Boden liegt also keine Streu, die älter als ein Jahr ist. Entsprechend mächtig ist dann der humushaltige Horizont. So nennen die Bodenforscher die Bodenschichten, die sich meist leicht erkennen und voneinander unterscheiden lassen, wenn man einen Boden vertikal absticht, um ihn von der Seite betrachten zu können.

Den einzelnen Schichten werden dann auch noch Namen beziehungsweise Kürzel zugewiesen. So heißt die Streuauflage L von englisch *Litter*. Die erste Bodenschicht unter der Auflage wird in Deutschland mit dem ersten Buchstaben des Alphabets bezeichnet. So es sich um humushaltigen Oberboden handelt, kommt noch ein kleines H hinzu, also Ah. Der Unterboden, der dann kaum noch mit organischem Material von oben durchsetzt ist, trägt den Buchstaben B, das Gestein ganz unten, aus dem der mineralische Teil des Bodens einmal entstanden ist, trägt entsprechend den Buchstaben C. Dann gibt es noch Buchstaben, die weitere Horizonte bezeichnen: S zum Beispiel steht für Staunässe, G für Grundwasser. R steht für Rigosol, das sind von Menschen durchmischte Bodenschichten, die durch tiefes Graben oder Tiefpflügen entstehen.

Auf dem humushaltigen Oberboden des Horizonts Ah können nun bei den beiden anderen Humusarten, anders als beim Mull, noch mehrere Schichten der Streu liegen. Ganz oben die frische Streuauflage L, darunter dann eine Schicht, die mit dem Kürzel Of versehen wird. Das ist langsam vermodernde Streu, in der wärmeren Jahreszeit oft mit dichtem Pilzbewuchs. Und darunter kommt die mit Oh bezeichnete Schicht, wo sich dann schon Humusstoffe befinden, die aber noch nicht in den Boden eingearbeitet sind. Bisweilen ist der Humus hier sehr fein und dunkel, bei Feuchtigkeit gerne auch mal schmierig schwarz. Ist die aus den drei Schichten bestehende Streuauflage besonders dick und der darunter liegende mineralische Oberboden besonders dünn, haben wir es mit dem sogenannten Rohhumus zu tun.

Der kärgliche Rohhumus auf dünnem Oberboden entsteht, wo die Lebensbedingungen für das Edaphon besonders ungünstig sind. Auf nährstoffarmen sandigen Böden stehen zum Beispiel Kiefern und Heidekraut. Und das in einer eher kühlen Gegend. Dann ist die Streuauflage für Bodenorganismen nur schwer zu verarbeiten, weil ihnen das ganze Bodenklima zu sauer ist. Im Oberboden und der Streu, die bis zu dreißig Zentimeter hoch und mehrere Jahre alt aufliegen kann, leben kaum Regenwürmer, und wenn, dann keine vertikal grabenden.

Geht es ein bisschen besser mit der Zersetzungsarbeit und der Durchmischung des Oberbodens, dann sind die drei Lagen der Streu deutlich weniger stark und der humose Oberboden ist dicker. Das ist die Humusform Moder. Sie entsteht, wenn die Streu für das Edaphon schlecht zu verarbeiten ist, etwa in Nadel- oder Eichenwäldern in kühleren Lagen. Auch hier kann die Streuauflage viele Jahre alt sein und nur sehr langsam in den Oberboden eingemischt werden. Das Lehrbuch weist auf eine Sonderform von Moder hin: den englischen Rasen.[15] Dort entsteht diese ärmere Humusform dadurch, dass nur eine einzige Art von Streu aufliegt, nämlich Rasenschnitt. Und das ist zu wenig, um ein vielfältiges Bodenleben zu erlauben und letztlich eine Bodengare zu erreichen.

Der Begriff Bodengare bezeichnet die Idealform eines Bodens, bei dem alles stimmt: die Chemie, die Physik und die Biologie. Das Lexikon beschreibt es so:

> *»Ein garer Boden ist krümelig, humos, gut durchlüftet, ausreichend feucht und leicht durchwurzelbar. Er zeichnet sich durch ein stabiles, belastbares Gefüge aus und kann mit der Spatendiagnose erkannt werden. Wie ein ›gärender‹ Brotteig enthält ein garer Boden viele kleine und mittlere Hohlräume, die sogenannten Bodenporen, die der Luftführung und Wasserspeicherung dienen. Wie ein Schwamm kann dieser Boden zum Beispiel Niederschläge aufsaugen und Überschüsse ins Grundwasser ableiten.«*[16]

Die Hohlräume im Boden, die Bodenporen, in denen viele Bodenorganismen leben und in denen das Wasser schnell versickern kann, entstehen durch die Arbeit der Bodentiere. Die endogäisch lebenden Regenwürmer fressen sich horizontal durch die oberen Bodenschichten und hinterlassen fein krümelige Erde, die anözischen Tiefgräber, wie der Große Tauwurm, bauen sich vertikale Wohnröhren, die sie regelrecht auskleiden und die lange erhalten bleiben. Pflanzenwurzeln können in sie vordringen, und Wasser kann nach unten ablaufen. Auch andere Bodenlebewesen, wie Tausendfüßer, Spinnen, Insekten und ihre Larven, sorgen für Hohlräume und die ansonsten krümelige Struktur des Bodens. Pflanzenwurzeln und Pilzfäden durchziehen ihn, und Bakterien verkleben einzelne Körnchen und Krümel miteinander. Durch diesen sogenannten Lebendverbau entstehen größere und kleinere Hohlräume. Fehlt das aktive Bodenleben, oder ist es nur wenig ausgeprägt, befindet sich der Boden in Einzelkornstruktur. Der Bodenzoologe Wolfram Dunger nennt dies einen »schlechten Strukturzustand«, den wir im Extrem vom grobkörnigen Sandstrand und vom Ton mit ultrafeinen Teilchen kennen. Beides eher lebensfeindliche Böden. Ein krümeliger Boden hat dagegen viele Lebenshohlräume.

> *»In den luftgefüllten groben Hohlräumen oder ›Makroporen‹ – sie haben eine Größenordnung von etwa drei bis 0,03 Millimeter – lebt ein großer Teil der Bodentiere. Hiermit ist aber das Hohlraumvolumen des Bodens und damit sein natürlicher Lebensraum noch nicht erschöpft. Zwischen den einzelnen Strukturteilchen der Krümel und zwischen kleinen Krümeln bleiben mittlere Poren von der Größenordnung 0,03 bis 0,003 Millimetern, ›Mikroporen‹, bestehen. Sie sind in einem ›frischen‹ Boden stets mit Wasser gefüllt und nehmen trotz ihrer Kleinheit doch wenigstens so viel Gesamtraum ein wie die groben Makroporen. Das gesamte wasser- und luftgefüllte Hohlraumsystem eines guten Krümelbodens kann über sechzig Prozent, meist jedoch zwischen vierzig und sechzig Prozent des Bodenvolumens betragen. Der Lebensraum, den ein solcher Boden bietet, besteht also aus einem feinverzweigten Porensystem von sehr unterschiedlichem Öffnungsdurchmesser, das etwa zur Hälfte mit Luft, zur Hälfte mit Wasser gefüllt ist.«*[17]

In den Bodenporen leben die kleineren Tiere, während die größeren die Struktur des ganzen Gefüges stetig verändern. Sie graben sich immer neu hindurch, schaffen sich Wohnraum und verlassen ihn wieder, um nebenan weiterzumachen. Hinter ihnen werden die neu geschaffenen Hohlräume neu besiedelt.

> *»Mannigfaltig sind die Grabemethoden. Würmer und Dipterenlarven*[18] *bohren sich zwischen die Bodenpartikel und drücken diese anschließend durch Verdicken ihres Vorderkörpers beiseite; teilweise fressen sie sich regelrecht durch den Boden. Die zu den Diplopoden gehörenden Juliden*[19] *stemmen sich mit Hilfe ihrer extrem hohen Zahl sehr kurzer Beine durch den Boden, den Nackenschild als ›Ramme‹ benutzend. Auch Formen mit ausgesprochenen Grabbeinen, wie zum Beispiel die Maulwurfsgrille, zeigen häufig bei sonst weichem Körper eine besonders kräftige Oberkopf-Nacken-Halsschildpartie. Schließlich graben sich etliche Arten mit Hilfe der Mundwerkzeuge durch den Boden.«*[20]

Die rege Bautätigkeit in einem belebten Boden führt auch dazu, dass die unter die Erde geschafften und mehrfach umgebauten Teilchen vergangenen oberirdischen Lebens mit den Tonkörpern des mineralischen Bodenanteils verknüpft werden zu einem dauerhaften Ton-Humus-Komplex. Ein wichtiger Bestandteil eines offenporigen, krümelig lockeren garen Bodens.

Verlustrechnung

Und wie steht es um den Humus in unseren landwirtschaftlich genutzten Böden? Das hat das Thünen-Institut, eine selbstständige Bundesbehörde im Geschäftsbereich des Bundeslandwirtschaftsministeriums, in einer aufwendigen Untersuchungsreihe zum ersten Mal für Deutschland erhoben. Von 2012 bis 2018 wurden über 120 000 Bodenproben in über dreitausend landwirtschaftlichen Betrieben in allen Regionen des Landes gezogen und untersucht. Das Ergebnis: Die landwirtschaftlich genutzten Böden sind besser als der deutsche Wald. Sie speichern im Mittel 128 Tonnen organischen Kohlenstoff pro Hektar – wissenschaftlich abgekürzt als C_{org} – im oberen Meter des Bodens. Im Waldboden sind das im Durchschnitt nur einhundert Tonnen. Wobei man dazu wissen muss, dass der Wald tendenziell nur auf den ärmsten Böden stehen gelassen wurde, also da, wo sich Landwirtschaft nicht lohnt. Zudem wurden viele Moore entwässert, und auf den generell humusstarken Moorböden wird heute geackert. Was an sich schon ein Frevel ist, da diese Moore nicht mehr weiterwachsen und neuen Kohlenstoff einlagern können, da durch ihre Trockenlegung außerdem viel Kohlenstoff frei geworden und in die Atmosphäre gelangt ist und da sie als Biotope für bedrohte Arten verloren sind. Außerdem wird auch Landwirtschaft betrieben auf sogenannten anmoorigen Böden. Das sind sehr feuchte Standorte mit sehr hohem Grundwasserstand, in denen die Landwirtschaft viel Schaden durch die Verdichtung der Böden mit schweren Bearbeitungsmaschinen verursachen kann. Entsprechend schränkt auch das Thünen-Institut seine eigenen Daten in der Bewertung ein:

> *»Dieses überraschende Ergebnis ist maßgeblich durch die höhere Tiefgründigkeit landwirtschaftlich genutzter Böden und die höheren Anteile an stark hydromorphen Böden mit sehr hohem C_{org}-Vorrat (zum Beispiel Moor- und moorähnliche Böden) geprägt. Die Ergebnisse (…) belegen, dass landwirtschaftlich genutzte Böden mit Abstand der größte terrestrische C_{org}-Speicher in Deutschland sind. Dies unterstreicht die Bedeutung aber auch die Verantwortung der Landwirtschaft in Deutschland für den Erhalt und, wo es die Bodenfruchtbarkeit stärkt,*

auch für den Aufbau des C_{org}-Vorrates im Zuge eines nachhaltigen Humusmanagements. Im oberen Meter landwirtschaftlich genutzter Böden sind derzeit in Deutschland insgesamt rund 2,5 Milliarden Tonnen C_{org} gespeichert.«[21]

Und was macht die Landwirtschaft tendenziell mit den Böden? Einfach gefragt: Nimmt der Humusgehalt zu? Das wäre schon aus Gründen des Klimaschutzes wünschenswert und wird vom Thünen-Institut auch gefordert, wenn die Autoren der Studie auf die Verantwortung der Landwirtschaft hinweisen. Oder nimmt der Humusgehalt in den landwirtschaftlich genutzten Böden eher ab? In einer speziellen Edition der Studie zum Bodenzustand in Deutschland nehmen die Autoren sich dieses Themas an:

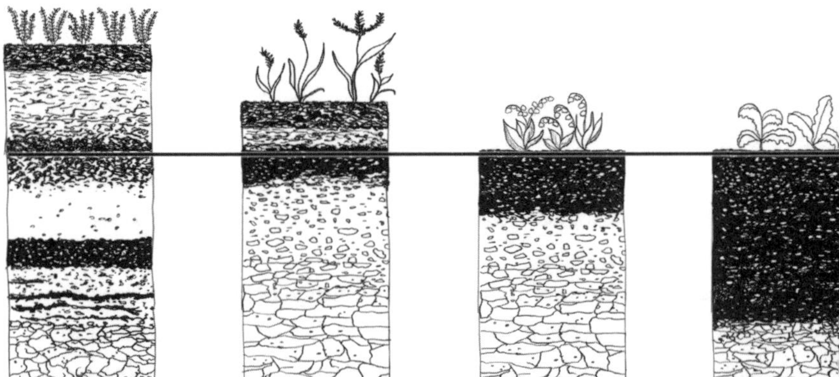

Humusarten (nach Wolfram Dunger): Links ein Nadelwaldboden (Podsol) mit Rohhumusauflage. Rechts daneben ein Laubwaldboden (Parabraunerde) mit Moderauflage. Dann eine Braunerde mit eingearbeitetem Mullhumus. Ganz rechts eine Schwarzerde mit tiefer Humusschicht aus Mull. Die Linie zeigt die ursprüngliche Höhe des Mineralbodens.

> *»Entwässerte und landwirtschaftlich genutzte Moorböden verlieren große Mengen an organischem Kohlenstoff. Für mineralische Böden unter landwirtschaftlicher Nutzung in Deutschland ist bisher nicht klar, ob sich die Humusvorräte im Gleichgewicht befinden oder ob sie sich verändern.«*

Was kein Wunder ist, da die umfassende Bodenzustandserhebung ja auch zum ersten Mal durchgeführt wurde. In Zukunft soll sie alle zehn Jahre stattfinden, so lange müssen wir also auf handfeste Ergebnisse warten. Eine lange Zeitspanne, zu lange, was den Klimaschutz angeht, wo ja bekanntlich schon zu lange zu wenig geschehen ist und die Zeit nun heftig drängt. Vielleicht auch deshalb haben die Wissenschaftler vom Thünen-Institut für Agrarklimaschutz, einem der vierzehn Institute der Bundesoberbehörde, schon mal Modellrechnungen angefertigt. Mit fünf verschiedenen Modellen zur Einschätzung der Entwicklung des Kohlenstoffgehalts im Boden wurde gerechnet: einem deutschen, einem dänischen, einem schwedischen, einem finnischen, einem britischen und einem US-amerikanischen. Diese Modelle gehen alle davon aus, dass die Bewirtschaftung der Böden und ihre Versorgung mit organischer Düngung in den nächsten Jahren gleich bleiben. Und sie gehen davon aus, dass es für jeden Boden einen Gleichgewichtszustand gibt, eine je nach Art des Bodens unterschiedliche Sättigung mit Humus, also auch mit organischem Kohlenstoff. Leider gehen die Modelle auch davon aus, dass das Klima bleibt, wie es ist. Obwohl wir wissen, dass das nicht so sein wird. Aber auch wenn das Klima tatsächlich den Bodenmodellen und nicht den Modellrechnungen der Klimaforscher und der eigenen Dynamik folgen würde, sieht es nicht gut aus für die Ackerböden in Deutschland.

> *»Die Ergebnisse zeigten im Mittel für ganz Deutschland eine deutliche Differenzierung nach der Landnutzung: Für die mineralischen Böden ohne deutlichen Grundwassereinfluss unter*

Dauergrünlandnutzung weisen die Modelle im Mittel keine Veränderung des Vorrates an organischem Bodenkohlenstoff aus, die vorhandenen Vorräte liegen überwiegend nahe am Gleichgewichtswert. Das heißt, die Grünlandböden behalten im Mittel bei der aktuellen Nutzung und der Annahme gleichbleibender Klimabedingungen die aktuell vorhandenen Kohlenstoffvorräte. Für Ackerböden zeigen die Modelle im Mittel einen Verlust an organischem Kohlenstoff in Höhe von 0,19 Tonnen pro Hektar für die nächsten zehn Jahre.«[22]

Das wäre dann ein jährlicher Verlust von fast 1,5 Promille Humus, gemessen am Mittelwert des Kohlenstoffgehalts aller landwirtschaftlich genutzten Böden in Deutschland, inklusive der Moorböden und anmoorigen Böden. Das hört sich wenig an, ist aber sehr viel, wenn wir uns in Erinnerung rufen, dass die Franzosen bei der Klimakonferenz in Paris 2016 das Vier-Promille-Ziel ausriefen. Die zugehörige internationale Deklaration ist von Deutschland als Erstunterzeichner mitgetragen worden. Auch die EU unterstützt die Deklaration. Deren Ziel ist es, jedes Jahr vier Promille Kohlenstoff zusätzlich in die landwirtschaftlich genutzten Böden einzulagern und damit die Landwirtschaft vom Klimaproblem zum Klimaschützer zu machen.

Das würde natürlich nur eine gewisse Zeit lang funktionieren, da sich auch bei geänderter Bewirtschaftungsweise mit verbesserter Pflege des Bodenlebens und entsprechend erhöhter Einlagerung von Humus und also Kohlenstoff in den Boden irgendwann wieder ein Gleichgewicht einstellt. Dann wird nicht mehr eingelagert, aber man kann den dann höheren Kohlenstoffanteil im Boden halten. Obwohl der Effekt also zeitlich begrenzt ist, könnte er uns ungeheuer helfen, weil er aktuell Kohlendioxid aus der Atmosphäre schafft und uns Zeit gibt, die Wirtschafts- und Lebensweise generell umzustellen. Die Daten des Thünen-Instituts, das die Vier-Promille-Initiative in einem eigenen Arbeitspapier dazu generell unterstützt[23], zeigen, dass unsere Landwirtschaft in die andere Richtung unterwegs ist.

Aber wieso eigentlich? Wie kommt es, dass uns Humus verloren geht, statt dass wir ihn aufbauen, wo die Bauern doch immer wussten, dass der Boden Zufuhr an organischem Material braucht. Und das lange bevor sie etwas vom vielfältigen Leben im Boden überhaupt wissen konnten. Irgendwie war doch immer klar, dass man etwas hinfahren muss auf den Acker, wenn man etwas weggenommen hatte – die Ernte. Und dass das, was man hinfährt, aus dem Bereich des Lebendigen stammen muss: Kompost, Stallmist, Gülle. Und dass man dafür sorgt, dass »Mutter Boden«, wie das Hans Peter Rusch ausdrücken würde, bedeckt ist und nicht bloß daliegt. Ist dieses alte Wissen in wenigen Generationen von Kunstdünger und Agrochemie komplett verschüttet worden?

Schwemmland

Ich habe einen bestimmten Acker durch mehrere Jahre seines »Lebens« begleitet. Nicht indem ich ihn bewirtschaftet habe. Ich habe ihn nur immer wieder besucht und geschaut, wie es ihm geht. Und dies nicht wie ein Landwirt, der wissen will, wie der Kollege da wirtschaftet, nicht wie ein Botaniker, den das Pflanzenwachstum interessiert, oder wie ein Bodenforscher, der die Nährstoffe analysiert oder das Bodenleben. Das alles bin ich nicht. Ich habe den Acker aufgesucht wie ein Freund, der zu Besuch kommt, um nach dem Rechten zu schauen, um zu sehen, wie es geht. Ein wahrscheinlich etwas seltsam anmutendes Projekt, auf das mich ein Bauer gebracht hat: Sepp Braun aus Freising.

Mit ihm habe ich gesprochen, weil ich wissen wollte, wieso er so ganz anders wirtschaftet. Er spricht zum Beispiel davon, dass er nicht nur für seine Kühe, Schweine und Hühner Futter anbaut, sondern auch für seine Regenwürmer und all die anderen, die da unten in der Erde wohnen. Seinem Boden solle es gut gehen, sagt Sepp Braun, damit es all denen gut gehen kann, die auf ihm und von ihm leben. Aber wann geht es dem Boden gut, wie erkennt man das und was tut man dafür? »Das kannst du erkennen, wenn du die Erde als Lebewesen wahrnimmst. Dieses Lebewesen kann gesund sein oder krank. Und wenn es krank ist, kannst du ihm helfen.« Nicht die mythische Gaia war gemeint, nicht Mutter Natur oder der Globus, sondern die lebendige Erde unter unseren Füßen. Ja, sie ist belebt, aber ist sie deshalb ein Lebewesen?

Natürlich weiß Sepp Braun, dass diese Erde belebt ist. Er kennt den Mengen- und den Gewichtsvergleich. Als er vor Jahrzehnten seinen Hof auf Biolandbau umgestellt hat, gab es ein Plakat von einem der Anbauverbände, das zeigte zwei Menschenhände, die ein Häufchen Erde halten. Darunter stand: In einer Handvoll Erde ist mehr Leben, als es Menschen auf der Erde gibt! Er kennt die Grafik aus dem Handbuch der Bodenkunde, die zeigt, dass allein in den obersten dreißig Zentimetern Boden unter einem Hektar Weideland 25 Tonnen Bodenorganismen leben, während oben drauf gerade mal zwei oder drei Rinder grasen, die höchstens anderthalb Tonnen auf die Waage bringen.[24] Der Anbauverband Demeter verpflichtet seine Mitglieder, je Hektar Land anderthalb Großvieheinheiten zu halten, also sollten es nicht einmal zwei erwachsene Rinder pro Hektar sein. Und unter deren Hufe Milliarden von Organismen. Aber dieses Darunter insgesamt als einen zusammengehörenden Organismus sehen? Und dann den einzelnen Acker als Person? Hat Hans Peter Rusch das so gemeint? Ist die Erde nicht doch eher Lebensraum als Lebewesen? »Schau dich an«, sagt Sepp Braun, »du bist ein Lebewesen und du bist auch Lebensraum.« Stimmt, ich bin Lebensraum für unzählige Mikroorganismen. Sie leben auf Haut und Haaren, im Mund, in den Schleimhäuten. Sie sind manchmal lästig und werden zur Plage, die ich loswerden will. Aber ohne sie leben kann ich nicht. Ohne meine Darmflora und Darmfauna zum Beispiel geht gar nichts.

Mein Acker

Also gut, dann betrachten wir mal versuchsweise einen Acker als Individuum mit spezifischen Bedürfnissen. Was braucht er, was bekommt er vom Landwirt? Wie geht es ihm damit, und wie geht es ihm, wenn ein fünf Tonnen schwerer Traktor über ihn rollt? Wie kommt er mit dem Wetter zurecht, kann er den Regen aufnehmen und speichern für trockene Zeiten? Ist er gesund, kann er sich und die in und auf ihm Lebenden ernähren, kann er etwas abgeben, was wir am Ende Ernte nennen? Bekommt er danach genug zurück, um sich selbst zu erhalten und neues Leben wachsen zu lassen?

Der Acker, den ich für meine Besuche ausgesucht habe, ist keiner, den ein Bauer als eigenständiges Lebewesen ansieht und behandelt. Einen so wirtschaftenden Bauern habe ich nicht in der Nähe. Diese Art Bauern sind eine sehr seltene Spezies. »Mein« Acker liegt in einem eingedeichten Koog in der norddeutschen Marsch und wird konventionell bewirtschaftet. Die Höfe sind groß in diesen Kögen, arme Bauern waren das nicht, die hier siedelten, als sie die Chance hatten, das dem Meer abgerungene Land zu bewirtschaften. Für Ackerboden werden hier Höchstpreise gezahlt.

Diese Kleiböden sind fruchtbar, aber nicht leicht zu bewirtschaften. Der Klei ist eigentlich entwässerter Meeresboden. Er besteht aus dem sehr feinen Schlick, den die Flut in die Watten trägt. Das ist Sand, versetzt mit Ton und zerriebenem Muschelkalk, über die Jahrzehnte und bisweilen Jahrhunderte der Bewirtschaftung angereichert mit Humus. Bevor eingedeicht wurde, haben unsere Vorfahren jahrelang Landgewinnung betrieben. Sie haben lange Doppelreihen kurzer Holzpflöcke in das Watt gerammt und sie mit Reisig zu Lahnungen verflochten. Zwei Mal an jedem Tag, wenn die Flut das Meer gegen Land drückte, brachten die Wellen feine Schwebteile mit, und wenn die Ebbe einsetzte, blieben Sand und Ton und Muschelkalk hinter den Lahnungen liegen, und mit ihnen große Mengen organischer Substanz, also Nährstoffe. Der Schlick wuchs auf, bis er von Pflanzen besiedelt und schließlich zur Salzwiese wurde. Erst wenn diese Wiesen so hoch geworden waren, dass sie nur noch von Sturmfluten überschwemmt wurden, dann wurde der Deich gebaut.

Der Marschboden ist also sehr fruchtbar, aber bisweilen auch das, was die Landwirte einen Minutenboden nennen: Durch den hohen Anteil an feinem, klebrigem Ton ist er in feuchten Jahren nur in sehr kurzen Zeitspannen überhaupt sinnvoll zu bearbeiten. Durch den immer noch sehr hohen Grundwasserspiegel vernässen die Äcker rasch. Und dann müssen die Traktoren draußen bleiben – eigentlich.

Was ich am Anfang meiner Besuche bei »meinem« Acker nicht wusste: Ich würde ihn durch zwei extreme Jahre begleiten. Das erste schien zunächst ein ganz normales Jahr werden zu wollen, sogar ein besonders schönes, bevor es dann in einigen Regionen einen neuen Namen bekam. Der Winter war mild, wie so oft in den letzten Jahren. Zu mild, sagten die Meteorologen, was aber niemanden störte. Warum auch? Die Menschen mögen das, wenn der Frühling zeitig und heftig einsetzt. Die Gärtner hatten alle Hände voll zu tun. Sie kamen kaum nach mit dem Säen und Setzen. Die Natur rannte ihnen voraus. Die Obstbäume blühten sehr früh in diesem Jahr. Zu früh, wie sich bald herausstellte. Denn dann kam der Einbruch.

Nach einem ausgelassenen Tanz in den März, der sich deutlich nach Mai anfühlte, erstarrte das Land im späten Frost. Viele der wunderbaren Blüten, die eben noch reiche Ernte versprochen hatten, erfroren in den kalten Nächten. Obstbauern stellten Feuerkörbe in ihre Plantagen, um die Blüten zu schützen. Winzer besprühten die Reben mit Wassernebel, damit sich eine Eisschicht um das zarte Grün und die Knospen bilden und es vor dem eisigen Wind schützen sollte. Der Frühling endete Mitte April. Der Tanz in den Mai fiel dann ganz aus, zumindest auf dem Land. Das nämlich versank nach der kurzen Eiszeit im Wasser. In vielen Regionen, vor allem im Norden Deutschlands, sollte es das Regenjahr werden, das nasseste Jahr seit den Jahren der sogenannten Jahrhundertfluten, die noch keine fünfzehn Jahre her waren.

In letzter Zeit häufen sich die Jahre und Ereignisse mit dem Vornamen »Jahrhundert«: Jahrhunderthochwasser, Jahrhundertflut, Jahrhundertdürre, Jahrhundertsommer. Sie werden gerne mit diesem dramatischen Zusatz bestückt, obwohl wir alle längst bemerkt haben, dass die so bezeichneten Ereignisse keineswegs hundert Jahre auseinanderliegen.

Die sogenannten Naturkatastrophen neigen offenbar zu einer besonderen Art der Beschleunigung, die unser ohnehin beschleunigtes Leben noch überholt. Wobei es viele Anzeichen dafür gibt, dass unser immer schnelleres und immer grenzenloseres Leben und Wirtschaften die treibende Kraft hinter der Beschleunigung der katastrophalen Ereignisse ist. Zumindest wenn diese als Wetter daherkommen und die immer wiederkehrende Diskussion anregen, ob es sich dabei überhaupt noch um Wetter handelt oder eben doch schon um Klima. Kein Meteorologe mag diese Frage mit einem klaren Ja beantworten, denn Wetterextreme gab es schon immer. Aber hatten die Klimaforscher nicht prophezeit, dass die Veränderungen im weltweiten Klimasystem mit extremen Wetterereignissen einhergehen? Das hatten sie vielfach getan, und das schon vor vielen Jahren, als noch Zeit gewesen wäre, das Eintreffen der Prophezeiungen zu verhindern.

Inzwischen wird jedes dieser Wetterereignisse von angeregten Diskussionen über die Resilienz unserer Städte begleitet, also über ihre Widerstandsfähigkeit, ihre Selbstbehauptungskraft. Wie muss gebaut oder umgebaut werden, um den nächsten zu erwartenden Jahrhundertsommer auch in der Stadt ertragen zu können? Was muss geschehen, um die vom Himmel stürzenden Fluten abzuleiten, die die Tendenz haben, die Regenmenge ganzer Monate an einem Tag abzuliefern? Die Gebäude ertüchtigen, die Kanalisation erweitern, Tiefgaragen und Unterführungen umgestalten, die Plätze umbauen, wieder mit Brunnen ausstatten, Schattenraum schaffen, das Stadtgrün mit dürreresistenten exotischen Bäumen und Sträuchern erweitern. Alles in der Diskussion, vieles schon in Planung und manches bereits im Bau oder umgesetzt.

Kommt fett

Und was geschieht auf dem Land? Wer schützt die Tiere und die Pflanzen, von denen und mit denen wir leben? Wer schützt unsere Nahrungsproduktion? Über das Land kommen die Jahrhundertereignisse wie der biblische Albtraum des Pharaos. In dem steigen sieben schöne, pralle Kühe aus dem Nil und nach ihnen sieben hässliche, magere Kühe. Dann fressen die mageren die wohlgenährten Kühe, ohne davon fetter zu werden. Danach werden sieben pralle Kornähren von sieben dürren gefressen, ohne dass es die dürren nähren würde. Josef, Sohn des Jakob, eines der Stammväter der Israeliten, weiß die Träume des Pharaos zu deuten und sagt sieben fette Jahre voraus, auf die sieben dürre folgen werden. Und der Pharao lässt Josef Vorsorge treffen für die Hungerjahre.[25] Solch einen Josef haben wir nicht. Er dürfte uns in Zukunft noch mehr fehlen als in den vergangenen Jahren.

Auch bei uns kam es erst fett und dann dürr. Nur dass es nicht sieben fette Jahre waren, wie in der Bibel beschrieben, sondern eines; und dass auf das fette Jahr direkt das dürre folgte. Und leider war es auch im ersten Jahr des fetten zu viel, weil wir keine

Überschwemmungslandwirtschaft betreiben wie die alten Ägypter. Die nährte der Nil, der jedes Jahr einmal über die Ufer trat und das umliegende Land mit seinem Sediment düngte und mit seinen Fluten bewässerte. Unsere Äcker nährt das nicht, wenn sie im Dauerregen ersaufen. Unsere Felder und die auf ihnen gezogenen Pflanzen können mit zu viel nicht umgehen, egal woraus dieses Zuviel besteht. Wir leben in den gemäßigten Breiten, vom Wetter eigentlich verwöhnt, im Weizen- und Reisgürtel der Erde. Alles hier ist auf Mittelmaß ausgerichtet, das in diesem Fall nichts Mittelmäßiges meint, sondern nur das Fehlen der Extreme benennt. Die klimatisch gemäßigten Breiten ermöglichen hohe landwirtschaftliche Erträge und ernähren entsprechend viele Menschen. Wenn es aber so kommt, wie es in jenem Jahr kam, dann kommt es dick.

Der von mir immer wieder besuchte Acker ist ein Zuckerrübenacker in jenem Regenjahr. Ungefähr zehn Hektar groß, was für die Landwirte, die in Ostdeutschland die zu Zeiten der DDR angelegten riesigen Ackerflächen bewirtschaften, eine lächerlich kleine Fläche ist. Aber hier in der Marsch durchziehen die schweren, dunklen Kleiböden Gräben, die sie entwässern. Diese oft schilfbestandenen, baggerschaufelbreiten Rinnen begrenzen die Größe der Äcker. Nirgendwo in der Marsch gibt es so große Schläge, also zusammenhängende Ackerflächen, wie im Osten Deutschlands. Aber auch hier im Nordwesten verschwand in den letzten Jahren mancher Entwässerungsgraben und wurde durch unterirdische Dränage ersetzt, um die immer größeren Maschinen auf den Äckern effizienter einsetzen zu können. Durch die Dränrohre fließt allerdings weniger Wasser ab als durch die offenen Gräben.

Der späte Frost hat den Rüben nichts ausgemacht im ersten Jahr meiner Acker-Besuche. Aber dann steht sehr bald das Wasser zwischen den Pflanzenreihen. Eigentlich wurzeln Zuckerrüben tief, und entlang ihrer Wurzeln sollte das Wasser nach unten ablaufen können. Hier läuft aber dann bald nichts mehr in den

Boden ab. Zuerst sammelte sich das Wasser in den Fahrspuren. Die tonnenschweren Schlepper pressen die Hohlräume aus der Erde und verdichten den Boden. Da wurzelt dann kaum noch etwas, da gräbt auch kein Regenwurm, da passt kein Wasser mehr hinein. Ist der Acker eben, wie in der Marsch, kann das Wasser nicht abfließen, außer in die Gräben und Kanäle, die bei heftigen Regenfällen eine undurchsichtige Brühe abführen, die sich immer graubrauner färbt von all dem Boden, den sie wegträgt. Liegt der Acker am Hang, frisst das Wasser in solchen Situationen tiefe Rinnen in den Boden und trägt über sie den Oberboden ab. Und mit ihm das Bodenleben und die Fruchtbarkeit. Am Fuß der Hänge sammelt sich dann all das, was eben noch oberhalb die Bodenfruchtbarkeit ausgemacht hat. Und wenn es ganz dick kommt, dann schwimmt der ganze Hang davon und wir lesen und hören von Schlammlawinen und Schlammfluten, die sich über Straßen und durch Dörfer wälzen. Das Fernsehen zeigt dann die Bilder von Autos, die in braunen Wellen untergehen, und von Menschen, die durch den Schlamm waten. Nur wo dieser Schlamm herkommt und warum er dort überhaupt herkommen kann, das zeigt meist niemand.

Dieser Wassererosion, dem Verlust von Boden, können die Bauern entgegenwirken, wenn sie ihre Kulturen mit Untersaaten versehen, die zwischen den Reihen der Kulturpflanzen wachsen und den Boden durchwurzeln und damit festhalten. Geht aber nicht bei Zuckerrüben. Rüben sind Hackfrüchte. Der Name sagt, dass, wer Rüben anbaut, ihnen mit der Hacke helfen muss, da sie am Anfang langsamer wachsen als alles, was sich neben ihnen selbst einsät in den Acker. Heute hacken meist keine Menschen mehr, sondern Maschinen, oder die Unkräuter werden mit Herbiziden aus der Feldspritze bekämpft. Das aber bedeutet, dass unter und neben den Rüben nichts wächst, was den Oberboden zusätzlich durchwurzeln und festhalten könnte. Ein Acker mit Hackfrüchten ist zwangsläufig eine Monokultur.

Land unter

In jenem Regenjahr kommt immer mehr Wasser vom Himmel – und die überschwemmten Flächen auf meinem Acker dehnen sich bald von den Fahrspuren unter die Pflanzen aus. Das Wasser steht jetzt an vielen Stellen einige Zentimeter hoch. Die Zuckerrüben allerdings wachsen scheinbar unverdrossen weiter. Man muss schon genauer hinsehen, um die Unterschiede wahrzunehmen. Ein paar Wochen weiter wird es dann sichtbarer: Je weiter die Pflanzen von den Fahrspuren des Treckers weg sind, desto üppiger ihr Grün. Näher an den Fahrspuren und damit am Wasser bleiben die Pflanzen jetzt im Wachstum zurück. Am schlechtesten geht es den Rüben in einigen langgestreckten Senken, die sich jetzt als zugeschüttete Entwässerungsgräben abzeichnen. Der Acker musste einmal aus drei Flächen zusammengeführt worden sein. Sein Zustand wird jetzt langsam bedauerlich. An den dauerhaft überschwemmten Stellen zeigen die Rüben die ersten gelben Blätter. Und ich frage mich, wie lange die Bodenfauna, die Springschwänze, die Nematoden, die Asseln, die Regenwürmer, die Milliarden Mikroorganismen eigentlich unter Luftabschluss leben können. Denn die Wasserfläche muss doch unter sich ein anaerobes Klima schaffen. Viel Sauerstoff kann in diesen Boden jetzt nicht mehr dringen. Müssen Pflanzenwurzeln nicht auch atmen? Photosynthese ist ja nur oberirdisch mit Hilfe des Sonnenlichts möglich, und also wird nur dort Kohlendioxyd ein- und Sauerstoff ausgeatmet. Aber vielleicht reicht der im Wasser vorhandene Sauerstoff ja lange genug, um diese Überflutung da unten zu überstehen. Wir werden sehen.

Als die Regenfälle in jenem Sommer, der diesen Namen nicht verdient, mal ein paar Wochen etwas nachlassen, trocknet der Acker dann wider Erwarten leidlich ab. Er sieht wieder aus wie ein normaler Acker in einem normalen Jahr. Wobei das ein rein optischer Eindruck ist. Bei einem meiner Besuche gehe ich einige Meter hinein. Schon die ersten Schritte quatschen vernehmlich, und nach wenigen Metern ist es eher ein Waten als Gehen. Dann stecke ich den Spaten in den suppigen Klei und bewege ihn im Boden einmal vor und zurück. Sofort sammelte sich Wasser am Grund des kurzen Einstichs. Viel abgetrocknet ist da also nicht. Fünf Monate stand mein Acker jetzt im Wasser, und die etwas trockene Zeit ist kurz. Als dann der nasse Herbst kommt, ist es um ihn wieder geschehen. Gut ein Drittel der Fläche ist jetzt dauerhaft landunter.

Und wie geht es meinem Acker in dieser Zeit? Wie lebt er, wenn er das Lebewesen ist? Was lebt in ihm, was lebt von ihm noch?

Wie es den Lebewesen im Boden unter dem stehenden Wasser geht, hat die Bayerische Landesanstalt für Landwirtschaft an Überflutungsflächen an der Donau erforscht. Die Autoren der Studie stellen fest, dass es dem Bodenleben am schlechtesten geht, wenn die Felder im Sommer unter Wasser stehen. Dann nämlich erwärmt sich dieses Wasser, und der Sauerstoffgehalt schwindet.

> *»Viele Regenwurmarten, deren Hauptaktivität im Frühjahr und Herbst bei mäßigen Bodentemperaturen und feuchten Bodenbedingungen liegt, können (…) Überschwemmungen von landwirtschaftlichen Nutzflächen im Sommer bis zu einer Woche gut überdauern. Regenwürmer haben hierfür, wie auch Insektenlarven, mehrere Überlebensstrategien entwickelt, beispielsweise vertikal tiefer in den Boden abzuwandern oder auch physiologische Anpassungen. Die über die Haut atmenden Tiere besitzen ein Atmungspigment mit einer hohen Sauerstoffaffinität, so dass sie auch Sauerstoff bei niedrigem Sauerstoffpartialdruck aus dem Wasser aufnehmen können.«*[26]

Das hört sich nicht gut an, denn mein Acker glich auch in der wärmeren Jahreszeit noch einer Seenplatte. Und ganz schlecht muss es da gewesen sein, wo die Zuckerrüben nicht mehr mitgemacht haben:

»Beginnen überflutungsintolerante Kulturpflanzen sich zu zersetzen, so dass ein schneller Abbau von Sauerstoff erfolgt, werden die Lebensbedingungen für Regenwürmer und viele andere Bodenorganismen sehr ungünstig. Kommt es dabei zu Zusammenbrüchen von Populationen, ist eine Wiederbesiedlung von umgebenden Flächen notwendig. Dies erfordert bei Bodentieren häufig einen längeren Zeitraum, abhängig von ihrer Mobilität und der Größe der betroffenen Fläche. Durchschnittlich fünf bis zehn Meter legen Regenwürmer pro Jahr zurück. Die Artengemeinschaft der laufstarken und zum Teil auch flugfähigen Laufkäfer hatte sich nach einem verheerenden Sommerhochwasser 1997 bereits nach zwei Jahren erholt. Dagegen dauerte dies bei der Artengemeinschaft der weniger mobilen Asseln vier bis sechs Jahre.«[27]

Womöglich sieht es also im Boden genauso schlecht aus wie oben drauf. Eines ist sicher: Mein Acker verliert seit einem halben Jahr dauerhaft an Substanz. Der ihn umgrenzende Graben ist schon bald zu einem gluckernden Bach geworden. Das Wasser steht da nicht mehr, wie in normalen Jahren, wo es nur darum geht, mit den Gräben das überschüssige Wasser nach Regenfällen zu entsorgen. Jetzt ist das Wasser in den Gräben dauerhaft in Bewegung, es fließt. Und seine milchig braune Farbe zeigt, dass es viel Sediment wegschwemmt, obwohl der Acker topfeben erscheint und allein die Gräben etwas Gefälle haben. Die entwässern in einen breiteren Kanal, der hinter dem Seedeich bis zum Siel führt. Das entlässt das Wasser bei Ebbe durch den Deich in einen Priel im Wattenmeer.

Und weg ist die Erde, die der Regen vom Acker geschwemmt hat, wieder zum Sediment am Meeresgrund bestimmt. Knapp hundert Jahre nachdem dieser Koog zum bislang letzten Mal eingedeicht wurde – nachdem sich die Nordsee in den »Groten Mandränken«[28] Land, Menschen und Vieh drei Mal geholt hatte –, verliert er das damals mühsam zurückgewonnene Land wieder an das Meer. Ob sich das die vielen Tausend Menschen, die diese Landgewinnung mit jahrzehntelangen Vorarbeiten ermöglicht hatten, so gedacht haben? »Was du ererbt von deinen Vätern. Erwirb es, um es zu besitzen«, sagt Goethe. Hier schwimmt das Erbe davon.

Der Feldzug

Im Spätherbst dann erlebt mein Acker seine persönliche Katastrophe: den Einsatz des Rübenvollernters. Das ist eine drei Meter breite, vier Meter hohe und fünfzehn Meter lange dreiachsige Maschine, die ein gewaltiger Diesel mit sechshundert PS über den Acker treibt. Sie schlägt den Zuckerrüben die Blätter ab, zieht sie aus der Erde, entfernt den Strunk, reibt ihnen auf einem Förderband die anhaftende Erde weg und füllt sie in den sogenannten Rübenbunker zwischen den Achsen. Immer sechs Reihen Rüben auf einmal. Mit jeder Reihe wird die Maschine schwerer. Wenn sie dann zum Ackerrand fährt, um die gebunkerten Rüben auf eine Miete zu schichten, dürfte sie gut vierzig Tonnen wiegen. Zur Schonung des Ackerbodens kann der Rübenernter die Achsen seines Fahrzeugs gegeneinander verdrehen, sodass jede Achse ihre eigene Spur fährt, das Fahrzeug breiter wird und das Gewicht verteilt. Hundegang nennen sie das, wenn mit versetzten Achsen dennoch geradeaus gefahren wird. Aber vierzig Tonnen bleiben vierzig Tonnen, und nasser Kleiboden verzeiht das nicht.

Es ist ein kurzes Desaster, denn die monströse Maschine braucht keinen ganzen Tag, um die zehn Hektar Rübenacker in einen zermanschten Brei zu verwandeln. Zurück bleiben eine lange Rübenmiete am Ackerrand und einige übermannshohe Haufen schlammiger Erde, die man erst bei genauerem Hinsehen ebenfalls als Rübenhaufen erkennt. Das dürften die Rüben sein, die die Maschine quasi unter Wasser geerntet hat. Da hat die Reinigung offensichtlich versagt. Diese Haufen werden da liegen bleiben, niemand erbarmt sich dieser Rüben und wäscht sie einzeln mit dem Hochdruckreiniger. Und auch mein Acker wird nun so liegen bleiben über Winter, denn in diese Schlammwüste wagt sich nun kein Landwirt mit seinem Traktor mehr hinein, um zu pflügen und zu eggen und das Wintergetreide zu säen, das jetzt in den Boden müsste.

Jetzt hat das Wasser die ganze Fläche für sich. Keine Pflanzen mehr, die die Erde festhalten könnten. Jeder Regen kann die Spülarbeit verstärken. Und es regnet weiter. Der Winter wird so nass, wie Sommer und Herbst es waren. Und mein Freund, der Acker, wird eine gewaltige Fläche aus braunen Seen und Lachen, Pfützen und Rinnsalen. Ich mag ihn jetzt gar nicht mehr besuchen, er dauert mich so sehr.

Einige Professoren für Bodenkunde und Pflanzenbau haben in den letzten Jahren immer wieder vor den schweren Maschinen auf den Äckern gewarnt. Spätestens seit Anfang des Jahrhunderts fordern sie einen Paradigmenwechsel, in Studien, in Fachmagazinen, in Aufklärungsfilmen, in gemeinschaftlichen Beiträgen:

> *»Seit einiger Zeit beobachten Landwirte mit Sorge, dass sie ihre Felder immer aufwändiger bearbeiten müssen, um gute Ernten einzufahren. Sie pflügen tiefer und düngen kräftiger – und doch wird es immer schwerer, gleich hohe Erträge zu erzielen. Offenbar wird der Ackerboden trotz der Bemühungen schlechter. Gleichzeitig stellen Agronomen fest, dass die intensiv bearbeiteten Flächen zunehmend weniger Wasser aufnehmen. Immer größere Teile der Niederschläge fließen bei Starkregen oberflächlich ab. Schäden durch Erosion sind nur eine der fatalen Folgen. Im Brennpunkt der Forschung steht derzeit auch der Zusammenhang mit Hochwasserereignissen.«*

Die Professoren Rienk van der Ploeg, Wilfried Ehlers und Rainer Horn[29] beklagen, dass der Trend zu immer größeren und schwereren Landmaschinen ungebrochen ist. Erntemaschinen für Kartoffeln und Zuckerrüben wiegen beladen inzwischen auch gerne mal über fünfzig Tonnen, die größten Rübenerntemaschinen, sogenannte Köpfrodebunker, die dann zwölf Reihen Rüben gleichzeitig ernten können, bringen es auf gut 65 Tonnen. Schon ein normaler Mähdrescher hat heute beladen bis zu dreißig Tonnen Gewicht. Auf den Straßen fahren dürfen diese Geräte nur zerlegt und nicht beladen, denn da ist das zulässige Gesamtgewicht auf 44 Tonnen beschränkt, bei maximal zehn Tonnen Last pro Achse. Dabei würden Straßen extra für Lasten ausgelegt, stellen die Professoren fest, Ackerböden können dagegen sehr empfindlich sein.

> *»Wie stark ein natürlich lockerer Boden auf das Befahren reagiert, hängt unter anderem von seiner Zusammensetzung ab – etwa davon, wie sandig, lehmig oder tonig er ist (das heißt, wie grob oder fein seine festen Teilchen sind). Auch der Humusgehalt ist wichtig: Vom Humus und Ton gehen Bindungskräfte aus, die die Bodenpartikel zu Aggregaten vernetzen. Es entsteht ein relativ stabiles Gefüge, das von oben kommende Kräfte in Grenzen elastisch abfängt. Beim frisch gepflügten Feld ist der feste Aggregatverband zunächst zerstört, und in einem nassen Boden wird er schwächer. Dann fehlen nämlich die Kapillarkräfte, die bei mittlerer Feuchte Spannung erzeugen. Daher sollte man nasse Äcker nie mit großer Last befahren. Mittelfeuchte Böden sind tragfähiger, und trockene können infolge starker Anziehungskräfte zwischen den Festteilchen außerordentlich stabil sein.*
>
> *Gerade einige der wertvollsten hiesigen Ackerböden – lehmreiche Böden aus Löss, Mergel und Eiszeitgeschiebe – sind für*

> *Verdichtung hoch empfindlich. An verschiedenen Standorten in Norddeutschland haben wir die Verhältnisse seit etwa 1960 verfolgt. Daher wissen wir, dass sich zum Beispiel die tiefgründigen Lössböden in den letzten Jahrzehnten teils Besorgnis erregend verschlechtert haben.«*

Wer nun glaube, beim nächsten Pflügen den Boden schon wieder lockern zu können, der irre leider. Der Pflug lockert den Boden nur so tief, wie er eben reicht. Der Boden verdichtet sich aber unter der Pflugtiefe seit Jahren immer weiter. Es entsteht eine sogenannte Pflugsohle oder Schlepperradsohle. Die drei Professoren berichten in *Spektrum der Wissenschaft* von Versuchsfeldern, die sie seit Jahren untersuchen. Im Solling im Weserbergland haben sie zwei Felder beprobt.

> *»Auf dem einen Feld lag die Radlast (pro schwerstem Einzelrad) nie über zwei Tonnen. Ein anderes Feld wurde in manchen Jahren zur Ernte mit bis zu 4,5 Tonnen Radlast befahren. Im ersten Jahr der Messungen (1988) hatte sich Acker 2 bereits um 3,7 Zentimeter im Vergleich zu Acker 1 gesenkt, sieben Jahre später (1995) schon um 4,4 Zentimeter. Die Porosität von Acker 1 in dreißig bis vierzig Zentimeter Tiefe betrug 46 Prozent, kennzeichnete damit eine schwach ausgeprägte Pflugsohle. Bei Acker 2 sank sie von 43 auf 41 Prozent. Im Jahr 2002 betrug der Wert für große Teile dieses Felds nur noch 37,5 Prozent. Diesen wahrlich alarmierenden Zustand könnte eine einzige Zuckerrübenernte mit einer Radlast von über sieben Tonnen bei nassem Boden herbeigeführt haben. Der Acker sank um weitere 1,9 Zentimeter, insgesamt nun 6,3 Zentimeter. Die Verdichtung reichte jetzt fast bis in einen Meter Tiefe.«*[30]

Die schweren Maschinen drücken also die vom Bodenleben geformten und mit Luft und Wasser gefüllten Poren aus dem Acker

Die Druckzwiebeln: Links die Verdichtung durch einen sechs Tonnen schweren Traktor mit zwei Tonnen Radlast. In der Mitte ein 22 Tonnen schwerer Mähdrescher mit sieben Tonnen Radlast. Rechts ein vierzig Tonnen schwerer Rübenernter (Köpfrodebunker) mit elf Tonnen Radlast. Die beiden Linien oben zeigen die flache und die tiefe Pflugsohle. Bodenverdichtungen unter der zweiten Linie sind auch durch Tiefpflügen nicht mehr auflösbar. Die jeweils dritte Druckzwiebellinie von unten zeigt die Eigenfestigkeit des Bodens (0,8 Bar). Die rechte Druckzwiebel reicht bis in 1,60 Meter Tiefe.

und pressen die Erde immer dichter zusammen. Wenn diese Verdichtung tiefer reicht als der Pflug, also unter die Pflugsohle, dann ist mit mechanischen Mitteln keine Lockerung mehr möglich. Die Wissenschaftler fordern als Konsequenz aus ihrer Forschung die Begrenzung der Achs- und Radlast für Landmaschinen. Breitere Reifen, die den Druck besser verteilen sollen, oder mehrachsige Maschinen, die im Hundegang fahren können, helfen ihren Erkenntnissen nach nichts, wenn die Maschinen gleichzeitig immer schwerer werden.

Wie eine Zwiebel breitet sich die Verdichtung unter den Rädern der Maschinen im Boden aus. Bei der schwersten Erntemaschine, jenem Köpfrodebunker, der zwölf Rübenreihen auf einmal ausreißt, reicht diese Druckzwiebel bis in anderthalb Meter Tiefe. Diese Erkenntnis ist eigentlich nicht neu. Jeder gelernte

Landwirt hat von der zwiebelförmigen Verdichtung gehört, die seine Maschinen verursachen und die seine Äcker in einer Tiefe zusammenpressen, die er nicht mehr erreichen kann.

Warum also hat der Landwirt wider besseres Wissen dieses Monster von einer Erntemaschine auf »meinen« Acker losgelassen? Warum hat er nicht verzichtet auf diese Ernte und den Boden geschont, seinen Acker, wenn auch in schlechtem Zustand, aber doch vor diesem Desaster bewahrt? Es gibt solche Jahre mit Ernteausfall. Die gab es schon immer. Früher war Hunger die Folge, wenn es schlimm kam. Aber heute doch nicht mehr. Zumal Zuckerrüben ja nicht gerade zu den unverzichtbaren Grundnahrungsmitteln gehören und wir eher zu viel als zu wenig Zucker essen. Landwirte wissen doch, was es bedeutet, wenn der Ackerboden einmal so zusammengefahren ist. Wenn nicht aus eigener Erfahrung, dann von den Nachbarn. Gar nicht weit von meinem Besuchsacker entfernt ist das schon einmal passiert. Da wurde der Mais auf Teufel komm raus von der durchnässten Fläche geholt. Es ist zehn Jahre her, und an manchen Stellen dieses Feldes wächst bis heute nichts mehr, was man ernten könnte. Es sei denn, man möchte Kräutertee verkaufen. Dann könnte man's mit Kamille probieren.

Also warum? Es ist einfach: Für diesen Ernteausfall gibt es keine Ausgleichszahlungen, weil das Jahr zwar im Norden der Republik ein völlig durchnässtes war, aber nicht zum landwirtschaftlichen Katastrophenfall erklärt wurde. Und selbst in diesem Fall würde es hier keine Hilfe geben, denn es gibt ja eine Ernte, die man vom Acker holen kann. Dass man dabei Langzeitschäden am Boden in Kauf nimmt, interessiert für die kurzfristige Rechnung nicht. Und die will aufgemacht sein, denn die Schulden drücken und müssen bedient werden. Also besser eine schlechte Ernte jetzt; die Folgeschäden schlagen erst später zu Buche.

Fliegende Erde

Das Frühjahr danach beginnt nass wie fast das gesamte vergangene Jahr. Mein Acker ist immer noch eine Schlammwüste, und an Hineinfahren ist nicht zu denken. Erst Ende April ist er leidlich entwässert. Jetzt sieht die Fläche in weiten Teilen aus wie ein ausgetrockneter See. Die Oberfläche ist bedeckt mit einer bleichen, dünnen Schicht aus feinem Sand. Das sind die schwereren mineralischen Bestandteile des Bodens. Der Ton und die organische Substanz, der Humus, sind ausgespült und fortgeschwommen. Unter der feinen Sandschicht allerdings gibt es ihn noch, den alten klebrigen Kleiboden.

An einem der ersten schönen Sonnentage kommt dann der Traktor. Tief hinein senkt der Landwirt die Pflugscharen in den jetzt oberflächlich trockenen und dadurch verkrusteten Boden. Ein paar Möwen umkreisen den Schlepper und lassen sich zur Probe hinab in die frisch aufgeworfenen Furchen. Da muss doch was zu holen sein: Regenwürmer, Käfer, Larven, Mäuse. Die Möwen kennen das aus Erfahrung. Sie laufen die Furchen entlang, hüpfen in die nächste. Sie suchen, aber sie finden nichts. Da ist nichts. Mit vielstimmigem Kreischen fliegen sie bald wieder auf und davon.

Aber da ist doch etwas: Die vom Pflug aufgeworfenen Erdschollen durchziehen schwarze Streifen, an manchen Stellen schimmern sie bläulich. Ich breche eine solche Stelle heraus und schaue sie mir genauer an. Das Material ist schmierig und riecht wie die ehemals beliebten Stinkbomben, nach Schwefelwasserstoff. Das ist totes organisches Material, unter Luftabschluss verfaultes ehemaliges Bodenleben. So tot war also mein Acker gar nicht, bevor der große Regen und die monströse Maschine kamen. Aber jetzt ist er es offenbar, wenn sich sogar die Möwen enttäuscht abwenden.

Zwei Tage später ist der Acker geeggt und eingesät. Zumindest in großen Teilen. Es gibt ein paar Stellen, wo nur gepflügt, aber nicht geeggt und gesät wurde. Das sind die Stellen, an denen der

Traktor Probleme hatte, den Pflug durchzuziehen, und der Landwirt beschloss, sie noch länger liegen zu lassen. Hier wird er es später noch einmal versuchen mit dem Säen. Der Rest des Feldes ist jetzt wieder eine glatte, krümelige Erdfläche, die aussieht wie ein normaler Acker im Frühjahr. Als sei nichts gewesen.

Wobei diese typische Ansicht eines Ackers eigentlich nicht normal sein sollte. Da ist kaum ein Krümel organisches Material, kein Blatt, kein abgestorbenes Gras, das ein Regenwurm in seine Röhre ziehen könnte, um davon zu leben. Auch kein Stallmist, weil der Landwirt hier erst mit dem Güllewagen fahren wird, wenn das Saatgut gekeimt hat und den Stickstoff aus dem Dünger aufnehmen kann. Wenn in meinem Acker jetzt also Bodenleben wäre, müsste es Hunger leiden. Aber das schadet in diesem Fall nicht, denn da ist ja nichts mehr, zumindest nichts, was Menschen und Möwen mit bloßem Auge entdecken könnten.

Als die Sommergerste, die in den von mir nun über mehr als ein Jahr immer wieder besuchten Acker eingesät wurde, dann einige Zeit später gekeimt ist und die Fläche mit einem zarten grünen Hauch überzieht, sind die Stellen, an denen nichts wächst, umso deutlicher sichtbar. Wo das Wasser wochenlang stand im vergangenen Jahr, da fehlt der grüne Überzug. Und das wird auch so bleiben in diesem Jahr, trotz aller Bemühungen, denn die Nachsaat wird nicht aufgehen.

Wir sind nun nämlich – im kräftig beschleunigten Alptraum des Pharaos – in den dürren Jahren angekommen. Der Regen bleibt aus, komplett. Was wir im letzten Jahr zu viel hatten, fehlt nun. Überall keimt es und wächst, und die jungen Pflanzen mit ihren noch kurzen Wurzeln, die nicht in die feuchtere Tiefe reichen, gieren nach Wasser. Aber da kommt nichts. Als seien die Vorräte an Himmelswasser durch das vergangene Regenjahr auf Dauer erschöpft. Nach dem Säen hat es noch ein, zwei Mal geregnet und die Saat gut aufgehen lassen. Dann beginnt mit dem Mai der Sommer, der später folgerichtig Jahrhundertsommer genannt werden wird.

Aus dem Staub

Auch im Sommer regnet es an der Nordseeküste normalerweise immer mal wieder. In diesem Sommer ist aber nichts normal. Die Tage mit Niederschlägen lassen sich an den Fingern abzählen. Für die Monate Mai bis August braucht man nur eine Hand. Im Juni regnet es einmal kurz. Das Wasser verdampft auf den Straßen. Der Boden ist danach keine Fingerbreite durchfeuchtet und zwei Stunden danach wieder so trocken wie zuvor. Ende Juli schafft ein Gewitter etwas mehr Wasser heran, und Ende August lässt es ein zweites Gewitter noch einmal regnen. Dieser Regen kommt aber für meinen Acker schon längst zu spät. Die Gerste steht dreißig, an manchen Stellen vierzig Zentimeter hoch und trägt winzige Ähren. Die Nachsaat auf den im April noch zu nassen Stellen ist schon gar nicht mehr richtig aufgegangen. Die einzelnen Halme der Gerste stehen so weit auseinander, dass das ganze Gebiet aussieht, als würde hier eine karge Steppe in Wüste übergehen. Der Eindruck wird verstärkt durch meterlange Trockenrisse im Boden. Der Klei ist jetzt so hart, dass man mit dem Spaten nicht mehr hineinkommt, selbst mit der Spitzhacke macht es Mühe. Das Aufhacken hätte ich mir im Übrigen sparen können, denn da unten ist nichts zu sehen als mehr des knüppelharten Kleibodens.

Die Nachrichten sprechen von anhaltend »hochsommerlich schönem Wetter«. Würde mein Acker Wetterbericht hören, er würde sich wohl über den anhaltenden Zynismus ärgern. Was bitte soll schön sein an einem Sommer, der alles vertrocknen lässt. Der Bauernverband spricht von Ernteausfällen und verlangt Unterstützung von der Politik, will sagen: Geld. Manche Landwirte melden 70 Prozent Ernteausfall. Anders als im Regenjahr zuvor kommt das Geld vom Staat dieses Mal tatsächlich. Bund und Länder sagen Hunderte Millionen an Dürrehilfen zu. Und es wird einmal mehr über den Klimawandel gesprochen, allerdings nicht vom Bauernverband.

Dafür schaffen es die Landwirte zumindest mittelbar in die Verkehrsnachrichten. In Mecklenburg-Vorpommern, Brandenburg und Sachsen-Anhalt wird vor Sandwolken über den Straßen gewarnt, die Autofahrern wie Nebelbänke die Sicht nehmen können. Schon mehrfach ist es auf den Autobahnen zu Auffahrunfällen gekommen, weil im heißen Sommerwetter die Sonne plötzlich von Staubwolken verfinstert wurde. Es ist Erntezeit. Da, wo doch etwas gewachsen ist, fahren jetzt die Mähdrescher über die trockenen Äcker. An manchen Stellen kann man sie kaum erkennen in den Wolken aus fein geriebener trockener Erde, die sie aufwirbeln.

Dann fährt der Landwirt auch auf den Acker, den ich noch immer regelmäßig besuche. Hier allerdings kommt er nicht mit dem Mähdrescher, sondern mit der Feldspritze. Am Traktor hängt das Spritzfass, und dahinter entfaltet die Hydraulik langsam das Spritzgestänge auf die Arbeitsbreite von fünfzehn Metern. Es staubt, als er in den Acker fährt. Obwohl der Sprühnebel aus der Spritze dicht hinter dem Traktor folgt, steht die Staubwolke turmhoch über dem Feld. Da fliegt sie davon, die feine trockene Erde. Mein Acker macht sich aus dem Staub.

Zwei Tage nach Einsatz der Feldspritze ist mein Acker grau. Alles Grün, das es durch diesen Sommer bis hierhin geschafft hatte, ist jetzt totgespritzt. Glyphosat statt Ernte. Wieder zwei Tage später wird erneut gepflügt, diesmal nicht sehr tief und ganz früh morgens, in der Hoffnung, dass der Tau den Oberboden wenigstens etwas erweicht. Es wird dennoch ein hartes Stück staubige Arbeit. Und dann wird wieder geeggt und gesät: Wintergetreide fürs nächste Jahr. Der Wetterbericht hat Regen angesagt. Und der kommt dann auch wirklich. Bis zum Winter wird aus den zarten Spitzen ein ganz ordentlicher Getreideacker. Nur wo im Regenjahr die tiefsten Wasserflächen standen, mag es immer noch nicht wieder richtig wachsen. Dort stehen die Halme nicht dicht, dazwischen kann ich schon aus der Ferne den blanken Boden sehen. Und genau dort steht dann auch wieder das Wasser, das die ersten Winterregen bringen. Nicht so hoch und nicht so lang wie im vergangenen Jahr, aber einsickern mag das Wasser dort noch immer nicht.

Dabei hat der trockene Sommer trotz der ausgefallenen Ernte für meinen Besuchsacker tatsächlich einiges wiedergutgemacht. Die tiefen Trockenrisse haben den Boden gelockert. Es gibt nun Spalten, in denen die Pflanzenwurzeln mühelos hinunterwachsen können. Und diese Risse, die bis weit in den Unterboden hinuntergehen, würden auch von Bodenorganismen offen gehalten, wenn es von ihnen genügend gäbe, um diese Arbeit zu verrichten. Allen voran wäre da wieder *Lumbricus terrestris* tätig, der tief grabende Tauwurm. »Die trockenen Jahre sind die größten Fruchtbarkeitsbringer«, bestätigt der Agrarwissenschaftler Johannes Fetscher. »Durch die tiefen Risse kann der Boden wieder atmen. Man darf ihn dann halt nur nicht wieder zuschmieren und muss darauf achten, dass die Risse als Bodenporen erhalten bleiben. Erhalten können die nur die Bodenorganismen, deswegen muss man denen Futter geben.« Da ist es wieder, das Futter für den Regenwurm, von dem schon Sepp Braun gesprochen hat.

Johannes Fetscher hat jahrelang die Gärtnerei der Heydenmühle im südhessischen Otzberg am Rande des Odenwalds betrieben, war Demeter-Berater und hat eine Bio-Kontrollstelle geleitet. Und er hat am Ende seines Berufslebens noch einen wissenschaftlichen Versuch mit Beteiligung zweier Universitäten durchgeführt, mit dem er gezeigt hat, wie man Regenwürmer füttert.[31] Er hat es mit Mulchen gemacht, mit dem Aufbringen toten Pflanzenmaterials auf den Boden. Andere Bauern haben inzwischen gezeigt, dass man damit auch Gemüse und Hackfrüchten durch trockene Sommer helfen und das Ausschwemmen der Erde bei Starkregen vermeiden kann.

Dann dürfte man nur nicht tiefpflügen und damit die gerade entstandenen, in die Tiefe reichenden luftigen Bodenstrukturen wieder zuschütten. Am besten wäre, gar nicht zu pflügen. Aber davon sind wir hier in der Marsch noch meilenweit entfernt. Und dies im Wortsinn, denn genau das wird anderswo längst gemacht. Meist allerdings noch mit Hilfe des Totalherbizids Glyphosat zur Unterdrückung von Wurzelunkräutern wie Ackerdistel und Quecke. Es geht aber auch ohne Giftspritze, wie wir noch sehen werden.

Bodenlos

Was mein Acker in diesen beiden Jahren durchgemacht hat, lässt sich im Ergebnis unter dem Stichwort Erosion zusammenfassen. »Erosion ist der schleichende Verlust von fruchtbarem Boden«, stellt das UBA, das Umweltbundesamt, auf seiner Internetseite zum Stichwort Bodenbelastung fest. Wobei: Was schleicht da eigentlich? Wenn ein Tier oder ein Mensch bewusst schleicht, dann, um nicht bemerkt zu werden. Wenn wir den Verlust von Boden nicht bemerken, dann nicht, weil sich die fruchtbare Erde davonschleicht, sondern wohl eher, weil wir nicht hinschauen oder nicht wahrnehmen wollen. Die Erklärung des Umweltbundesamtes zum Geschehen:

> *»Treffen starke Regenfälle oder stürmischer Wind auf den nackten Ackerboden, geraten die Bodenteilchen in Bewegung. Sie können hangabwärts oder durch die offene Landschaft über längere Distanzen transportiert werden. Die Folge ist der Verlust von fruchtbarem Boden, den wir zum Leben brauchen.«*

Und dann folgt ein Satz, der sofort klarmacht, dass das UBA keine untergeordnete Behörde des Bundeslandwirtschaftsministeriums ist:

»Weil die Anbaupraxis immer intensiver und monotoner wird, können langfristig Probleme entstehen.«[32] *Will sagen: Die moderne Landwirtschaft ist das Problem.*

Früher galt die Landwirtschaft als die Lösung. Die Arbeit der Bauern war nicht nur die Ernährung der Menschen, sondern auch die Erhaltung und, wo möglich, die Erhöhung der Fruchtbarkeit der Böden. Spätestens seit Raoul Heinrich Francés Entdeckung des Edaphons wissen wir, dass der Boden belebt ist und nicht nur eine Gleichung aus physikalischen Eigenschaften und chemischen Nährstoffen und dass an seiner Fruchtbarkeit maßgeblich die Bodenorganismen beteiligt sind, die Francé in ihrer Gesamtheit als Edaphon[33] bezeichnete. Auch wenn die Bauern vor der mikrobiologischen Entdeckung Francés und seinem 1922 veröffentlichten populären Buch *Das Leben im Ackerboden* nicht wussten, dass sie mit ihren Versuchen, den Boden fruchtbar zu halten, das Edaphon nährten, zeigte ihnen doch die Erfahrung den Weg. Sie hatten gelernt, dass sie dem Boden Nährstoffe zurückgeben mussten, indem sie Dung ausbrachten, dass sie ihn bedeckt halten mussten, um ihn vor Sturm und Regengüssen zu schützen. Es hat nach der Industrialisierung der Landwirtschaft kaum zwei Generationen gebraucht, und das Bewusstsein für die Notwendigkeit, die Bodenfruchtbarkeit zu erhalten, und die Erfahrung, wie das zu tun ist, sind verschüttet.

Viele Jahrhunderte lang galt der Verlust von fruchtbarem Boden durch Erosion nicht als Problem Mitteleuropas. Für viele Menschen dürfte es bis heute so sein, dass beim Stichwort Erosion in den Köpfen Bilder auftauchen von tiefen Spülrinnen in spärlich bewachsenen kargen Böden, von einzeln stehenden Bäumen, die jeder auf einem kleinen Hügel wachsen, weil ihre Wurzeln den Boden noch festhalten, während er drumherum längst metertief abgetragen ist. Woher stammen diese Bilder? Doch aus Afrika, nicht aus Europa und schon gar nicht aus Mitteleuropa.

Wer allerdings mit offenen Augen durch die deutschen Landschaften fährt, kann an vielen Stellen der Bodenerosion beim Entstehen und Voranschreiten zusehen. Und das nicht nur, wenn die Äcker als Schlammlawine durch die Dörfer walzen oder als Staubwolke Auffahrunfälle auf den Autobahnen verursachen.

Auch die tiefsten Erosionsrinnen und Hangrutsche beginnen im Kleinen, mit einer Unachtsamkeit oder Nachlässigkeit. Da ist zum Beispiel der Kartoffelacker am leichten Hang. Der Landwirt hat die kleinen Erddämme, in denen die Kartoffeln wachsen, längs zur Hangneigung aufgehäufelt. Zwischen den Kartoffelreihen liegt die Erde blank, und der letzte Regen hat damit begonnen, sie abzuschwemmen in Richtung Tal. Das Gleiche gilt für den Maisacker nebenan. Auch hier ist die Sämaschine den Hang hinauf, und wieder heruntergefahren und hat lange Reihen von Maispflanzen wachsen lassen, zwischen denen der Boden ebenso blank liegt wie zwischen den Kartoffeldämmen. Und auch hier hat der Regen seine Schwemmarbeit bereits begonnen. Verschlämmung nennen das die Bodenforscher, wenn das Wasser den feinen Oberboden aufschwimmen lässt und der nächste Regen ihn dann mitnimmt.

Als ich vor nun schon Jahrzehnten, nach der Wende in Osteuropa, Freunde im rumänischen Siebenbürgen besucht habe, zeigten sie mir, warum das kommunistische Regime zusammenbrechen musste. Unweit ihres Dorfes wirtschaftete so kurz nach dem Sturz Ceauşescus noch immer eine der kommunistischen Kolchosen. Dort standen die Rinder bis zu den Knien im Dreck. Aber das war nur Schlendrian und nicht der Ausdruck des Unvermögens oder, noch härter, der Dummheit, den sie mir zeigen wollten. Sie deuteten auf einen Hang hinter den Ställen, den sich gerade ein Ruß qualmender Traktor hinaufquälte. »Schau, wie der pflügt«, sagte mein Freund und schlug sich die flache Hand vor die Stirn. »Wenn der mein Knecht wäre, ich würde ihn prügeln dafür!« Was er eher nicht getan hätte, weil er ein friedliebender Pfarrer ist. Aber das Sinnbild des Unvermögens oder der Dummheit war perfekt, denn der Traktor fuhr geradewegs den Hang hinauf und dann wieder herunter. Es entstanden also auch hier längs zum Hang in Richtung des Gefälles Furchen, und der nächste Regen würde den Dorfbach, der von der Jauche der Kolchose ohnehin schon verseucht war, auch noch mit Schlamm von diesem Acker anfüllen. Niemals wäre einer der vom Kolchos unabhängigen Bauern der Region auf die Idee gekommen, mit der Hangneigung zu ackern, natürlich hatten sie schon immer quer zum Gefälle gearbeitet. So wie sie die Terrassen für ihren Wein angelegt hatten. Konsequenterweise hatte die Kolchose diese alten Weinterrassen in ihrem Gebiet geschleift und auch die neuen Reben in langen Reihen den Hang hinauf gepflanzt. Da konnte man halt so schön mit dem Traktor zwischendurch fahren. Jetzt allerdings nicht mehr, denn zwischen den Reben schaute der blanke Fels heraus. Wein war Mangelware in dieser Weinregion. Nur die Siebenbürger Sachsen und die Ungarn hatten noch welchen, ihren eigenen von den Terrassen.

Heute wird auch bei uns beim Pflügen und Säen und Setzen der Kartoffeln gerne mal hinaufgefahren und wieder herunter. Das ist ja auch viel angenehmer, als mit dem Traktor in der Schräge zu arbeiten. Tatsächlich ist es auch ungefährlicher für den Treckerfahrer. Denn ist der Hang steil und der Schwerpunkt des Fahrzeugs zu hoch, zum Beispiel beim Anheben und Wenden des Pflugs am Ende des Feldes, kann das ganze Gefährt kippen. Umso gefährlicher allerdings ist diese Art der Bewirtschaftung für den Boden. Schon bei einem Gefälle von nur zwei Prozent kann bei solchermaßen kaputtgepflegten Böden Erosion einsetzen, sagt das Umweltbundesamt. Das wäre dann ein Höhenunterschied von zwanzig Metern auf einer Länge von einem Kilometer, um mal das Seitenmaß eines quadratischen Hektars zu nehmen.

Der Trend zu immer größeren Feldern verstärkt die Gefahr der Erosion. Je länger die Hänge sind, die so bewirtschaftet werden, desto besser kann das Wasser fließen. Und je länger es dauert, bis der Boden von den eingesäten oder gesetzten Pflanzen durchwurzelt und gehalten wird, desto größer die Gefahr. Hackfrüchte wie Rüben, Kartoffeln und Gemüse, oder auch Mais, sollten an erosionsgefährdeten Hängen also eher gar nicht angebaut werden, denn sie bedecken und durchwurzeln in der konventionellen Bewirtschaftung auch in voller Größe nur rund ein Drittel der Oberfläche des Bodens. Was nicht ganz so schlimm wäre, wenn man quer zum Hang arbeiten würde.

Was früher selbstverständlich war, muss heute vorgeschrieben werden. Das Bundesland Hessen verpflichtet seine Landwirte, beim Ausbringen erosionsanfälliger Kulturen in gefährdeten Lagen quer zum Hanggefälle zu arbeiten und die Sohlen der Kartoffeldämme mit Winterweizen einzusäen und so zu durchwurzeln und zu befestigen.

Dann schauen wir doch mal bei der nächsten Landpartie, wie viele Hanglagen mit Mais, Rüben oder Kartoffeln bepflanzt sind. Und, wenn es in der kalten Jahreszeit ist, wie viele der ehemaligen Maisäcker nur von den alten Stoppeln bestanden sind, die gar nichts mehr aufhalten können, weder die Erosion durch Wasser noch durch Wind. Wie viele Äcker überhaupt im Winter ohne Schutz daliegen – blanker Boden, bereit, fortgeschwemmt und weggeweht zu werden.

Seit dem Jahr 2000 wird in Niedersachsen die Bodenerosion auf gefährdeten Ackerflächen gezielt beobachtet. Das ist die längste flächendeckende Kartierung in einem deutschen Bundesland. Nach gut zehn Jahren wurde eine erste Bilanz gezogen, und die fiel erschreckend aus. Der durchschnittliche Bodenverlust auf den beobachteten Flächen reichte von 1,4 Tonnen pro Hektar bis 3,2 Tonnen. Bei einzelnen Starkregenereignissen waren bis zu fünfzig Tonnen Boden je Hektar

Fläche verloren gegangen. Was das bedeutet, formuliert das Umweltbundesamt so:

> *»50 Tonnen Boden entspräche einem Bodenverlust von circa fünf Millimeter pro Jahr und im Laufe eines Menschenlebens dem kompletten Verlust der fruchtbaren Ackerkrume.«*[34]

Es kann also sein, dass der Vater, der dort jetzt ackert, seiner Tochter oder seinem Sohn nichts mehr hinterlassen kann, wenn die den Hof übernehmen wollen. Weil da schlicht nichts mehr ist, was man bewirtschaften könnte.

Schon Charles Darwin hat ja beobachtet und gemessen, wie die Regenwürmer im Verbund mit all den anderen Milliarden von Bodenorganismen den Boden aufwachsen ließen um den großen Stein herum, den er im Garten platziert hatte. Das waren rund zwei Millimeter im Jahr. Wenn die oberste fruchtbare Bodenschicht fortgeschwemmt oder fortgeflogen ist, die gerade in erosionsgefährdeten Lagen oft nur dreißig Zentimeter stark ist, wie lange brauchte es dann, bis sie wiederaufgebaut wäre? Im Idealfall wohl 150 Jahre. Vorausgesetzt, da wäre überhaupt noch Bodenleben oder man könnte es dorthin zurückbringen und dann auch noch ein passendes Darwin'sches Gartenklima für das unterirdische Leben schaffen.

Das niedersächsische Umweltministerium bilanziert 2018, dass knapp zehn Prozent der Landesfläche von Wassererosion betroffen ist. Die geschätzten Bodenverluste durch Ausspülungen liegen auf den gefährdeten Flächen im Jahresmittel bei fünf Tonnen pro Hektar. Winderosion bedroht sogar drei Viertel der Landesfläche, vor allem im Norden, wo es mehr Standorte mit leichten, sandigen Böden gibt. Die Bundesanstalt für Geowissenschaften und Rohstoffe, BGR, stellt bundesweite Landkarten im Maßstab 1:1 000 000 mit erosionsgefährdeten Standorten zur Verfügung. Beim niedersächsischen Landesamt für Bergbau,

Energie und Geologie sind die Karten auf 12,5 Meter genau. Dem 2018 neu aufgelegten Hessischen Erosionsatlas liegt ein digitales Geländemodell mit einer Auflösung von fünf Metern zugrunde. Im Kartenmaßstab also 1:5 000. In der frei zugänglichen Internetanwendung BodenViewer Hessen kann jeder Landwirt seine Ackerflächen finden und ihre Gefährdung erkennen. Für die Einschätzung der Erosionsgefahr für die Böden durch Wind und Wasser gibt es Normen nach DIN, also deutsche Industrienormen, und nach ISO, also Normen der Internationalen Organisation für Normung. Es ist alles geregelt, kartiert und offengelegt.

Der Landwirt, der seinen Kindern und uns allen einen durch Erosion zerstörten Acker hinterlässt, auf dem nichts für uns Verwertbares mehr wächst, wird also schlecht sagen können, er hätte nichts von der Gefahr und den Folgen seines Handelns gewusst. Er hätte es sogar sehr genau wissen können, auf 12,5 oder fünf Meter genau.

In vielen Fällen muss die Information aber auch gar nicht so genau sein, wie sie uns vorliegt. Es würde reichen, sich an das »Gesetz zum Schutz vor schädlichen Bodenveränderungen[35]« zu halten. Dieses Bundesbodenschutzgesetz zeigt in seinem vierten Teil, in dem es um die landwirtschaftliche Bodennutzung geht, sehr klar auf, was unter »guter fachlicher Praxis in der Landwirtschaft« zu verstehen ist. Durch deren Beachtung nämlich kommt der Landwirt seiner Vorsorgepflicht zum Schutz des Bodens[36] nach:

> *»Grundsätze der guten fachlichen Praxis der landwirtschaftlichen Bodennutzung sind die nachhaltige Sicherung der Bodenfruchtbarkeit und Leistungsfähigkeit des Bodens als natürlicher Ressource.«*[37]

So steht es im Gesetz. Und dann folgt eine Liste von sieben Punkten, zu denen auch gehört, dass »die Bodenbearbeitung unter Berücksichtigung der Witterung grundsätzlich standortangepasst zu erfolgen hat«, dass außerdem »Bodenverdichtungen, insbesondere durch Berücksichtigung der Bodenart, Bodenfeuchtigkeit und des von den zur landwirtschaftlichen Bodennutzung eingesetzten Geräten verursachten Bodendrucks, so weit wie möglich vermieden werden« und Erosionen, im Gesetz »Bodenabträge« genannt, »durch eine standortangepasste Nutzung, insbesondere durch Berücksichtigung der Hangneigung, der Wasser- und Windverhältnisse sowie der Bodenbedeckung, möglichst vermieden werden«.

Wobei die offiziellen Karten auch nicht immer die reale Erosionsgefahr zeigen. Das Land Schleswig-Holstein jedenfalls zeichnet die Nordseemarschen in seinem Kartenmaterial nicht als erosionsgefährdet aus. Muss eine optische Täuschung gewesen sein, was ich da in den zwei Jahren meiner Ackerbesuche gesehen habe. Die Gefahr durch Wassererosion ist in den Marschen als gering gekennzeichnet, die durch Winderosion ebenso. Aber die Gefahr der Bodenverdichtung ist hoch bis sehr hoch, vor allem im Herbst. Zuckerrüben werden nun mal sehr spät im Jahr geerntet. Und was passiert mit der Oberfläche des verdichteten Bodens dann? Sie wird vom Wasser verschlämmt und dann abgetragen. Das ist, was ich beobachten konnte – auf einer offiziell nicht erosionsgefährdeten Fläche.

Entsprechend steht ja auch im Bodenschutzgesetz, dass Bodenverdichtungen zu vermeiden seien. Nur, was passiert eigentlich, wenn die Rübenerntemaschine, der Köpfrodebunker, genau dann kommt, wenn er unter Berücksichtigung der Witterung grundsätzlich nicht standortangepasst eingesetzt werden kann, also praktisch gesetzeswidrig erntet? Was der Landwirt, der die Rüben gesät und gepflegt hat, übrigens meist nicht verhindern kann, weil der Einsatzplan von Maschine und Personal ganz woanders gemacht wird. Er könnte nur ganz auf deren Einsatz und damit auf die Ernte verzichten. Muss er aber nicht, es passiert nämlich nichts, wenn er gegen das Bodenschutzgesetz verstößt. Das wäre nur der Fall, wenn der fragliche Acker offiziell zu den gefährdeten Flächen gehörte. Dann greift das europaweit geltende Cross-Compliance-System zum »Erhalt der landwirtschaftlichen Flächen in einem guten landwirtschaftlichen und ökologischen Zustand«. So nennt das die Europäische Union, wenn sie den Landwirten, die Direktzahlungen von der EU bekommen, also quasi allen, vorschreibt, wie sie mit der Ressource Boden umzugehen haben. Ins Gesetzesdeutsch übersetzt heißt das dann »Agrarzahlungen-Verpflichtungenverordnung«.[38]

Die Direktzahlung ist die Subventionsgießkanne der GAP, der Gemeinsamen Agrarpolitik der EU. Den größten Teil davon – nämlich 73 Prozent der Agrarmittel der Europäischen Union, etwa vierzig Milliarden Euro jährlich, gibt es ohne Gegenleistung, einfach für die Fläche. Ursprünglich wollte man damit nach dem Zweiten Weltkrieg die landwirtschaftliche Produktion ankurbeln und gleichzeitig verhindern, dass die Landwirte gesellschaftlich abgehängt werden, entwickelte sich doch ihr Einkommen langsamer als in vielen anderen Bereichen. Dabei hat es sich die EU aber allzu einfach gemacht. Sie gibt nämlich schlicht für jeden Hektar Geld, fast egal, was auf dem Land passiert. Je größer die bewirtschaftete Fläche, desto mehr Subvention kommt aus Brüssel. Wenn die Landwirte ihre Äcker gepachtet haben, dürfen sie das Geld über die Pacht allerdings gleich weiterreichen an die Eigentümer. Man muss also kein Bauer sein, um Agrarsubvention zu kassieren: Auch industrielle Großgrundbesitzer und Land-Spekulanten werden bedient. Und die Agrarindustriellen sowieso, die auf ihren Tausende Hektar großen Betrieben Verwalter wirtschaften lassen. Ein Teil der Direktzahlungen sind seit 2005 allerdings mit ein paar Umwelt- und Naturschutzverpflichtungen verbunden, die je nach Sichtweise als anspruchsvoll gelten oder als Papiertiger. Jedenfalls gilt seit damals: Wer Direktzahlungen haben möchte, muss sich an Auflagen halten und könnte auch kontrolliert werden. Bei groben

Verstößen gegen die Verpflichtungen aus den Agrarzahlungen könnten dann Subventionskürzungen folgen. Könnten, der Konjunktiv ist hier Programm.

Wirklich spürbare Auflagen gelten ohnehin nur für Äcker und Wiesen in Gewässernähe, für offiziell als erosionsgefährdet eingestufte Gebiete und für landwirtschaftliche Flächen, die nach EU-Verordnung »als im Umweltinteresse genutzte Flächen anzusehen sind«[39]. Wobei es mit der Kontrolle nicht weit her sein kann, sonst hätte der letzte heiße Sommer nicht sämtlichen Pressefotografen auf dem Land wunderbare Bilder von Mähdreschern liefern können, die kilometerlange Staubfahnen hinter sich herzogen. Das waren Bilder aus den nach den offiziellen Karten durch Winderosion stark gefährdeten Gebieten.

Immerhin steht aber etwas von Erosion in den Verordnungen. Man könnte die also umsetzen, was hieße: durchsetzen. Das Wort Bodenverdichtung kommt dagegen in der deutschen und in der Verordnung der EU gar nicht erst vor. Aber Paragraf 7 der deutschen Verordnung ist dann tatsächlich überschrieben mit »Erhaltung des Anteils der organischen Substanz im Boden«. Da wird doch nicht etwas über das Leben im Boden, den Mikrokosmos unter der Erde stehen, der ja diese organische Substanz in den Boden schafft? Nein, da steht ein einziger Satz: »Stoppelfelder dürfen nicht abgebrannt werden.« Das war's, Ende der Ansage.

Kassensturz

Ein Ende dieser Art der inspirationslosen Agrarsubventionen, die die Großen fördert und die Entstehung von agrarindustriellen Strukturen begünstigt, fordern die europäischen Umweltorganisationen seit Langem. Es hat auch schon Landwirtschaftsminister gegeben, die die Direktzahlungen auslaufen lassen wollten. 2013, als die Europäische Union das letzte Mal ihren siebenjährigen Agrarsubventionszyklus diskutierte, war das zum Beispiel Till Backhaus aus Mecklenburg-Vorpommern. Er sagte das medienwirksam auf der Grünen Woche in Berlin, der größten Agrarmesse der Welt, und hatte doch keinen Erfolg damit. Jetzt gäbe es wieder mal eine Chance, denn wieder sind sieben Subventionsjahre nahezu vorüber. Bis 2021 muss die Europäische Union ihr Agrarsystem also turnusmäßig neu aufstellen. Und die Umweltschützer sind auch diesmal nicht alleine mit ihrer Kritik und ihren Forderungen. Sie werden unterstützt von der europäischen Agraropposition, einem Dachverband der bäuerlichen Betriebe, in Deutschland vertreten vom AbL, dem Arbeitskreis bäuerliche Landwirtschaft.

Selbst der Wissenschaftliche Beirat für Agrarpolitik beim Bundeslandwirtschaftsministerium[40] forderte »eine gemeinwohlorientierte gemeinsame Agrarpolitik der EU«. In seiner Stellungnahme kommt der Beirat zu einem vernichtenden Urteil über die Brüsseler Agrargießkanne:

> *»Diese Zahlungen, die zum großen Teil ausdrücklich Einkommenszielen dienen sollen, sind verteilungspolitisch nicht zu rechtfertigen: Sie sind weder an der Aufrechterhaltung der gesellschaftlichen Funktionen der Landwirtschaft noch an der betrieblichen oder der personellen Bedürftigkeit der Landwirte ausgerichtet und werden zudem über den Bodenmarkt zu einem großen Teil an Bodeneigentümer durchgereicht. Schließlich fehlen diese Mittel für eine gezielte Honorierung von Gemeinwohlleistungen. Dies gilt umso mehr, als die mit den Direktzahlungen verbundene Förderung von sogenannten ökologischen Vorrangflächen (Greening) sich unter Umweltgesichtspunkten als weitgehend wirkungslos erweist.«*[41]

Das hier angesprochene Greening ist eine Subvention, die es obendrauf gibt auf die Basisprämie für die Fläche. Beim Greening ist es dann nicht mehr ganz so egal, was der Landwirt macht. Da müssen dann Blühstreifen angelegt oder Zwischenfrüchte angebaut werden. Der Begriff ist allerdings irreführend, handelt es sich doch um ökologisch weitgehend wirkungslose Zusatzausgaben, wie der Beirat bemerkt.

Der Bundeslandwirtschaftsministerin scheint ihr Beirat indes ziemlich schnuppe. Sie hat schon durchblicken lassen, dass sie an den Direktzahlungen festhalten will und auch die Kürzung bei 60 000 und die Kappung bei 100 000 Euro pro Betrieb, die die EU-Kommission vorgeschlagen hat, nicht mitmachen möchte. So haben auch ihre Vorgänger im Amt bei den vergangenen agrarpolitischen Beratungen agiert.

Dieses Mal allerdings mischt sich der oberste Aufseher über die Milliarden der Europäischen Union ein, und das ist wirklich neu. Klaus-Heiner Lehne, der Präsident des Europäischen Rechnungshofes, bemängelte 2018, als die Verhandlungen zur Zukunft der Gemeinsamen Agrarpolitik Fahrt aufnahmen, dass die EU nicht die Bauern, sondern die Agrarindustrie subventioniere, zu der inzwischen Aktiengesellschaften zählten, während die klassische bäuerliche Aufgabe der Landschaftspflege in vielen Regionen nur noch unzureichend erfüllt werde.[42] »Auf der anderen Seite werden die Umweltschäden, die durch die Agrarindustrie entstehen, zum Teil mit EU-Programmen wieder bekämpft«, sagte der oberste Rechnungsprüfer der EU und forderte: »Man muss die Agrarförderung viel stärker auf kleine und mittelständische Betriebe konzentrieren.« Klare Ansage. Allein, die Agrarlobby gehört zu den mächtigsten Lobbyorganisationen in Brüssel, und sie vertritt nicht die Interessen der Landwirte, schon gar nicht die der kleinen und mittelständischen Bauern.

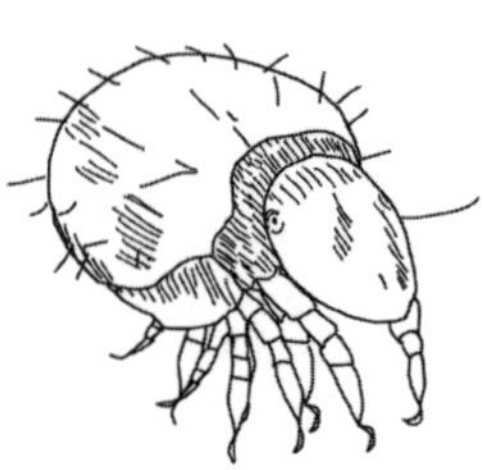

2 Reparaturbetrieb

»Ihre Lehre ist wie gebackenes Brot
schmackhaft und sättigend für einen Tag;
aber Mehl kann man nicht säen
*und die Saatfrüchte sollen nicht vermahlen werden.«**

Johann Wolfgang von Goethe

Ewigkeitskosten

Ebenso stark wie die Agrarlobby waren in der Vergangenheit die Stromer und Bergwerker. Es gibt nur drei Industrien in Europa, denen zugestanden wurde, das Antlitz der Erde flächendeckend und dauerhaft zu verändern: Das sind, in der historischen Reihenfolge ihres Auftretens, die Bergbau- und Energieindustrie, die Autoindustrie und die zuletzt entstandene Agrarindustrie.

Die jüngste dieser Industrien ist erst nach dem Zweiten Weltkrieg überhaupt dazu geworden. Davor waren die Bauern weit von industriellen Strukturen entfernt. Die landwirtschaftliche Nut-

* Aus dem Lehrbrief in »Wilhelm Meisters Lehrjahre«, Siebentes Buch, Neuntes Kapitel. Als Goethe dies schrieb, war er Minister in Weimar und das Land ächzte unter Missernten und Hungersnöten. Herzogin Anna Amalia hatte die Zeichen der Zeit erkannt und für ihren Teil 1761 den Umbau der Wälder in eine nachhaltige Forstwirtschaft angeordnet.

zung des Bodens hat zwangsläufig Landschaften verändert und geprägt, aber sie hat sie nicht nach industriellen Maßstäben der Bearbeitungseffizienz zugerichtet. Das geschieht erst seit Kurzem, mit allerdings sehr rasch wirksamen und sehr drastischen Folgen.

Die Autoindustrie hat die gewachsenen Kulturlandschaften der alten bäuerlichen Landwirtschaft und der Forstwirtschaft erobert, seit Straßen für Motorfahrzeuge gebaut werden, die immer forscher und immer breiter in die Landschaft getrieben werden und weder vor wertvollem Ackerland noch vor Wäldern, Flüssen und Bergen Halt machen. Entsprechend auch ihre Wirkung in der Stadt, wo sie die Bewohner in Nischen und schmale Streifen um die Häuser und einige Reservate in Fußgängerzonen verdrängte.

Die Wirkungen der Bergbau- und Energieindustrie aber sind ungleich größer und älter. Sie bildete sich weit vor der sogenannten ersten Industriellen Revolution im 18. Jahrhundert. Damals hatte die aufblühende – oder sollte man sagen: aufschwärzende – Bergbauindustrie längst einen Großteil der ehemals dichten europäischen Wälder zu Stollenstützen verarbeitet und in den Erzschmelzen verhüttet. Das rauchende Mittelalter hatte Europa entwaldet. Als die Kohle begann, die Dampfmaschinen anzutreiben, war diese Industrie längst da. Und sie hatte längst Spuren in der Landschaft hinterlassen, die bis heute sichtbar sind. Viele der Landschaften, die wir jetzt für erhaltenswert halten, sind durch Raubbau an der Natur, durch die rigorose Ausbeutung der Wälder entstanden. Die Rhön zum Beispiel, von den Touristikern als »Land der offenen Fernen« beworben und von Schäfern mit traditionellen Rhönschafen und Ziegen freigehalten von Bewuchs, damit sie bloß nicht wieder verwaldet. Nur zur Erinnerung: Es war ein Bergmann, der den Erhalt der Wälder forderte und die nachhaltige Forstwirtschaft in Deutschland einführte – und mit ihr ganz nebenbei ebendieses heute ubiquitäre Wort: Nachhaltigkeit. Hannß Carl von Carlowitz, dessen »Silvicultura oeconomica« eine »Naturmäßige Anweisung zur wilden Baum-Zucht« war und auf der Leipziger Buchmesse 1713 ein Bestseller wurde, war Bergrat und Oberberghauptmann des sächsischen Kurfürsten. Er hatte vor seiner Haustür im Erzgebirge und bei Reisen durch die deutschen Länder und Europa gesehen, dass die Industrialisierung ein Ende haben würde, wenn der Raubbau an den Wäldern nicht beendet würde.

Dieselbe Industrie, der schon Hannß Carl von Carlowitz angehörte, lange vor der eigentlichen Industriellen Revolution, darf unsere Landschaft bis heute in einer Weise verändern, die brutaler ist als jeder andere Eingriff und wohl auch dauerhafter. Nicht umsonst heißen jene Kosten der Bergbauindustrie, die nach der industriellen Ausbeutung kommen, also dann, wenn längst nichts mehr zu holen ist und der Bergbau eingestellt, Ewigkeitskosten oder Ewigkeitslasten. Weil zum Beispiel auch der Salzbergbau der Hanse unter der Stadt Lüneburg bis heute Häuser unbewohnbar macht und Sanierungsaufwand kostet. Weil auf kaum absehbare Zeit in den alten Schächten der Kohlegruben Wasser abgepumpt werden muss, wenn nicht das halbe Ruhrgebiet zur Seenplatte werden soll, in der die Städte untergehen und der giftige Müll in den Stollen nicht ins Grundwasser gelangen soll. Auch wenn das, was nach den Baggern kommt, Renaturierung genannt wird, werden die riesigen Gruben des Braunkohletagebaus, gewaltige Schürfwunden in der Landschaft, nie wieder die Natur und das Land, das sie einmal waren.

Aber vielleicht werden sie ja ein anderes Land. Wenn man nicht nur Freizeitlandschaften mit künstlichen Seen und Stränden und Campingplätzen aus den Abraumhalden der Braunkohleindustrie machen möchte, weil so viel Freizeitlandschaft selbst Feiersüchtige kaum brauchen können. Wenn es also darum geht, tatsächlich zu renaturieren, dann müsste auf die Halden wieder fruchtbarer Boden. Oder etwas Ähnliches, was den Namen Boden verdient. Wenn damit nicht nur eine Fläche gemeint ist, auf der irgendetwas stehen kann, sondern eine, unter der und in der es lebt. Wenn das funktionieren würde und wenn wir lernen könnten, wie das funktioniert, könnten wir verlorenen Boden zurückgewinnen – dann, wenn eigentlich alles zu spät ist.

Wiederbelebt

Natürlich kann die Natur das: toten Boden lebendig machen. Aber sie braucht dafür leider Jahrhunderte, zumindest um etwas herzustellen, wovon wir leben können. Wenn wir lernen, wie sie das macht, könnten wir vielleicht nachhelfen, einen Reparaturbetrieb aufmachen. Ich weiß schon, dass Vermeiden von Schäden besser ist als Reparatur, aber die Schäden sind ja schon da. Vielleicht könnten wir dafür sorgen, dass sie nicht irreversibel bleiben. Irgendwann, wenn die Grundlagenforschung so weit ist. Um zu erfahren, ob und wann das sein könnte, muss man sich dahin begeben, wo diese Grundlagenforschung gemacht wird. Ist nicht weit – nur eine kleine Reise an die östliche Grenze Deutschlands, an die Neiße.

Dass wir heute ziemlich viel darüber wissen, wie totes Substrat belebt und langsam tatsächlich zu lebendigem Boden wird, das verdanken wir dem Nestor der deutschen Bodenzoologie, Wolfram Dunger.[1] Er übernahm 1959 das ehemals von Bürgern gestiftete, in der DDR natürlich staatlich gewordene Museum für Naturkunde in Görlitz. Wie so oft gab es auch dort hinter der Fassade des Museums eine kleine Forschungseinrichtung. Diese baute Wolfram Dunger in den folgenden Jahren und Jahrzehnten zu dem wichtigsten Forschungsort der Bodenzoologie in Europa aus.

Der Standort war günstig für genau die Forschung, die uns demnächst vielleicht retten könnte. Nirgendwo auf der Welt dürften Bodenforscher mehr darüber wissen, wie Mikroorganismen, Tiere und Pflanzen klinisch tote Substanz besiedeln.

Nach der gewaltigen Eruption des Krakatau 1883 machten sich viele der damaligen Forscher, vor allem Geologen, aber auch Zoologen auf, um zu untersuchen, was da geschehen war und wird. Die Zoologen wollten vor allem wissen, wie das Leben wohl auf die vollkommen mit frischer Lava bedeckte Restinsel in der indonesischen Sundastraße zurückkäme. Von einer Spinne wird berichtet, die an ihrem Faden von Sumatra oder Java herüberwehte und als das erste Lebewesen dort galt. Das war sie bestimmt nicht. Heute wissen wir das besser. Wir wissen von fliegenden Kleinstlebewesen, die die Forscher damals nicht einmal mit der Lupe entdeckt hätten. Zumal sie von ihrer Existenz gar nichts wussten. Man findet meist nur, was man suchen kann …

Unweit von Görlitz, im Braunkohlerevier der Lausitz, ist jeden Tag Krakatau. Der Vulkan wird hier ersetzt durch die größten fahrbaren Maschinen der Welt, die Schaufelradbagger. Sie sind fast einhundert Meter hoch, fünfzig Meter breit und über 200 Meter lang. Sie wiegen über 14 000 Tonnen, und sie können 240 000 Tonnen Kohle und Abraum täglich bewegen. Die Kohle wird herausgefiltert und der Abraum in den bereits verwüsteten Gebieten abgesetzt. Was dabei entsteht, ist eine Halde. Nicht als Hügel mit steilen Hängen, wie beim Steinkohlebergbau, wo die Kumpels das Material aus der Tiefe holten und die Fördertürme Berge von Unverwertbarem auftürmten. Im Braunkohlebergbau gibt es Platz, da ist das Land ja weggebaggert und die Halde deshalb eine gerippte flache Fläche. Die Förderbänder hinter den Baggern setzen eine Reihe ab, rücken vor, setzen die nächste Reihe ab und schaffen so eine Wellenstruktur. So sieht der Boden heute aus in den sogenannten renaturierten Flächen der Oberlausitz. Dort kann man keine Landwirtschaft betreiben, dafür reicht das nicht, was auf dem toten Abraum aufgewachsen ist, aber es wachsen Bäume. Immerhin, man könnte es fast Forstwirtschaft nennen. Wenn man das jetzt noch ein paar Hundert Jahre macht, besser Tausend, dann kann da vielleicht auch wieder eine Art von Landwirtschaft funktionieren, wie wir sie heute kennen. Funktionieren meint: Ertrag abwerfen. Vielleicht auch nicht. So viel wissen wir noch nicht über das, was wir mit unserer Zerstörungsgrabung dort hinterlassen. Immerhin wissen wir aber inzwischen, wie das Leben zurückkommt in die Mondlandschaft.

Wenn die riesigen Schaufelradbagger die Landschaft, die da vorher war, entfernt und den Abraum hinter sich gelassen haben, dann entsteht etwas Neues. Die sogenannten Absetzer, ebenfalls riesige, auf Ketten fahrende Förderbänder, lassen den Schutt in die Baggerklüfte laufen. Und es entsteht ebenjene besondere Art industrieller Mondlandschaft. Ein lebloses Nichts aus Gestein, das vor Zehntausenden Jahren oder vor Jahrmillionen über den damaligen Wäldern, die heute Braunkohle sind, unter die Erdoberfläche geriet. Die Wälder wurden zu dieser besonderen, geologisch gesehen besonders jungen und besonders schmutzig verbrennenden Braunkohle, dem dreckigsten Energieträger überhaupt. Und der Rest, der über und zwischen den Braunkohleflözen lag, wird nun zu Dreck, den niemand mehr braucht. Der aber jetzt an der Oberfläche herumliegt. Seit Millionen von Jahren abgeschieden von jedem oberirdischen Leben und plötzlich heraufbefördert und hingeschüttet.

»Boden ist das nicht«, sagt die Bodenzoologin Karin Hohberg, die bei der Senckenberg Gesellschaft für Naturforschung in Görlitz genau solche »Schüttsubstrate« untersucht hat, weil sie wissen wollte, wie, wann und von wem diese Halden zuerst besiedelt werden. Auf solch einem Schüttsubstrat können wir dann nach ein paar Wochen herumlaufen, wenn es sich einigermaßen gesetzt hat. Dass man darauf herumlaufen kann, macht einen Boden vielleicht zum Fußboden, aber im ökologischen Sinn noch nicht zum Boden. Dazu muss er erst einmal einige Funktionen erfüllen, ohne die Leben außerhalb des Wassers gar nicht möglich wäre.

Natürlich gewachsener, gesunder Boden ist belebt und fruchtbar, wenn die Zusammensetzung und das Klima stimmen. Er ist Teil des Wasser- und Nährstoffkreislaufes. Er nimmt den Regen auf und speichert Wasser und Nährstoffe für die Pflanzen. Er filtert das eindringende Wasser und schützt das Grundwasser vor Verschmutzungen. Er speichert Kohlenstoff aus der Luft und vermindert damit die Menge des Treibhausgases in der Atmosphäre. Er reguliert die Temperatur, indem er Feuchtigkeit puffert und sie auch wieder abgibt. Erfüllt der Boden eine seiner vielen Funktionen nicht mehr, wird das für alle, die auf und von dem Boden leben, schnell spürbar. Kann er das Wasser nicht aufnehmen, kommt es zu Überschwemmungen. Kann er das Wasser nicht speichern, sterben die Pflanzen in trockenen Zeiten. Kann er die Schadstoffe nicht filtern, landen sie im Grundwasser. Baut er keinen Humus aus organischen Stoffen auf, wird der Kohlenstoff frei und zu Treibhausgas. Fruchtbarer Boden ist der am dichtesten besiedelte und vielfältigste Lebensraum der Erde, artenreicher als der Regenwald.

Der Abraum des Braunkohletagebaus, das, was die Schaufelradbagger und Absetzer hinter sich lassen, dieses Schüttsubstrat erfüllt keine der Bodenfunktionen und ist also auch kein Boden. Es ist Substrat, das da erst einmal einfach nur herumliegt.

Und dann? Dann kommt das Bodenleben geflogen! Was eigentlich nicht geht, weil die Milben und Springschwänze und Asseln und Regenwürmer, die den Boden besiedeln, ja eben nicht fliegen können. Sie sind, im Gegenteil, besonders langsam. Wenn sie ein Gebiet zu Fuß besiedeln, kommen sie jedes Jahr nur ein paar Zentimeter oder Dezimeter voran. Einige von ihnen, die Kleinsten und Leichtesten, können aber eben doch fliegen, obwohl sie keine Flügel haben. Die Görlitzer Bodenzoologen haben genau das nachgewiesen. Eine Sensation für die Wissenschaft und etwas Hoffnung für uns alle, zeigen ihre Erkenntnisse doch, dass es möglich ist, zerstörte Böden wiederzubeleben.

Die Senckenberg Forscher wollten wissen, was auf einer Abraumhalde des Braunkohletagebaus passiert, wenn nicht renaturiert wird, wenn also nicht irgendwo belebter Boden abgebaggert, ins Tagebaugebiet gekarrt und auf die Halden geschüttet wird. Wenn nicht für Bewässerung gesorgt, keine bodenverbessernden Maßnahmen vorgenommen werden und keine Pionierpflanzen ausgesät oder gesetzt werden.

Tabula rasa

»Strukturen und Prozesse der initialen Ökosystementwicklung in einem künstlichen Wassereinzugsgebiet« hieß das von der Deutschen Forschungsgemeinschaft geförderte Projekt in einem eigens dafür eingerichteten Forschungsgebiet inmitten der »Bergbaufolgelandschaft«. So nennen die Kohlestromer ihre Hinterlassenschaft, die eigentlich alles andere ist als das, was wir üblicherweise mit dem Begriff Landschaft beschreiben, in dem ja ein kultureller Bezug steckt, der so ziemlich das Gegenteil von Zerstörung meint.

In der Niederlausitz, im Braunkohletagebaugebiet Welzow Süd im Südostzipfel Brandenburgs, schütteten die Absetzer von Vattenfall auf einem sechs Hektar großen, leicht abschüssigen Gebiet zunächst eine bis zu drei Meter starke Schicht aus tertiärem Ton auf. Tertiär nennen die Geologen das Erdzeitalter, das nach der Kreidezeit vor 66 Millionen Jahren begann und mit dem Quartär vor 2,6 Millionen Jahren endete. Der Ton wurde so zurechtgeschoben, dass das ganze Gebiet wie eine leicht schräge Schüssel aufgebaut ist, mit einem Abfluss im unteren Bereich. Die Hydrologen der drei beteiligten Technischen Universitäten aus Cottbus, München und Zürich wollten das ehemals abgebaggerte Flüsschen Hühnerwasser wiedererstehen lassen und ihm ein neues, künstliches Quellgebiet schaffen. Deshalb kam auf den Ton dann auch eine dicke Sandschicht als künftiger Grundwasserleiter. Der pleistozäne Sand stammt aus jüngeren Schichten des abgebaggerten Deckgebirges über der Braunkohle. Am Schluss wurde das Ganze mit Planierraupen geglättet, um die

Schüttstreifen der Absetzer einzuebnen. Jetzt war die sechs Hektar große Tonschüssel mit Sand gefüllt. Und dann passierte nichts mehr. Keine Renaturierung, also Aufschüttung von antransportiertem »Mutterboden«, keine Melioration, also keine bodenverbessernden Maßnahmen. Der Boden sollte ja hier erst aus dem Sand erwachsen. Fertig war das internationale Forschungsgebiet Chicken Creek, Hühnerwasser.

Als die Bodenzoologen kurze Zeit später das Versuchsgelände zum ersten Mal betreten durften und die erste Bodenprobe von ihrem neuen Freilandlabor Hühnerwasser in ihrem Labor im Senckenberg Naturkundemuseum in Görlitz untersuchten, waren die ersten Siedler schon da. »Wahrscheinlich eingeweht«, sagt Karin Hohberg. Thekamöben und Wimperntierchen fand sie unter dem Mikroskop. Bald darauf dann auch ihre eigentlichen Forschungstiere: Nematoden und Tardigraden. Für diese Abteilung der Bodenzoologie ist sie bei Senckenberg zuständig.

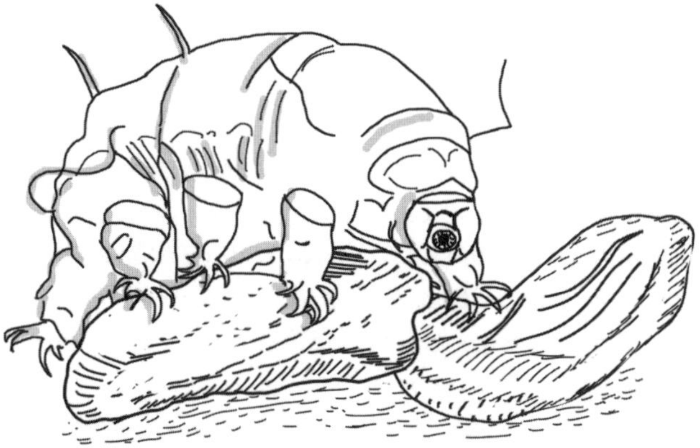

Die meist nur einen Millimeter großen Bärtierchen gehören zu den Überlebenskünstlern. Sie können sich austrocknen lassen und in Kryptobiose unwirtliche Zeiten überdauern. Sie haben auch einen Testflug durch den Weltraum ohne Druckausgleich und Sauerstoff überlebt.

Nematoden sind Fadenwürmer, ein in unzähligen Arten und Varianten überall auf der Erde vorkommender Tierstamm. Über 20 000 Arten sind wissenschaftlich beschrieben, und es kommen jedes Jahr neue hinzu. Die meisten im Boden lebenden Nematoden können wir mit bloßem Auge nicht erkennen. Ebenso klein sind die Tardigraden, zu deutsch »die langsam Schreitenden«, besser bekannt als Bärtierchen. So heißen sie, weil sie in ausreichender Vergrößerung tatsächlich ein wenig wie Bärchen aussehen. Allerdings laufen sie nicht auf vier, sondern auf sechs stummeligen Beinen. Sowohl Nematoden als auch Bärtierchen brauchen Wasser. Eigentlich leben sie auch im Boden ständig im Wasser, indem sie immer eine dünne Wasserhülle mit sich herumschleppen.

Luftlandetiere

Und wie kommen nun diese im feuchten Boden in einer Wasserhülle lebenden Tierchen in den toten Sand des Hühnerwassers? »Sie fliegen«, sagt Karin Hohberg und erklärt, wie das funktioniert. Sowohl Bärtierchen als auch viele der Nematoden, die sie untersucht hat, haben eine erstaunliche Überlebenstechnik für trockene Zeiten entwickelt. Sie lassen sich austrocknen, ohne zu sterben, und sind dann, wenn sie in der Nähe der Erdoberfläche liegen und eine Böe Sand und Erde aufwirbelt, flugfähig wie der Staub. Sogar besser, denn sie sind dann leichter als ein Sandkorn.

Eigentlich sind die Tierchen sehr empfindlich, ihre Außenhülle ist so dünn, dass sie nicht einmal Wasser zurückhalten kann. Aber sie haben Strategien entwickelt, trockene, für sie lebensfeindliche Zeiten auszusitzen, sagt Karin Hohberg: »Sie ersetzen das Wasser in ihrem Körper je nach Art durch unterschiedliche Zucker. Machen damit dicht und gehen in einen anderen Aggregatzustand über: die Kryptobiose.« Die auf diese Weise ausgetrockneten Nematoden sehen aus wie sehr kleine plattgefahrene Regenwürmer. Die trockenen Bärtierchen haben ihre Stummelbeine angezogen und heißen in diesem Überlebenszustand deshalb Tönnchen. In der Kryptobiose ist der Stoffwechsel der Tiere nicht mehr messbar, muss aber noch funktionieren, da sie sofort aufwachen und wieder atmen, wenn es wieder feucht wird. Eine halbe bis Dreiviertelstunde nachdem die Feuchtigkeit zurückkam, sind sie wieder aktiv. Die längste wissenschaftlich verbriefte Zeit, die die Tiere in ihrer Trockenstarre überlebt haben, liegt bei dreizehn Jahren.

Was sie nach dem Aufwachen dann auch zu tun haben, außer fressen, sind Reparaturarbeiten, erklärt Karin Hohberg: »Beide Gruppen, Nematoden und Tardigraden, und auch die Rädertiere verfügen über sehr gute Regenerationsmöglichkeiten. Sie können auch Schäden an der DNA reparieren. Das muss man natürlich können, wenn man so extreme Überlebensstrategien hat, weil solche Schäden dann zwangsläufig auftreten.« Mit einer ähnlichen Strategie überleben die Tiere übrigens auch totalen Sauerstoffmangel, die Anoxybiose. Die Untersuchungen, was

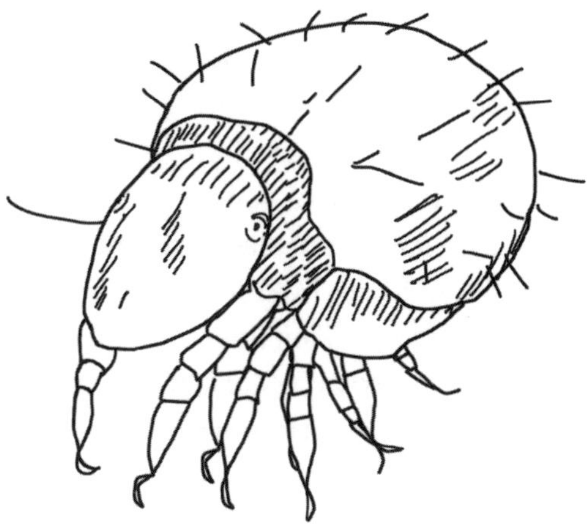

Die gepanzerten Hornmilben sind wichtige Zersetzer der Streu. Senckenberg-Forscherinnen haben nachgewiesen, dass sie sich vom Wind in neue Siedlungsgebiete transportieren lassen.

dabei genau geschieht, sind noch nicht abgeschlossen bei Senckenberg in Görlitz.

Es dürften also in dem von mir besuchten, dann bedauerten und dann irgendwann für ziemlich tot gehaltenen Acker jede Menge in Kryptobiose erstarrte Tiere auf Wasser gewartet haben. So tot, wie er mir schien, war dieser Acker also wohl nicht. Auf dem Versuchsfeld Hühnerwasser mussten die Bärtierchen und Nematoden ihre Fähigkeit zur Trockenstarre am Anfang ziemlich oft nutzen, denn in dem nicht bewachsenen und nicht beschatteten Sandboden versickerte und verdunstete der Regen ebenso schnell, wie er kam. Wer allerdings dort überlebte und bei Feuchtigkeit wieder aufwachte, fand bald einen gedeckten Tisch vor. Ohne Konkurrenz breiteten sich die ersten Mikroorganismen, Bakterien, Algen, Eukaryoten[2] und später dann auch Pilze, schnell aus. Ohne Schatten, aber mit wiederkehrenden Regenfällen, siedelten sich Grünalgen an, die regelrechte kleine Teppiche bildeten. Bis in zehn Zentimeter Tiefe fanden die Forscher die Algen. Schon im ersten Jahr etablierten sich sogenannte Bodenkrusten: Ansammlungen von Bakterien, Algen, Pilzen und Flechten[3]. »Wer sich davon ernährt, kann dann sehr schnell große Populationen aufbauen«, sagt Karin Hohberg. Und meint die von ihr beforschten Fadenwürmer und Bärtierchen. Der eben noch tote Sand hatte also begonnen zu leben. Mit sehr viel Zuversicht ausgedrückt: Er war auf dem Weg, sich zum Erdboden zu entwickeln.

Die von Karin Hohbergs Kollegin Ricarda Lehmitz beforschten Bodentiere kamen dann etwas später ins Versuchsgebiet Hühnerwasser: die Hornmilben. Es gibt zwar auch Hornmilben, die sich von Mikroorganismen wie Algen und Bakterien ernähren, die meisten aber brauchen zum Überleben schon ein wenig Streu, also abgestorbene Pflanzenteile auf dem Sand. Sie konnten den Lebensraum erst besiedeln, als sich bereits die ersten Pionierpflanzen dort breit gemacht hatten. Hornmilben sind, wie alle Milben, Spinnentiere. Für diejenigen unter uns, die beim Wort Milbe zurückzucken und einen Niesreiz verspüren oder sich unwillkürlich kratzen, weil sie an Staubmilben oder Grasläuse denken, hat die Sektionsleiterin Oribatida, wie die Hornmilben wissenschaftlich heißen, ein Schild an ihr Büro im Naturkundemuseum gehängt. Darauf ist eine der gepanzerten Milben zu sehen, und darunter steht: »Wir sind die Guten!« Hornmilben nämlich gehören zu den Zersetzern der Streu aus abgestorbenem Pflanzenmaterial und erfüllen schon deshalb eine lebenswichtige Funktion im Boden. Gepanzert sind die harmlosen Milben nicht, weil sie kämpfen wollen, sondern weil sie sehr viele Fressfeinde haben.

Und wie kamen die winzigen Hornmilben nun in das abgeschiedene Versuchsgebiet mitten in der Braunkohle-Mondlandschaft? Sie sind zwar Spinnentiere, können aber keinen Faden spinnen, mit dessen Hilfe sich gut fliegen ließe, wie ihre größeren Verwandten im Altweibersommer das tun. Und dennoch kamen sie durch die Luft. Ricarda Lehmitz hat das in einem aufwendigen Besiedelungsversuch nachgewiesen, den sie für ihre Doktorarbeit durchgeführt hat.[4] Sie hat lebloses Substrat in mehreren ausgehobenen Löchern in einer Wiese deponiert und jeweils mit Blechrahmen nur bestimmte Zugänge zu diesen Rohböden zugelassen. Durch die Erde, aber nicht durch die Luft, nur von unten oder nur von den Seiten oder nur durch die Luft. Und sie hat in verschiedenen Höhen Klebefallen aufgestellt, um festzustellen, ob auch Hornmilben mit dem Wind wandern können. Und siehe, sie fliegen. Auch die Hornmilben lassen sich vom Wind verwehen und kommen so in neue Siedlungsgebiete.

Der vorher leblose und eher auch lebensfeindliche Boden belebte sich also zusehends im Versuchsgebiet Hühnerwasser. Nach den friedfertigen ersten Bodentieren kamen dann nach und nach auch die winzigen Raubtiere. Wobei, aus Sicht von Bakterien, Algen und Pilzen sind deren Fressfeinde, ob Fadenwürmer oder Bärtierchen oder dann Hornmilben, auch nicht friedlich. Schließlich aber kamen dann auch die Räuber, die auf andere Tiere Jagd machen, die Raubmilben. Nach Untersuchungen an anderer Stelle braucht es mindestens drei Jahre, bis bei einer Neubesiedelung vorher unbelebten Bodens so viel tierisches Leben gewachsen ist, dass die Räuber überleben können.[5] Mit den ersten Pflanzen, die abgestorbene Blätter abwarfen und Streu hinterließen, konnte sich dieses tierische Bodenleben etablieren. Es kamen nun auch die Springschwänze, die Collembolen. Sie sind Sechsfüßer, zum Teil mikroskopisch klein, zum Teil aber auch so groß, dass wir sie mit bloßem Auge beobachten können. Sie haben fast alle Regionen der Erde besiedelt, kommen in Regenwäldern ebenso vor wie in der Wüste oder auf Schneeflächen im Hochgebirge. Im Boden leben unterschiedliche Arten in der Streuauflage und in der Humusschicht bis in größere Tiefen. Springschwänze sind Urinsekten. Das älteste uns bekannte versteinerte Insekt, gefunden in einer Gesteinsschicht aus dem mittleren Devon, ist ein Springschwanz. *Rhyniella praecursor* lebte vor etwa 410 Millionen Jahren im heutigen Schottland und gehörte zur heute noch artenreich vorhanden Collembolen-Familie *Neanuridae*.[6]

Im Hühnerwasser des Jahres 2006 hatte nun also die Arbeit der Zersetzer begonnen und die erste organische Substanz wurde in den Sand eingelagert. Die Pilze bildeten Mykorrhizageflechte an den Pflanzenwurzeln und stellten mehr Nährstoffe bereit. Die Pflanzen wuchsen schneller und brachten den ersten, wenn auch noch dünnen Schattenraum auf den Boden. Das Klima auf der Sandoberfläche begann sich etwas zu beruhigen, die Temperaturunterschiede zwischen Tag und Nacht nahmen ab, in den eingelagerten organischen Substanzen im Boden konnte jetzt etwas Feuchtigkeit gespeichert werden. Die Nematoden, Bär- und Rädertierchen mussten nicht mehr ganz so häufig ihre kryptobiotische Überlebenstechniken anwenden. Und auch die ersten nicht ganz so trockenresistenten Pflanzen konnten sich ansiedeln. Erste eingewehte oder von Vögeln eingebrachte Staudensamen gingen nicht nur auf, sondern konnten sich zu Pflänzchen entwickeln.

Das Versuchsgebiet Hühnerwasser begann, von der Halde zu einem belebten Gebiet zu werden, es wechselte sein Antlitz. Nach den ersten Wintern gab es mehr Streuauflage, sodass die Zersetzer unter den Bodentieren reichlicher Nahrung fanden und sich ausbreiten konnten; es entstand eine erste dünne Humusschicht. Die wiederum mehr Pflanzen nährte, die für mehr Streu sorgten. Jetzt dauerte es nicht mehr lange, bis das erste Bäumchen wuchs. Und nach zehn Jahren fanden die Bodenforscher dann auch den ersten Regenwurm im Forschungsgebiet Hühnerwasser. Wie war der nun hierhergekommen? Regenwürmer können definitiv nicht fliegen. Aber vielleicht ihre Eierkokons an den Füßen von Vögeln.

Heute stehen noch junge, aber schon recht hohe Bäume im Forschungsgebiet. Viele der wissenschaftlichen Studien sind bereits abgeschlossen, einige laufen noch, und neue Forschungsvorhaben sind hinzugekommen. Chicken Creek ist bereits als Erfolg in die Wissenschaftsgeschichte eingegangen, wird aber noch Jahre weiter beforscht werden. Wann wir allerdings aus diesem Versuch so viel gelernt haben, dass wir von uns zerstörte Landschaften und degradierte Böden tatsächlich so reparieren können, dass wir sie wieder landwirtschaftlich nutzen können, das steht in den Sternen über der Lausitz.

Wartejahre

Der Vater der Bodenzoologie in Görlitz, Wolfram Dunger, hatte schon in seiner Habilitationsschrift von 1968 festgehalten, dass auf den verschiedenen Halden im Braunkohletagebaugebiet nur mit großem Aufwand in annehmbarer Zeit wieder ein wirtschaftlich nutzbarer Boden geschaffen werden kann. Große Unterschiede fand er durch das Ausgangsmaterial der aufgeschütteten Halden gegeben. Handelte es sich um Material aus dem Pleistozän, also aus dem jüngeren Erdzeitalter vor dem heutigen Holozän, war die Rekultivierung einfacher, als wenn oben auf der Halde deutlich älterer Schutt aus dem Tertiär lag.

Am meisten Erfolg verspricht nach Dungers Beobachtung auf fünf verschiedenen Haldentypen eine Bepflanzung mit schnell wachsenden Laubhölzern, die viel Laub für die Gemeinschaft der Mikroorganismen und tierischen Zersetzer im Boden abwirft. Auf den Berzdorfer Halden bei Görlitz war bereits nach vierzehn Jahren das Gräser- und Staudenstadium durchlaufen und das Vorwald-Stadium erreicht. Wolfram Dunger konnte beobachten, wie dort ein mesophiler[7], also klimatisch gemäßigter, Mischwald aufzuwachsen begann. Sein Fazit:

> *»Diese Standorte erscheinen vegetationskundlich stabil und bei standortsgerechter Nutzung ertragssicher. Es bilden sich frische, schwach humose tätige Böden.«*[8]

Ertragssicher sind diese Standorte allerdings nur für die Forstwirtschaft. Und die darf dann erst einmal sechzig Jahre warten, bis die erste Birke oder Wildkirsche schlagreif ist. Und dann noch einmal so lange, bis die erste Roteiche, und noch einmal so lange, bis die erste Buche gefällt werden kann. Und das auch nur, wenn die Bäume normal wachsen und nicht durch schlechte Bedingungen behindert werden, was bei den von Wolfram Dunger untersuchten Halden umfangreiche und sehr aufwendige Rekultivierungs- und Bodenverbesserungsmaßnahmen sicherstellen sollte.

Mit den dort aufgeschütteten Kulturböden, die vor dem Braunkohleabbau anderswo abgeräumt worden waren, wurde auch das Bodenleben eingebracht. Es musste nicht erst zuwandern, wie im Versuchsgebiet Hühnerwasser. Allerdings registrierte Wolfram Dunger auch, dass nur ganz wenige Regenwürmer die ersten Jahre auf der Halde überlebten. Ganz selten fand er in den Senken des von den Absetzern wellig aufgeschütteten Gebiets einzelne lebende Exemplare. Erst nach fünf Jahren und genügend Streubildung durch die gepflanzten Stauden und Bäume konnten die Regenwürmer eine zusammenhängende Population bilden.

Was diese Regenwurmpopulation für den Boden bedeutet, hat Wolfram Dunger gemessen, und zwar am Stoffumsatz im Boden, also der Zersetzung der Auflage an totem organischem Material. In den ersten Jahren produzierten die Regenwürmer nur ein Prozent des gesamten Stoffumsatzes im Boden. Dieser Anteil steigerte sich dann, als die Population wuchs, auf 64 Prozent im siebten Jahr. Im zehnten Jahr waren es schließlich 91 Prozent des Umsatzes an organischem Material auf und im Boden, der auf die Regenwürmer zurückging.[9]

Das aber auch nur da, wo die Schüttsubstrate aus der jüngeren Erdvergangenheit stammten. Auf den tertiären Rohböden hielten sich zwar einige Regenwürmer im darüber aufgeschütteten Kulturboden. Sie konnten sich aber auch nach fünfzehn Jahren noch nicht zu einer stabilen Population ausbreiten. Da auch hier die Gleichung gilt – viele Regenwürmer, guter Boden –, ist's ein schlechter, ein armer Boden, und das bleibt er auch. Bis dieser Boden alle seine Funktionen wieder erfüllen kann, Wasser speichern, Wasser abgeben, Wasser filtern, Grundwasser schützen, Kohlenstoff speichern, Temperatur ausgleichen und schließlich einen Überschuss an Biomasse produzieren, von dem andere leben können, wird es sehr lange dauern. An landwirtschaftliche Produktion ist auf diesen Hinterlassenschaften der Braunkohlestromer nicht mehr zu denken, zumindest wenn man die Zeit in menschlichen Maßstäben misst.

Unten ohne

Ohne funktionierende Böden wird es schwer mit dem Überleben all derer, die auf und von den Böden leben, uns Menschen eingeschlossen. Das Ökosystem Boden und seine »Dienstleistungen« sind für uns unverzichtbar. Andererseits brauchen wir heute gar keinen lebendigen Boden mehr, um bestimmte Nutzpflanzen aufzuziehen. Was nichts Neues ist. Die Hydrokultur ist sogar schon sehr alt, so alt nämlich wie die Aufklärung. Die ersten Berichte über bodenlose Pflanzenaufzucht stammen aus dem Nachlass eines Wegbereiters der Aufklärung: vom englischen Philosophen und Staatsmann Francis Bacon.[10] Mit Salat, einigen Gemüsearten und Kräutern funktioniert die Aufzucht sehr gut direkt in einer Nährlösung oder auf irgendeinem neutralen Substrat, in dem sich die Wurzeln festhalten können, wenn die Pflanzen nur ausreichend mit Wasser, Nährstoffen und Licht versorgt sind. Viele erfolgreiche Gewächshäuser zeigen das, wenn auch das dort gezogene Gemüse noch immer die Tendenz hat, besonders fad zu schmecken. So wie die sprichwörtliche holländische Tomate: die cleverste Art, rotes Wasser zu verkaufen. Aber das muss nicht so bleiben. Es gibt auch andere Möglichkeiten. Und es gibt besonders gelungene Entwicklungen, die sogar mit Wissenschafts- und Nachhaltigkeitspreisen ausgezeichnet sind.

Das markanteste Beispiel dürfte der »Tomatenfisch« sein. So hat das IGB, das Leibniz-Institut für Gewässerökologie und Binnenfischerei in Berlin, sein Projekt genannt. Die Forscher entwickelten ein Gewächshaus, in dem sie Fische und Tomaten gleichzeitig aufziehen können. Ein großes Problem der weltweit wachsenden Aquakultur, also der Zucht von ehemals wildlebenden Fischen oder Muscheln, ist der Abfall. Fische verschmutzen das Wasser, in dem sie leben, mit ihrem Kot sehr stark. In der Aquakultur muss deshalb ständig Frischwasser zugeführt werden. Geschieht dies nur unzureichend, werden die Fische krank und müssen mit Medikamenten behandelt werden. Das Abwasser ist stark belastet und ein Entsorgungsproblem. Die Kehrseite der aufblühenden Aquakultur-Industrie sind Berichte von überdüngten und mit Medikamenten verseuchten Buchten, in denen Lachse in schwimmenden Käfigen im Meer gemästet werden, und von erbärmlich verschmutzten, stinkenden Aquakulturen in Fernost. Entsprechend belastet sind dann auch die Fische, die uns als scheinbar besonders gesundes Lebensmittel angeboten werden, mit dessen Kauf wir angeblich auch noch den Wildbestand schonen. Was nicht der Fall ist, denn gefüttert werden die Zuchtfische üblicherweise mit Pellets aus gepresstem Fischmehl und Fischöl. Und das wiederum stammt häufig aus dem Wildfang von kleinen Schwarmfischen wie Sardinen.

In der Natur, wo die Fische niemals so gedrängt zusammengepfercht sind wie in den Aquafarmen, übernehmen Wasserpflanzen die Reinigung der Gewässer. Für sie enthalten die Ausscheidungen der Fische Nährstoffe, spätestens nach Aufbereitung durch Mikroorganismen. Dieses Prinzip machten sich die Entwickler des Tomatenfisch-Projektes zunutze. Sie bauten eine fast gänzlich geschlossene Kreislaufanlage aus Aquakultur und Hydroponik, also Pflanzenzucht ohne Erde. Aus diesen beiden Begriffen setzt sich dann das relativ neue Kunstwort für derlei Projekte zusammen: Aquaponik.

Einer der Forscher aus dem Team beim Institut für Gewässerökologie und Binnenfischerei in Berlin hatte Erfahrung mit einer solchen Anlage. Er hatte schon einmal so etwas gebaut – in der DDR. Damals funktionierte das System, wurde dann aber doch wieder eingestellt, weil das Geld fehlte zum Weiterforschen. Aus dem DDR-Projekt stammte dann aber die pfiffige und verblüffend einfache Idee für die Verbindung der beiden Kreisläufe von Fischkultur und Pflanzenzucht: das Einweg-Ventil von der Aquakultur zur Hydroponik.

Beim IGB entschieden sich die Forscher für die Tomate als Gemüse, weil die in Deutschland sehr beliebt ist. Und beim Fisch entschieden sie sich für eine der Tilapia-Arten, also einen afrikanischen Buntbarsch.

Bei Ökologen, Evolutionsbiologen und umweltbewussten Fischkäufern hat der Tilapia eigentlich einen sehr schlechten Ruf. Sein Name ist verbunden mit einer durch Fischzucht entstandenen Umweltkatastrophe im ostafrikanischen Viktoriasee zwischen Uganda, Kenia und Tansania. Dort wurden in den 1960er-Jahren Tilapia aus dem Nil nördlich des Sees eingesetzt. Zuvor war der riesengroß werdende und entsprechend gefräßige Nilbarsch nie über die Katarakte nach Süden in den höher liegenden Viktoriasee vorgedrungen. Dort lebten stattdessen gut 250 andere Barscharten, die sich an sämtliche Lebensräume des großen Sees angepasst hatten. Ein Freilandlabor der Evolution; nirgendwo sonst auf der Welt haben sich Barsche dermaßen vielfältig entwickelt. Inzwischen sind viele Arten ausgestorben. Verdrängt durch den Nilbarsch, der bis nach Europa als Viktoriabarsch vermarktet wird.

Für die Entwickler des Tomatenfisch-Projektes war eine andere Art Tilapia dennoch erste Wahl, weil er ein Allesfresser ist und man ihn also nicht mit Fischmehl-Pellets aus zerriebenen Wildfängen füttern muss. Er kann auch als Vegetarier aufwachsen. Außerdem lieben die Fische als gebürtige Afrikaner die Wärme, genauso wie die aus Südamerika stammende Tomate. Schon deshalb passen die beiden gut zusammen in ein Gewächshaus. Darin gibt es dann einen Aquakultur-Kreislauf und einen Hydroponik-Kreislauf; verbunden sind die beiden durch das schon zu DDR-Zeiten ausprobierte Ventil. Das lässt Wasser aus den Fischtanks in die Hydrokultur laufen. Bevor das Wasser zu den Pflanzen gelangt, wird es von Schwebstoffen gereinigt und dann das Ammonium aus den Kiemen der Fische von Mikroorganismen in pflanzenverwertbares Nitrat umgebaut. Damit werden dann die in Fließkanälen auf Mineralwolle wurzelnden Tomaten versorgt. Das Wasser, das die Tomaten verdunsten, wird an der Gewächshausdecke an sogenannten Kühlfallen kondensiert und von dort als Frischwasser wieder den Fischen zugeführt. Die gleichmäßige Wärme kommt von einer Wärmepumpe im Boden, die Energie von einer Photovoltaikanlage auf dem Dach.

Die Kreislaufwirtschaft wäre perfekt, müsste nicht doch ab und zu ein wenig Frischwasser zugesetzt werden und gäbe es eine preiswerte Lösung für Recycling-Fischfutter. Die Lösung gibt es eigentlich schon, allerdings extern: eine Mischung aus auf Bioabfall gezüchteten Fliegenlarven und vegetarischer Kost. Diese Art Fischfutter ist aber noch sehr teuer.

Inzwischen macht der Tomatenfisch international Karriere. Die Europäische Union hat die Förderung übernommen und weitere größere Pilotanlagen in Deutschland, Belgien und Spanien entwickeln lassen – und eine Anlage mit Muschelzucht statt Fischen in China.

Hochhausgemüse

Weit größer, deutlich teurer und ebenso deutlich weniger umweltfreundlich sind die in New York, Dubai oder Singapur an den Start gegangenen Gemüsehochhäuser. Vertical Farming nennt sich der Trend. Das New Yorker Start-up AeroFarms will zwölf Stockwerke Pflanzenschalen übereinander türmen, alle versorgt mit Wachstum förderndem LED-Licht und natürlich mit Wasser und Nährstoffen. In Singapur wird schon vertikal produziert, derzeit achtzig Tonnen Gemüse im Jahr. Hört sich viel an, ist aber lächerlich wenig, 0,15 Prozent der notwendigen Menge für den Stadtstaat –, und dazu viel zu teuer, weil mit künstlichem Licht, Ventilation, Pumpen, Nährstoff- und Wasseraufbereitung eine äußerst energieaufwendige Veranstaltung. Das Deutsche Zentrum für Luft- und Raumfahrt, DLR, hat auch ein Gemüsehochhaus entworfen und errechnet, dass sich darin in einem Jahr über sechzig Tonnen Salat und fast einhundert Tonnen Gemüse züchten ließen. Natürlich haben die potenziellen Raumfahrer an so etwas Interesse. Ein Flug zum Mars dauert schließlich und die Crew will versorgt sein. Klingt gut, nur dass die fiktive Farm der Raumfahrer auf der Erde eine sehr teure Sache ist. Das von der DLR entworfene Gemüsehochhaus würde 400 000 Kilowattstunden Strom im Jahr benötigen, also für deutlich über zehn Millionen Euro Energie verbrauchen.

Das Münchner Start-up Agrilution hat Vertical Farming für jedermann entwickelt. Im Smartphone gesteuerten Plantcube wachsen Kräuter und Gemüse mit LED beleuchtet in der eigenen Küche. Das kühlschrankgroße zweistöckige Gerät kostet allerdings so viel wie eine mittlere Küche bei Ikea. Und auch der schwedische Möbelkonzern ist dabei. Ein dänisches Designerbüro hat für ihn einen Indoor-Garten entwickelt, zum Selberbauen versteht sich. Anleitung aus dem Internet, Zuschnitt des Holzes an der CAD-gesteuerten Fräse des befreundeten Schreiners oder gleich per Ausdruck aus dem 3-D-Drucker. Hat ja jeder in naher Zukunft um die Ecke. Zusammensetzen und fertig; und du weißt, du bist die Spitze der Bewegung. Auch hier müssen allerdings Wasser und Licht zugeführt werden. Geschlossene Systeme sind das nicht, aber trendy sind sie.

Nur, den Boden ersetzen sie nicht! Bestenfalls sind sie ein Ernährungstrend, der etwas von der Sehnsucht der Städter nach Land und nach selbstbestimmter Ernährung befriedigen kann.

Und die Sehnsucht der Spekulanten und der Verwalter der staatlichen Fördertöpfe nach Start-ups.

Tod auf dem Acker

Also zurück auf den Acker, wo die sogenannte moderne Landwirtschaft dem Boden auf mannigfaltige Weise das Leben schwer macht. In den am Ende fast drei Jahren, in denen ich »meinen« Acker regelmäßig besucht habe, wurde ihm fast alles angetan, was diese Art der Landwirtschaft zu bieten hat.

Der Oberboden wurde mit dem Pflug gewendet. Dabei wird die gesamte Sphäre des Edaphons auf den Kopf gestellt. Es hat sich ein Jahr lang aufgebaut. Seit der letzten Pflugattacke hat es sich von oben nach unten strukturiert. Ganz oben auf dem Boden die Organismen der Streuschicht, so es eine solche Streu auf dem Acker überhaupt gibt. Mikroorganismen, Pilze, Doppelfüßer, Asseln, Schnecken, Käfer – sie leben vom Gestorbenen oder Vorverdauten, von abgestorbenen Pflanzenteilen, welken Blättern und Gräsern, aber auch von tierischen Ausscheidungen, Stallmist, so solcher noch ausgebracht wird, oder von toten Tieren. Ihre Arbeit ist das erste Zersetzen. Dann folgen die Organismen des Oberbodens, die das organische Material weiter zersetzen und in den Boden schaffen oder die Mikroorganismen und Pilze abweiden, die darauf leben: Hornmilben, Springschwänze, Regenwürmer.

Und wenn dies alles in schönster Ordnung gemeinsam wirtschaftet und Fruchtbarkeit schafft, dann kommt der Pflug und dreht das ganze gewachsene Gefüge um. Die Mikroorganismen und Tiere sind danach genau da, wo sie nicht sein wollen und nicht leben können. Und manches organische Material ist dann auch da, wo es nichts zu suchen hat. Frische Blattabfälle zum

Beispiel, Erntereste, die noch nicht welk und vorverrottet sind, befinden sich jetzt unter der Erde. Dort gibt es nur niemanden, der damit etwas anfangen kann. So kommt es, dass untergepflügte »Gründüngung« eben genau das nicht ist, weil das frische organische Material da unten nichts düngt. Man kann es im nächsten Jahr, wenn der Pflug wiederkommt, fast genauso wieder an die Oberfläche befördern, wie es zuvor in den Boden eingearbeitet wurde.

Die Tätigkeit der Myriaden von Erst- und Folgezersetzern im Boden ist arbeitsteilig aufgeteilt und in der Vertikalen geordnet. Sie verläuft von oben nach unten, und der Pflug zerstört diese Ordnung jedes Jahr aufs Neue. Die Bodenorganismen, die den Umsturz überleben, müssen sich danach erst einmal neu sortieren. Und die an der Oberfläche Wirkenden finden danach erst einmal nichts mehr zu fressen. Der Pflug und die nach ihm folgende Egge, die den Ackerboden zum Säen bereiten, damit wir Menschen und unsere Tiere und Biogasanlagen gefüttert werden können, bringt für die Bodentiere erst einmal eine Hungersnot.

Natürlich wissen Agrarwissenschaftler das, weshalb einige von ihnen seit Jahren versuchen, den Landwirten die pfluglose Bodenbearbeitung näherzubringen. Einige Institute beschäftigen sich damit; spezielle pfluglose Bodenbearbeitungstechniken wurden entwickelt, Internetseiten informieren darüber, Landmaschinenhersteller haben spezielle Geräte dafür gebaut. Die Gesellschaft für konservierende Bodenbearbeitung propagiert das pfluglose Ackern seit über zwanzig Jahren, noch länger gibt es eine Fachzeitschrift zum Thema, die heute LOP heißt, was für »Landwirtschaft ohne Pflug« steht. Neuerdings hat LOP einen Ableger namens »Lumbrico«, deutliche Anspielung auf den wissenschaftlichen Familiennamen der Regenwürmer: *Lumbricidae*. Diese Fachzeitschrift kümmert sich um den »konservierenden Ökolandbau«, die pfluglose Biolandwirtschaft.[11] Es gibt also konventionell arbeitende Landwirte, die auf den Pflug verzichten, ebenso wie Biobauern.

Was die beiden unterscheidet, ist das letzte Mittel, das dann zum Einsatz kommt, wenn die sogenannten Wurzelunkräuter wie Quecke oder Ackerdistel sich ausbreiten oder das Keimen von Ausfallsamen überhandnimmt, also die Frucht erneut aufgeht, die eigentlich schon abgeerntet war, weil der Mähdrescher Körner verloren hat. Die Ökobauern müssen dann noch eine mechanische Bodenbearbeitung folgen lassen, mit den Zinken der Grubber[12] die Wurzeln der Quecke unter der Erde abschneiden oder mit der Fräse wenige Zentimeter des Oberbodens durchhäckseln. Und vielleicht sogar beides, also zweimal zusätzlich auf den Acker fahren und aufwendig bearbeiten. Die konventionellen Landwirte haben es da einfacher: Sie fahren einmal mit der Feldspritze drüber und »spritzen den Acker tot«. So nennen das die Landwirte selbst, wenn sie Tabula rasa machen und in kurzer Zeit das Grün in welkes Braun oder lebloses Gelb verwandeln.

Die Biobauern wollen und können das nicht. Für sie ist die Giftspritze tabu, und entsprechend wird gerade im Biolandbau noch viel gepflügt und also das Bodenleben geschädigt. So steht in der Studie zu einem von der Deutschen Bundesstiftung Umwelt als Projekt geförderten ökologischen Anbauversuch des Göttinger Instituts für Zuckerrübenforschung:

> *»Als Grundbodenbearbeitung wird im ökologischen Landbau in der Regel krumentief gepflügt. Primäre Ziele sind dabei die Unkrautregulierung, die Einarbeitung organischer Substanz und das Anregen der Mineralisation. Ohne wendende Bodenbearbeitung kommt es insbesondere zu einer Zunahme ausdauernder Unkräuter, sodass pfluglose Verfahren unter ökologischen Anbaubedingungen nur selten möglich sind und besonders hohe Ansprüche an die Anbautechnik stellen. Po-*

sitive Wirkungen eines Pflugverzichtes – höherer Humusgehalt, höhere Mikroorganismenaktivität, höhere Regenwurmdichte – stehen im Konflikt zu den genannten primären Zielen und müssen diesen gegenüber nachrangig bleiben. Dies gilt insbesondere für die als konkurrenzschwach gegenüber Unkräutern einzustufende Zuckerrübe.«[13]

Wir wissen das wohl, dass der Pflug das Bodenleben schädigt, sagen uns und den Biobauern die Autoren der Studie, aber es steht unseren Zielen entgegen. Warum soll dann aber, als eines der primären Ziele, organische Substanz in den Boden eingearbeitet werden, wenn diejenigen, die diese Substanz zu Humus umbauen können und damit die Bodenfruchtbarkeit inklusive Wasserhaushalt verbessern, gleichzeitig nicht so wichtig sind? Keine Antwort. Es wird weiter gepflügt.

Und das, obwohl die pfluglose Bodenbearbeitung nun wirklich keine Neuerung der letzten Jahre ist. Wolfram Dunger stellt das in seinem Buch über die Bodenfauna als neue Entwicklung dar, aber das Buch ist in seiner ersten Auflage auch bereits Anfang der 1960er-Jahre erschienen. Dennoch kann der Bodenzoologe schon Untersuchungsergebnisse zitieren, die die Zunahme der Artenvielfalt und Individuenzahl im Boden dokumentieren.

Seit 1963 breitet sich in der Praxis eine pfluglose Kultur in Form der Direkteinsaat von Wintergetreide immer weiter aus. (…) Das Getreide wird zeitiger als gewöhnlich mit einem Spezialdrill in einen flachen Erdschlitz gebracht. Entscheidend für den Erfolg ist hier die volle Aktivität der Bodenfauna, besonders der Regenwürmer, um die Böden locker und in guter Struktur zu erhalten und das Wurzelwachstum zu sichern. (…) Im Vergleich zu normal gepflügten Böden erhöhen sich die Besatzdichten von Milben, Collembolen, Diplopoden und anderen Makroarthropoden ebenso wie die der Lumbriciden, von denen Tiefgräber wie Lumbricus terrestris besonders gefördert werden.«[14]

Glyphosat erspart das Pflügen und jede mechanische Unkrautbekämpfung. Es gilt deshalb als bodenschonend und sogar als Schutzmittel für das Bodenleben. In den meisten Veröffentlichungen werden die Spritzmittel, die den Wirkstoff beinhalten, auch noch als Pflanzenschutzmittel bezeichnet, obwohl Glyphosat genau das nicht ist. Der von der heutigen Bayer-Tochter Monsanto 1974 in einer Mischung namens Roundup auf den Markt gebrachte Stoff mit der chemischen Summenformel $C_3H_8NO_5P$ ist ein Totalherbizid, also ein Pflanzenvernichtungsmittel. Nach der Spritztour mit dem glyphosathaltigen Mittel hat der Landwirt alles pflanzliche Leben auf seinem Acker getötet. Also auch den Anteil der Pflanzen am Edaphon, die Algen und Flechten auf und in dem Oberboden zum Beispiel. Schon das ist nicht ohne für die Gesamtheit des Bodenlebens, denn allein die winzigen Algen können in einem Hektar Boden schon eine Tonne Lebendgewicht ausmachen.

Erster Anlauf

Und was ist, wenn die Bodenflora schon mal vernichtet ist, dann mit der angeblich geschonten Bodenfauna wirklich los, wenn das Totalherbizid eingesetzt wird? Um das herauszufinden, hat Johann G. Zaller, Professor für Ökologie am Institut für Zoologie der Wiener BOKU, der Universität für Bodenkultur, mit einer kleinen Forschungsgruppe mehrere Experimente durchgeführt.

Im ersten Versuchsaufbau ging es darum zu prüfen, ob Glyphosat Einfluss auf die Mykorrhiza-Pilze hat, die in Symbiose mit Pflanzenwurzeln leben und die Pflanze aktiv mit Nährstoffen versorgen. Die Mykorrhiza der Pilze ist ein feines, weit reichendes Netzwerk, das von den Pflanzenwurzeln ausgehend den Boden durchdringt und Nährstoffe heranholt, die die Pflanze mit ihren Wurzeln sonst gar nicht erreichen und auch nicht alleine aufschließen könnte. Die Pflanze bedankt sich bei den Pilzen im Gegenzug mit Nährstoffen, die wiederum nur sie durch die Fotosynthese herstellen kann. Pflanzen mit guter Mykorrhizierung, also einem großen Pilznetzwerk an den Füßen, sind kräftiger, weniger anfällig für Krankheiten und können Trockenzeiten besser überstehen.

Gleichzeitig sollte das Experiment prüfen, ob es eine Wirkung des Pflanzenvernichtungsmittels auf Regenwürmer gibt. Es wurden also zwei Arten von Lebewesen untersucht, die mit dem Totalherbizid nicht erreicht werden sollen, die im Gegenteil nach Aussage der Hersteller sogar geschont werden, weil der Pflug sie ja nicht behelligen muss. Als Drittes wollten die Wissenschaftler wissen, was mit dem Wirkstoff auf dem Acker geschieht, nachdem er seine Vernichtungsarbeit getan hat. Angeblich lagert sich das Glyphosat an die Bodenkrume an und wird vom Regen deshalb nicht fortgespült, kann also anderswo keinen Schaden anrichten. Auch diese Aussage der Hersteller von Agrarchemie wollten die Wissenschaftler um Johann Zaller überprüfen.

In großen Pflanzkübeln wurden auf gesiebter Ackererde vom Versuchsgut der Universität in einem Gewächshaus Wildkräuter gezogen und Tauwürmer ausgesetzt. Als sich das alles gut entwickelt hatte, kam die Giftspritze zum Einsatz, mit einem der üblichen, noch immer im Baumarkt erhältlichen glyphosathaltigen Unkrautvernichter. Das Ergebnis war, wie erwartet, dass die Pflanzen abstarben. In seinem später entstandenen populärwissenschaftlichen Buch über die Pestizide und ihre Wirkungen fasst Johann Zaller zusammen:

> *»Unsere Resultate zeigten, dass das verwendete Herbizid deutliche Effekte auf die Bodenorganismen hatte. Regenwürmer*

waren tendenziell dicker und weniger aktiv. Die Mykorrhizierung von Pflanzenwurzeln und Boden fast um die Hälfte verringert. Weiters konnten wir feststellen, dass nach einem simulierten Starkregen von vierzig Litern pro Quadratmeter eine große Menge des Herbizids ausgewaschen wurde. Bedenkt man, dass mit dem Klimawandel eine Zunahme von Starkregenereignissen zu erwarten ist, könnte dies zu einem erhöhten Pestizideintrag in benachbarte Gewässer oder ins Grundwasser führen.«[15]

Johann Zaller und seine Arbeitsgruppe haben ihre ersten wissenschaftlichen Untersuchungsergebnisse zur Wirkung des Totalherbizids auf das Bodenleben in einem Fachjournal publiziert[16] und damit einige Wellen geschlagen. Das hat sie ermuntert, gleich weiter zu forschen. Bei der zweiten Versuchsanordnung unter den gleichen Voraussetzungen haben sie sich auf die Regenwürmer konzentriert und eine zweite Art hinzugenommen. Neben dem Tauwurm *Lumbricus terrestris* lebte nun auch der Kleine Wiesenwurm *Aporrectodea caliginosa* in den Pflanzkübeln. Und diese beiden Arten wurden dann intensiver untersucht.

»Das Ergebnis war, dass nach der Herbizidbehandlung die Aktivität der Regenwürmer drastisch reduziert war und die Regenwürmer nur mehr halb so viele Nachkommen hatten. Dies war nun wirklich ein Befund mit weitreichenden Konsequenzen für die Bodengesundheit und Bodenfruchtbarkeit.«

Nebenbei stellten die Wiener Bodenforscher auch noch fest, dass sich nach dem Einsatz von Glyphosat die Menge an Phosphor und Nitrat im Boden drastisch erhöhte. Eigentlich logisch, weil die Pflanzen, die diese Nährstoffe sonst aufnehmen, ja plötzlich nicht mehr da waren. Was heißt, dass die zu hohe Nitratbelastung in unseren Gewässern nicht nur vom übermäßigen Düngen mit Gülle stammen muss. Das Abtöten sämtlicher Pflanzen auf einem Acker hat denselben Effekt. Auch von Äckern, die mit Totalherbiziden gespritzt wurden, kann der nächste Regen Nitrat in die Gewässer waschen.

Johann Zallers Fazit der beiden Untersuchungsreihen, die er mit Kolleginnen und Kollegen an der Wiener Universität für Bodenkultur durchgeführt hat:

> *»Diese gravierenden Auswirkungen haben uns überrascht, und man fragt sich, wieso derartige, recht einfache, Untersuchungen nicht schon längst im Zuge der Registrierung der Pestizide durchgeführt wurden.«*[17]

Zur Erinnerung: Die Studien von Zaller und Kolleginnen wurden 2014 und 2015 veröffentlicht. Monsanto brachte Glyphosat in seinem in den USA patentierten Mittel Roundup ab 1974 in den Verkehr. Seitdem ist Glyphosat zum »erfolgreichsten Pflanzenschutzmittel der Welt« avanciert. So nennt das Mittel die Kleffmann Group, ein im Agrarmarkt weltweit tätiges Marktforschungs- und Consultingunternehmen aus dem westfälischen Lüdinghausen, in einer Studie über »Die wirtschaftliche Bedeutung von Glyphosat in Deutschland«. In der beschreiben die Autoren auch den Aufstieg des Wirkstoffs Glyphosat:

> *»Nachdem es ursprünglich darauf abzielte aufkeimende Unkräuter in Stoppelfeldern zu bekämpfen, wurde es später auch zur Sikkation vor der Ernte eingesetzt. Seit diesen Anfängen hat sich Glyphosat nicht nur zu dem weitverbreitetsten Herbizid der Welt entwickelt, sondern auch die landwirtschaftliche Produktion an sich grundlegend beeinflusst, indem es etwa die Verbreitung der pfluglosen Bodenbearbeitung gefördert, sowie im Zusammenspiel mit dem Anbau gentechnisch veränderter Kulturen, die Landwirtschaftsindustrie nachhaltig verändert*

hat. Dies hat dazu geführt, dass die weltweit abgesetzte Menge in den letzten Jahren stetig gestiegen ist.«[18]

Gleich mehrere semantische Nebelkerzen werden hier abgebrannt. Die erste ist die Bezeichnung des Totalherbizids als Pflanzenschutzmittel. Was der Begriff Pflanzenschutz in der Beschreibung eines Mittels zu suchen hat, welches schlicht alles pflanzliche Leben tötet, lässt sich sprachlich nicht erklären. Wohl aber politisch. Das Wort Schutz ist positiv besetzt und nicht mit Tod und Vernichtung assoziiert. Die zweite Nebelkerze ist der Begriff Sikkation, was übersetzt schlicht Austrocknung heißt. Gemeint ist aber, dass lebendige Kulturpflanzen auf einem Acker totgespritzt werden, damit der Landwirt den Zeitpunkt der Ernte bestimmen kann und nicht mehr die Natur der Pflanze den Reifezeitpunkt festsetzt. Was bedeutet, dass unsere Lebensmittel kurz vor der Ernte noch einmal mit Agrarchemie vergiftet werden. Und die dritte Nebelkerze ist mal wieder der Begriff Nachhaltigkeit, der wiederum positiv besetzt ist, zumal in Deutschland, weil verbunden mit der Forstwirtschaft und dem ewigen Wald, der niemals stirbt, weil der Förster immer für Nachwuchs sorgt. Natürlich hat Glyphosat die Landwirtschaft sehr stark beeinflusst, aber nicht im Sinne der Nachhaltigkeit, was Ressourcenschutz bedeuten würde, sondern in der gegenteiligen Richtung.

Wer die Ergebnisse der Wiener Untersuchungen zur Wirkung von glyphosathaltigen Spritzmitteln kennt, den lassen die Zahlen zum Verkauf und weltweiten Einsatz aufschrecken: Im Jahr 2015 wurden Spritzmittel mit Glyphosat im Handelswert von über sechs Milliarden US-Dollar verkauft. Für diese Summe wurden weltweit über 850 000 Tonnen des Mittels auf eine Gesamtfläche von 400 Millionen Hektar Land ausgebracht, neunzig Prozent davon landwirtschaftlich genutzt. Eine Relativierung sei hier angebracht, auch die kommt wieder von der Kleffmann Group:

»Um die Größenordnung dieser Zahlen besser zu verstehen, muss man wissen, dass die gesamte landwirtschaftlich genutzte Fläche innerhalb der Europäischen Union mit 178 Millionen Hektar lediglich der Hälfte der globalen mit Glyphosat behandelten Fläche entspricht.[19]

Was will uns das sagen? Die Welt ist deutlich größer als Europa, also ist das doch gar nicht so viel? Das Wörtchen lediglich deutet darauf hin. Oder wir sollen denken: Es geht noch viel mehr? Ganz abgesehen davon, dass zur Hälfte der mit Glyphosat behandelten Fläche weltweit noch 22 Millionen europäische Hektar fehlen. Aber wir wollen nicht kleinlich sein. Ich runde solche Zahlen auch gerne, wenn auch nicht in diesen Größenordnungen.

Was nach der Veröffentlichung der Untersuchungsergebnisse der Wiener Universität für Bodenkultur geschah, war das übliche Hickhack, aus dem sich die Wissenschaftler damals komplett heraushielten. Die österreichische Umweltorganisation Global 2000 stellte die Studie in einer eigenen Pressekonferenz vor, zu der Johann Zaller mit Bedacht nicht ging. Dennoch wurde seine Studie von der Industrie Gruppe Pflanzenschutz, einer Lobby-Organisation der Agrochemieindustrie in Österreich, der Unwissenschaftlichkeit geziehen und gleich ganz der Umweltorganisation Global 2000 zugeordnet und nicht der Universität. Johann Zaller fasst zusammen:

»Als Neuling in diesem Fachbereich war ich derartige Angriffe nicht gewohnt. Im Normalfall melden sich höchstens Fachkollegen innerhalb des akademischen Glashauses zu einer wissenschaftlichen Publikation, aber keine Lobbyorganisationen. Mittlerweile ist mir klar, dass diese Attacken zur Methode gehören und damit kritische Wissenschaftler verunsichert werden sollen.«[20]

Der Hauptvorwurf der Lobby-Organisation: Zallers Arbeitsgruppe habe mit überhöhten Dosierungen gearbeitet, die Ergebnisse seien also verfälscht. Es focht die Lobbyisten nicht an, dass die Dosierung in der Arbeit dokumentiert war. Es gab zwei Dosierungsvorgaben in der Bedienungsanleitung des Herbizids. Die eine war flächenbezogen und bei dem normalen ungleichmäßigen Aufwuchs der unerwünschten Pflanzen auf dem Acker sehr ungenau. Die andere bezog sich auf den Einsatz pro Pflanze. Kann ein Landwirt wissen, wie viele Pflanzenindividuen er genau auf seinem Acker stehen hat, wenn er sie nicht einmal selbst gesät hat, sondern es sich um unerwünschten Aufwuchs handelt? Wohl eher nicht. Aber die Wissenschaftler wussten sehr genau, wie viele Pflanzen sie in ihren Kübeln aufgezogen hatten, und konnten sich damit, anders als ein Landwirt, sehr genau an die differenziertere pflanzenbezogene Einsatzmenge des Mittels halten.

Ähnlich steht es um andere Versuche, die Studien der Wiener in Misskredit zu bringen. Bis hin zu einem Blog aus den USA, der mit Mitteln der Agrochemieindustrie finanziert wird und die österreichischen Studien als Beispiel für »Bad-Science« darstellte. Ganz in Trump'scher Manier.

Das alles, um ein Gift zu beschützen, das zwar immer noch viel Geld verdient und immer noch auf weitere Äcker in der Welt expandieren könnte, wenn es sich denn die Bauern, die dort ackern, leisten könnten, dessen Zeit aber dennoch abzulaufen scheint. Was Monsanto nämlich mit seinen Genpflanzen gemacht hat, ihnen eine Resistenz gegen das eigene Gift einzubauen, auf dass sie als einzige Pflanze übrig bleiben, wenn Glyphosat auf den Acker regnet, das kann die Natur auch. Nach einer 2014 veröffentlichten Studie gibt es in Deutschland inzwischen über dreißig sogenannte »Superweeds«.[21] Das sind resistente Wildpflanzen, die eine Dusche mit Glyphosat oder auch anderen Herbiziden ohne große Probleme überstehen. In den USA ist die Zahl der resistenten Wildpflanzenarten nach der von den Grünen im

Europaparlament beauftragten Studie von sechzig im Jahr 1995 auf heute fast 150 gestiegen. Das US-Landwirtschaftsministerium spricht abweichend von vierzehn resistenten Wildpflanzen, die sich allerdings auf fast dreißig Millionen Hektar Ackerland ausgebreitet haben. Die Folge sind gravierende Ernteausfälle bei den Farmern. Das nächste Totalherbizid muss dann wohl giftiger sein, als es die heutigen Mittel sind, oder andere Wirkstoffe enthalten, deren Nebenwirkungen wir noch nicht einmal ahnen können. Wenn es nach den Agrochemiekonzernen geht, dreht sich diese Spirale immer weiter; von ihnen wird das Umdenken nicht kommen. Aber vielleicht hilft ja die Wissenschaft.

Zweiter Anlauf

Nach der Auseinandersetzung über die Wirkungen von Glyphosat auf das Bodenleben begab sich die Forschergruppe um Johann Zaller noch einmal motivierter zurück ins Glashaus der Wiener Universität für Bodenkultur, um sich an das nächste Problem zu machen: Neonicotinoide. Das sind die Insektizide, die für die allgemeine Dezimierung der Insekten mit verantwortlich gemacht werden und insbesondere für das Bienensterben. Sie heißen vorne Neo, weil es natürliches Nikotin gibt, das von Pflanzen hergestellt wird, wie jeder Raucher weiß. Nikotin wird aber auch von anderen Pflanzen als Abwehrstoff gegen Fressfeinde verwendet, nicht nur von der Tabakpflanze selbst.

Die Neonicotinoide sind künstliche chemische Nachbauten des Nikotins. Sie gehören zu den wichtigsten Insektiziden und werden sehr häufig schon am Saatgut angewendet. Damit startet die Pflanze gleich vor beißenden und saugenden Insekten geschützt in ihr Leben auf dem Acker. Damit ist das Mittel aber auch im Boden, und das über Jahre, denn Neonicotinoide werden nur sehr langsam abgebaut. Auch in der Pflanze werden sie übrigens nur sehr langsam abgebaut, weshalb sie wohl nicht nur an den Samen, sondern auch in den geernteten Körnern sein dürften, die zu unseren Lebensmitteln verarbeitet werden. Wenn die Samen mit Agrochemie gebeizt werden, dann meist mit einem Mix aus Mitteln: Fungizide gegen Pilzbefall, Insektizide gegen Insektenfraß. Wenn die Insektizide zu den sogenannten Neonics gehören, dann handelt es sich dabei um hochwirksame Gifte. Empfindliche Regenwurmarten sterben bei zwei bis vier Milligramm Neonicotinoid pro Kilogramm Boden.

> *»Subletale Effekte, das heißt solche, die nicht unmittelbar zum Tod führen, treten bereits bei Konzentrationen zwischen einem halben und einem Milligramm pro Kilogramm Boden auf.«*[22]

Wieder wollten die Wiener Wissenschaftler wissen, wie das Bodenleben mit der Agrochemie umgeht, die in diesem Fall nicht aufgespritzt wird, sondern mit dem Saatgut direkt in den Oberboden gelegt wird. Und was geschieht, wenn zu diesem Cocktail dann auch noch ein Herbizid wie Glyphosat kommt. Diesmal säten sie handelsüblichen gebeizten Weizen und zur Kontrolle in separaten Behältern auch unbehandeltes Saatgut. Und sie untersuchten wieder die Wirkung auf Regenwürmer, diesmal aber auch auf Springschwänze, jene Sechsfüßer, die zu der großen Gruppe der Zersetzer von organischem Material im Boden gehören. Während die Regenwürmer relativ unbeeindruckt waren von den wenigen gebeizten Saatkörnern, die in den Boden der kleinen Versuchsflächen passten, reagierten die Springschwänze selbst bei diesen minimalen Giftkonzentrationen panisch. Sie flohen vor den Körnern im Boden nach oben und sammelten sich an der Oberfläche, wo sie in diesem Fall nicht hingehören. Entsprechend stockte der Prozess des Ab- und Umbaus von organischem Material im Boden. Humus entsteht auf diese Weise nicht mehr.

Kam zum Pestizidcocktail aus der Samenbeize später noch ein Herbizid wie Glyphosat hinzu, verstärkte sich die Wirkung deutlich. Und wurde in einem zweiten Durchgang, also im nächsten Jahr, wieder gebeiztes Saatkorn gesät, verstärkte sich der negative Effekt noch einmal. Womit zumindest nachgewiesen ist, dass es Auswirkungen für das Bodenleben gibt und dass es auch die sogenannte Cocktail-Wirkung gibt, obwohl auch bei den hier eingesetzten Mitteln die Bodenorganismen angeblich wieder nicht geschädigt werden sollen. Und obwohl die Agrochemieindustrie immer die leichte und schnelle Abbaubarkeit ihrer Mittel betont. Das Fazit Johann Zallers zu dieser Art Chemie:

> *»Die Halbwertszeit für Neonicotinoide im Boden beträgt bis zu 7000 Tage. Das bedeutet dann auch, dass damit ein hohes Auswaschungspotenzial ins Grundwasser oder in Oberflächenwässer einhergeht. Obwohl Neonics erst seit zirka zwanzig Jahren im Einsatz sind, wurden sie mittlerweile in der Umwelt auf dem ganzen Globus gefunden. Wieder einmal wird durch klare wissenschaftliche Belege am Mythos gekratzt, wonach neuere Pestizide wesentlich besser abbaubar sind als die alten.«*[23]

Angesichts dieser Erkenntnisse gewinnt ein Nebenaspekt der Behandlung der Saatkörner mit Agrargiften eine größere Bedeutung: Es handelt sich dabei gar nicht um die Bekämpfung realer Krankheiten oder realer Angriffe von Insekten. Das Beizen ist rein präventiv. Keiner der konventionell wirtschaftenden Landwirte weiß, wenn er die mit Gift präparierten Körner ausbringt, ob die Probleme, die damit abgewehrt werden sollen, überhaupt auftreten würden, wenn die Saat unbehandelt wäre. Sicher bewirkt werden nur die Probleme, die mit dieser Form der Abwehr imaginierter potenzieller Kalamitäten auftreten. Die Verbindung von pflugloser Bodenbearbeitung mit konventioneller Landwirtschaft und dem Einsatz von Totalherbiziden schädigt das Bodenleben. Wenn dann auch noch mit Agrochemie gebeizte Samen eingesetzt werden, kommt es ganz dick für das Edaphon. So viel wissen wir jetzt.

Sisyphos

Was folgt daraus? Bislang nicht viel. Ein paar wenige Neonicotinoide sind in der Europäischen Union verboten worden. Das Ende von Glyphosat wird diskutiert. Die Hersteller der Agrargifte prophezeien für diesen Fall den Einsatz härterer Mittel, die noch nicht verboten sind, mit mehr Haupt- und Nebenwirkungen. In den USA ist das schon der Fall. Nicht weil dort Glyphosat verboten wäre, sondern weil es zunehmende Resistenzen gegen das Mittel gibt. Nicht alle unerwünschten Beikräuter lassen sich damit noch ausrotten. Die Evolution findet Wege, das Leben am Gift vorbei zu entwickeln. Der Sieg der menschlichen Vernichtungsstrategen ist immer nur ein temporärer. Dann müssen die Hersteller der Gifte nachlegen und die nächste Stufe der Vernichtungsleiter nehmen. Das würden sie natürlich bestreiten, weil sie ja mit ihren Giften bisher angeblich immer subtiler geworden seien und immer weniger Wirkstoff bräuchten, um ihre Ziele zu erreichen. Bis zu dem in den USA bereits überschrittenen Zeitpunkt, an dem die »Gegner« nachrüsten, sprich immun werden. Dumm ist nur, dass wir Menschen uns evolutionär nicht ganz so schnell anpassen können, weil unser Generations- und damit auch Mutationsdurchlauf deutlich langsamer ist als der der Organismen, die wir mit der Agrochemie bekämpfen. Was bedeutet, dass unsere Gifte in unseren Körpern viel länger Zeit haben, ihre Wirkung zu entfalten. Wenn Glyphosat doch krebserregend ist, wie die Weltgesundheitsorganisation annimmt, dann werden zuerst die Landwirte an Krebs sterben, die es angewendet haben. Und das ist auch der Fall, wie erfolgreiche Prozesse krebskranker Landwirte gegen Monsanto in den USA zeigen. »Die Dosis macht das Gift«, hat Paracelsus gesagt.

Was bei den Feldzügen der Agrarindustrie zusätzlich immer auf der Strecke bleibt, sind die Ressourcen, von denen wir leben. Und die sind nicht industriell gefertigt, sondern natürlichen Ursprungs. Die wichtigste Ressource für uns auf dem Land lebende Wesen ist der Boden. Er speichert und filtert uns das Wasser, er nährt uns die Pflanzen, die anderen Tiere und uns selbst. Er schafft den Ausgleich zwischen Himmel und Erde. Und das kann er nur, weil er belebt, weil er lebendig ist.

Deshalb richtet sich alles, was sich gegen das Bodenleben richtet, direkt gegen uns. Es ist, als würden wir uns selbst vergiften, trockenlegen, umwenden. In Abwandlung des Sprichwortes und ohne dass es ums Geld geht, können wir uns deshalb einfach merken: Wer den Boden nicht ehrt, ist die Zukunft nicht wert!

Deshalb brauchen wir den Regenwurm als »Storch des Bodens«. Wir müssen ihn zum Zeigertier machen, zur charismatischen Art, die uns hilft, den Boden zu retten. Und es ist wie beim Storch und den Auen: Wir retten die Biotope, die biologische Vielfalt und auch den fruchtbaren Boden für uns, nicht für die Tiere, die wir vorgeben retten zu wollen. Aber selbst wenn wir das wissen, brauchen wir die charismatischen Tiere. Sich nur für Lebensräume einzusetzen, schon gar für unterirdische, die man eigentlich gar nicht sieht, ist uns Menschen letztlich zu abstrakt. Wir können zwar abstrakt denken und uns alles Mögliche und auch manches Unmögliche vorstellen, das bewegt aber erstmal nur den Kopf und noch lange nicht Herz und Hand. Also muss ein Zeigertier her, wenn der Boden unter unseren Füßen gerettet werden soll. Nico Eisenhauer schlägt für die Rolle des Zeigertiers auch den Regenwurm vor, und zwar konkret *Lumbricus terrestris*: »Unser Tauwurm ist das Paradebeispiel für ein Bodenlebewesen, das jeder kennt. Er ist relativ groß und relativ charismatisch für einen Regenwurm.« Den nehmen wir! Und verhelfen dann der alten Bauernweisheit wieder zum Durchbruch: viele Regenwürmer – guter Boden!

Selbst ist der Wurm

Es sind viele, und sie sind keine Würmer. Sie sind weiß oder eigentlich etwas durchsichtig und sehen aus wie große Insekten. Aber nicht gefährlich, eher niedlich. Als ich einen anfassen will, springt er fort. Er schnellt empor, rückwärts, dreht sich im Flug um sich selbst, macht einen Salto und ist in der nächsten Sekunde weit entfernt gelandet. Possierliche Tierchen, die sich aber offenbar nicht streicheln lassen wollen: Springschwänze. Sie heißen so, weil sie an der Bauchseite eine Sprunggabel tragen, die sie bei Gefahr auslösen können. Die Gabel klappt auf den Boden und katapultiert das langschwänzige Tierchen rückwärts davon. Zwischen den Springschwänzen laufen einige rötlich gepanzerte Hornmilben, die sich von meiner Annäherung gänzlich unbeeindruckt zeigen. Und auch eine größere Raubmilbe ist da auf Jagd. Und im Gang weiter hinten ziemlich weiße, ziemlich lange Würmer in den Wänden: Nematoden?

Ich bin geschrumpft worden, sodass ich in einen Regenwurmgang passe. Aber so klein kann ich auch wieder nicht sein, sonst hätten mir schon die Springschwänze einen Schrecken eingejagt. Die weißen Würmer müssen Enchyträen sein, gehören zu den Ringelwürmern, wie die Regenwürmer. Weiß oder durchsichtig auch sie, weil sie dauerhaft in der Erde leben.

Alles Tiere in einer akzeptablen Größe, kleiner jedenfalls als eine Maus, vielleicht halb so groß, sodass mir sogar die Fangarme der Raubmilbe nicht wirklich gefährlich erscheinen. Aber wie groß sind diese Tierchen wirklich? Springschwänze zwischen 0,1 und zehn Millimeter. Die weißen Verwandten der Regenwürmer fünf bis dreißig Millimeter lang. Hier schlängeln sie sich deutlich sichtbar vor mir herum. Wie klein muss also ich geworden sein, wenn sie mir in Mausgröße erscheinen?

Deutlich größer und schon deswegen weniger freundlich ist dann der vielbeinige Kerl, der jetzt in den Gang vordringt, in dem ich mich befinde. Er ist mit einem hellroten Panzer gewappnet, flach und langgestreckt. Ein schier unendliches Tier. Gleich wird sein Vorderteil hier angekommen sein, während sein Schwanz noch weit entfernt ist. Am breiten Kopf trägt er scharfe Zangen, die in meine Richtung zeigen. Eindeutig ein Raubtier. In letzter Sekunde trete ich beiseite, hinter einen kleinen Wall in der Höhle – und er rennt tatsächlich vorbei.

Ich befinde mich unter der Erde in einem engen, unübersichtlichen Gewirr von Gängen und Hohlräumen, die sich als Sackgassen erweisen. Meine Schrumpfung auf die Größe einer – ja was? Vielleicht einer Assel? Sie ging schnell und schmerzlos vonstatten. In Sekundenschnelle war ich unten. Ich bin geschrumpft wie der Däumling im Märchen. Wie groß ist eine Assel? Anderthalb Zentimeter lang vielleicht. Wie groß ist der gemeine Regenwurm *Lumbricus terrestris*, der Tauwurm? Im Mittel wahrscheinlich so um die fünfzehn bis zwanzig Zentimeter lang und einen halben im Durchmesser. Ich bin offenbar deutlich kleiner, denn ich befinde mich in der wohl verlassenen oder, klarer gesagt, hoffentlich verlassenen Wohnröhre eines solchen Regenwurms, muss aber nicht kriechen. Ich kann stehen wie ein Mensch und mich frei bewegen. Nur dass ich ein sehr, sehr kleiner Mensch geworden bin. Alles um mich herum, von dem ich weiß, dass es eigentlich winzig ist, weil ich es bislang nur unter dem Mikroskop oder in Zeichnungen sehen konnte, ist groß geworden, teilweise bedrohlich groß. Wobei, die Springschwänze und Hornmilben sind jetzt auch nicht riesig. Also habe ich vielleicht Glück gehabt, bin doch nicht ganz so winzig, und der Bauherr dieser Höhle hat hier ein sehr breites und hohes Wohnzimmer angelegt.

Es ist dennoch eine auf den ersten Blick beklemmende Welt, die ich da betreten habe. Eine Welt aus Höhlen und Gängen, aber ohne Ausgang. Obwohl es mindestens einen geben muss, wenn der Regenwurm, der hier gegraben hat, wirklich ein Tauwurm war. Dann hat er mindestens einen Ausgang nach oben, um von dort die welken Blätter und abgestorbenen Gräser herunterzuziehen in seine Welt. Und wenn er den nicht verstopft hat, kann ich raus aus der dunklen Unterwelt.

Und tatsächlich finde ich das Loch, stecke den Kopf hinaus und befinde mich in der Streu. Da sind die welken Blätter über mir und neben mir, eines so groß wie ein ausgewachsener Esstisch. Und auch die welken Blätter und abgestorbenen Gräser sind bewohnt. Es kriecht und läuft um mich herum, Kugelspringer, dunkel gefärbte Springschwänze mit rundem Körper, die in der Streu leben, Asseln und Doppelfüßer. Und über meinem Kopf erheben sich gewaltige Pilze.

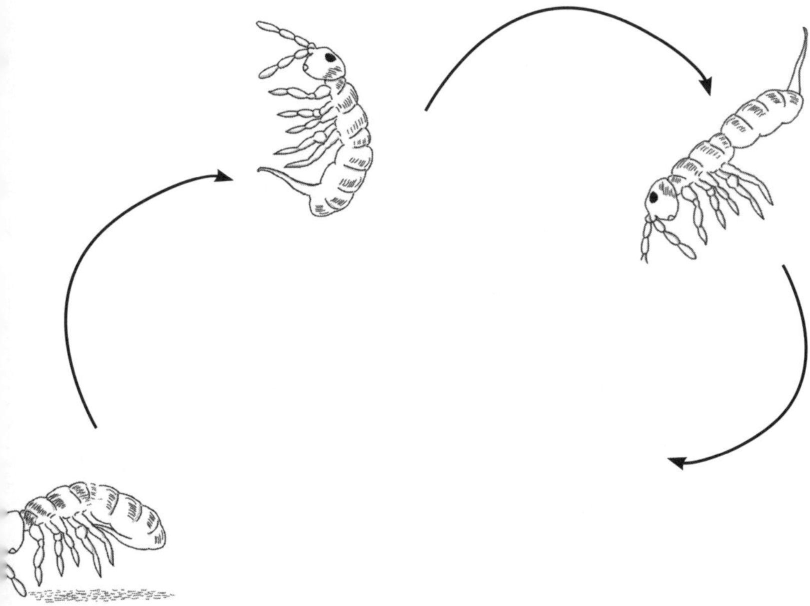

Die Springschwänze (0,1 bis 17 Millimeter groß) tragen unter dem Hinterleib eine Sprunggabel (Furca), die sie bei Gefahr blitzartig ausklappen. Dadurch katapultieren sie sich nach hinten und vollführen einen Salto, mit dem sie bis zu zwanzig Zentimeter weit fliegen können.

Und dann tippt mir Jens Wesenberg auf die Schulter. Ich bleibe stehen, und er nimmt mir behutsam die VR-Brille vom Kopf. Der Herr über die virtuelle Unterwelt des Senckenberg Museums Görlitz entwirrt die Kabel und befreit mich von dem Joystick. Mit diesem Steuerungsgerät in der Hand kann man durch die Unterwelt navigieren. Jetzt stehen wir nurmehr neben einem rollbaren Serverschrank in einem Vortragsraum des Museums und könnten uns höchstens noch vor dem ausgestopften Bären erschrecken, der aufgerichtet hinter uns wartet.

Eindrucksvoll sind die virtuellen Welten, die die Görlitzer Bodenforscher gebaut haben und die zusammen mit einer Ausstellung[24] durch die Museen der Republik wandern. Und es stimmt: Die Regenwurmhöhle unter der virtuellen Erdoberfläche ist eigentlich zu groß. So groß, dass die Besucher möglichst keine klaustrophobischen Anfälle erleiden, wenn sie die Brille aufsetzen und sich in die Welt der Bodentiere begeben. Zum Größenvergleich ist in einem Gang ein in den Boden geratener, halb vergrabener Eurocent eingebaut. Gegen die Beklemmung gibt es auch eine Navigation durch das unterirdische Labyrinth, sie ist eingeblendet ins Gesichtsfeld, wie die modernsten Navigationsgeräte das können. Die Besucher der virtuellen Unterwelt sollen sich ja nicht fürchten, sondern interessieren. Das ist das, was die Görlitzer Bodenforscher mit den Mitteln moderner Museumspädagogik erreichen wollen. An ihnen jedenfalls liegt es nicht, wenn sich die Menschen zu wenig kümmern um das Leben unter unseren Füßen, ohne dass es das auf dem Boden darüber gar nicht geben könnte.

Wurmolution

Und wenn wir nun schon im Museum sind, in einem zumal, das sich auch um die Geschichte der Böden kümmert, dann schauen wir doch mal, wie alles so kam, wie es heute geworden ist. Wie kam zum Beispiel unsere Zeigerart, der Regenwurm, in den Erdboden. Das war nicht sein ursprünglicher Lebensraum, auch wenn die Bibel ihren Gott »alles Gewürm des Erdbodens« erschaffen lässt. Das Gewürm, das heute Regenwurm heißt, kam aus dem Ozean, wo auch noch nahe Verwandte leben. Wie jeder Nordseetourist bei der ersten Wanderung auf dem trocken gefallenen Meeresgrund erklärt bekommt, wenn der Wattführer mit der Grabgabel einen Wattwurm[25] zutage fördert.

> *»Vor etwa 200 Millionen Jahren startete eine Gruppe von Würmern den Versuch, sich in neuen Lebens- und Nahrungsräumen anzusiedeln. Die Tiere verließen das Wasser und ›betraten‹ das Land. Welch ein Unterfangen! Blind und taub, wie sie schon damals waren, der Austrocknung ausgesetzt, da ihr Hautmuskelschlauch für Wasser durchlässig ist, von dem ultravioletten Anteil des Sonnenlichts bedroht, der in ihrem Körper ein Gift erzeugt, das sie tötet, ohne Zähne, um eventuelle Nahrungsteilchen abbeißen zu können, ohne Beine, um nahrungsarme Gegenden verlassen zu können – so machten sie sich auf den Weg.«*[26]

Schöne Geschichte, die uns die Biologin Ursula Meinhardt da in einem klassischen Kosmos-Büchlein aus dem Jahr 1986 über die Regenwürmer erzählt. So könnte es doch gewesen sein. Da verabredet sich eine Gruppe von tauben und stummen Würmern zum gemeinsamen Eroberungsfeldzug. Taffe kleine Gestalten, denen wir – 200 Millionen Jahre später – Respekt zollen müssen. Allein, bei aller Liebe zum Regenwurm und aller Hochachtung vor seinen Fähigkeiten: Dass sich eine Gruppe von Ringelwürmern aus eigenem Entschluss aufgemacht haben soll, das Land zu erobern, ist eher unwahrscheinlich. Die Evolution bildet keine Landungstruppen aus und verabredet keine Feldzüge. Schon Aristoteles hat festgestellt, was später in Latein zum geflügelten

Wort wurde: »Natura non facit saltum«, die Natur macht keine Sprünge. Auch nicht den Sprung wasserlebender Würmer an Land, schon gar nicht als Verabredung des Expeditionscorps der Würmer, das sich aufmacht, um deren nächste Entwicklungsstufe zu erreichen.

Der Biologe und Wissenschaftstheoretiker Franz M. Wuketits sagt es in seinem Buch *Die Entwicklung des Lebens* so:

> *»Die Evolution kennt keine Absichten und Ziele, und es ist kein Gesetz auszumachen, das eine Höherentwicklung automatisch erzwingt. Schließlich wäre es völlig verfehlt, Organismenarten als ›besser‹ oder ›schlechter‹ zu bewerten. Was in der Evolution zählt, ist das genetische Überleben – und dazu sind, wie jeder beobachten kann, ›primitive‹ Regenwürmer genauso geeignet wie komplexe Säugetiere.«*[27]

Mag es also eher ein zurückgehender Wasserspiegel gewesen sein, der einige Vorfahren der heutigen Ringelwürmer in der Randzone der Urmeere dazu veranlasste, sich anzupassen und das Leben im eher Trockenen auf sich zu nehmen. So wie der Wattwurm nicht mehr ganz im Wasser lebt, sondern sich mit der Feuchtigkeit begnügt, die zurückbleibt, wenn die Nordsee alle sechs Stunden ihr Wasser fortzieht, so dürfte es auch Lebensräume gegeben haben, die langsam immer trockener wurden. Langsam genug, dass sich die Vorfahren unserer heutigen Regenwürmer anpassen und von Wasserwürmern zu Erdwürmern werden konnten.

Auch ohne Expeditionscorps und Eroberungsabsichten sind die *Lumbricidae* eine beeindruckende Gruppe von Lebewesen. Ohne unser Zeigertier gäbe es sicher auch fruchtbaren Boden, aber sehr wahrscheinlich nicht so viel davon. Und der Umsatz von organischen Stoffen pflanzlichen oder tierischen Ursprungs wäre sehr viel langsamer.

Regenwürmer sind der Turbo der Humusbildung. Das lässt sich sehr anschaulich am Schicksal nordamerikanischer Zuckerahornwälder beobachten. Dort gab es ursprünglich keine Regenwürmer, bis sie eingeschleppt wurden, höchstwahrscheinlich von Anglern, die sie von Wurmzüchtern gekauft hatten. In Anglerläden und im Internet kann man die Würmer bestellen, nicht nur den Kompostwurm für den Garten, sondern eben auch einige Regenwurmarten. In Anglershops werden sie regelrecht angepriesen:

> *»Viele Fische lieben den Regenwurm als Nahrung. Beispielsweise Raubfische wie Barsch und Forelle. Aber auch die Friedfische, wie Karpfen, Rotfedern, Rotaugen und Brassen beißen sehr gerne auf den Regenwurm. Das sind genügend Gründe um das Angeln auf Regenwurm einmal zu probieren.«*[28]

Die Internetseite Angelprofi.org erklärt dann auch noch sehr genau, wie man den Wurm »richtig anködert«, also so an den Angelhaken spießt, dass er nicht gleich stirbt, sondern sich noch möglichst lange windet und die Fische zum Anbeißen reizt. Einige der in Nordamerika von Anglern gekauften Regenwürmer müssen dem Tod am Haken allerdings entkommen sein oder am Ende des Tages von den Anglern einfach ausgesetzt worden sein, denn sie breiteten sich offenbar von Angelstellen aus kriechend und wühlend in den Wald aus.

Dummerweise ist der von den Gärtnern geliebte Regenwurm in weiten Teilen Nordamerikas aber ein Neozoon, also ein tierischer Einwanderer. Und dazu ein sehr aktiver, der zu großen Veränderungen der Situation im und auf dem Boden fähig ist. Seit 2016 ist nun klar, dass tatsächlich die europäischen Regenwürmer in Nordamerika für den Rückgang und die Verarmung der dort heimischen Pflanzenwelt verantwortlich sind. Forscher um den Leipziger Regenwurmprofessor Nico Eisenhauer vom iDiv, dem Deutschen Zentrum für integrative Biodiversitätsforschung, haben, zusammen mit nordamerikanischen Kolleginnen, alle Studien ausgewertet, die es zu diesem Thema bis dahin gab, und dann noch eine eigene begonnen.

Im kanadischen Wald haben sie ein Versuchsgebiet eingerichtet, in dem sie die Wirkung der europäischen Regenwürmer auf die dortige Vegetation beobachten können, ohne dass die Würmer aus den Untersuchungszonen ausbrechen können. Zehn quadratische Versuchsflächen haben sie mit im Boden versenkten Metallplatten abgesichert und darin Regenwürmer ausgesetzt. Zehn weitere Versuchsflächen sind ebenso abgesichert, aber frei von Regenwürmern.

Die Ökosysteme in Nordamerika sind ohne Regenwürmer entstanden. Das liegt daran, dass der ganze Norden des Subkontinents, anders als Europa und Asien, während der letzten Eiszeit weitgehend unter einem riesigen Eispanzer lag. Als die Eiszeit vor rund 12000 Jahren dann zu Ende ging, waren die Regenwürmer unter dem Eis längst ausgestorben. Also entwickelten sich die Wälder und Savannen ohne Regenwurm. Das bedeutete auch, dass die Streuauflage auf den Böden viel langsamer in Humus umgebaut wurde als in Europa und dass sich am Waldboden eine üppige niedrige bis halbhohe Vegetation entwickelte, die in dieser Streuschicht aufwuchs.

Dann importierten neu angekommene Siedler, die in ihren Gärten nicht ohne Regenwurm wirtschaften wollten, die Wühler aus der europäischen Heimat. Das dürfte lange her sein und hat zu keinen großen Veränderungen geführt, da die Regenwürmer wohl in den Gärten blieben, weil sie dort bestens versorgt waren, und da der Weg in die Wälder des Nordens weit war. Dann aber kamen die nordamerikanischen Angler auf den Dreh mit dem Wurm als Köder und verbreiteten die europäischen Regenwürmer entlang der Bachläufe in die Wälder. Und jetzt stellen die iDiv-Forscher fest:

»Nun schiebt sich eine Regenwurm-Invasion wie eine Front mit etwa fünf Metern pro Jahr durch die Wälder und verändert die physikalischen und chemischen Eigenschaften der Böden. Diese werden durchmischt und von Gängen durchzogen. Dadurch wird die Symbiose zwischen Pflanzen und Pilzen (Mykorrhiza) gestört. Die Durchmischung hat auch Auswirkungen auf den pH-Wert: Der in Mitteleuropa am besten bekannte Wurm Lumbricus terrestris zum Beispiel trägt basischen Boden aus tieferen Schichten nach oben. Am Waldboden verschwindet die Laubstreu, da sie von den Würmern gefressen und in Humus umgewandelt wird.«[29]

Viele dort heimische Pflanzen haben es jetzt schwer. Die dicke Streuschicht der Wälder ist plötzlich verschwunden, eingearbeitet in den Boden. Und der ist ebenso plötzlich viel nährstoffreicher geworden, was manchen Pflanzen auch nicht behagt.

Schon seit zwei Jahrzehnten beobachten Förster und Naturschützer den Rückgang des Koboldfarns in den nördlichen Wäldern der USA und in Kanada. Dass die europäischen Regenwürmer daran schuld sein könnten, tauchte aber erst Ende der 1990er-Jahre als Idee auf. »Bis dahin war den meisten nordamerikanischen Waldökologen nicht einmal klar, dass unsere Regenwürmer gar nicht einheimisch sind«, zitiert *Bild der Wissenschaft* die Ökologin Cindy Hale vom Forschungsinstitut für natürliche Ressourcen der University of Minnesota.[30] Und es gibt weitere einheimische Pflanzen, wie die große Trauerglocke, den Teufelskrückstock oder die Waldlilie, die in den von europäischen Regenwürmern besiedelten Wäldern kaum noch vorkommen. Dafür breiten sich jetzt Pflanzen aus, die in dieser Region Exoten sind, aber sehr gut mit Regenwürmern harmonieren, weil sie aus der Heimat der Würmer kommen.

»Auch Gräser wachsen sehr gut in Wäldern mit Regenwürmern. Einerseits können ihre feinen Wurzeln Bodennährstoffe,

besonders Stickstoff, rasch aufnehmen, andererseits sind Gräser tolerant gegenüber Trockenheit im Sommer. Die Regenwürmer fressen aber auch kleine Samen bestimmter Pflanzenarten und nehmen so direkten Einfluss auf die Zusammensetzung der Bodenvegetation. Je mehr Arten von Regenwürmern gemeinsam an einem Standort vorkommen, umso mehr Pflanzen verschwinden, da verschiedene Regenwürmer in unterschiedlichen Bodenschichten leben und sich ihre Effekte somit addieren.«[31]

Aber auch einheimische Pflanzen der nordamerikanischen Wälder profitieren offenbar vom Einsatz der Regenwürmer. Die Balsampappel zum Beispiel wird in Wäldern mit Wurmbefall weniger von Insekten angegriffen, die Zitterpappel dagegen häufiger. Warum das so ist, untersuchen die iDiv-Forscher. Vielleicht kann sich die eine Art durch das erhöhte Nährstoffangebot im Boden besser verteidigen, vermutet Nico Eisenhauer, und die andere schmeckt den Insekten jetzt besser. »Das Ganze kann langfristig massive Folgen haben, die durch den Klimawandel noch verstärkt werden könnten«, sagt er. Welche Folgen das sein werden und ob die »Invasion der Würmer«, wie *Bild der Wissenschaft* den Bericht über diesen Vorgang überschreibt, oder das »Global Worming«, wie *Spektrum der Wissenschaft* titelt, langfristig negative Auswirkungen auf die Wälder Nordamerikas hat, ist noch völlig unklar. Was allerdings an der Geschichte klar geworden ist: welche ungeheure Bedeutung die kleinen Regenwürmer für das große Ganze haben.

Bei uns sind sie die Garanten für die Bodenfruchtbarkeit. Wo sie am Werk sind, geht es voran. Nichts anderes schaffen sie jetzt gerade auch in den Wäldern Nordamerikas, nur dass sie dort reichlich Umbruch in die Botanik bringen. Am Ende müsste dann aber auch dort mehr Kohlenstoff im Boden eingelagert sein und der Humusaufbau zu mehr verfügbaren Nährstoffen geführt haben.

Bisexologie

Dank der »Regenwurm-Invasion« in den USA und Kanada wissen wir nun auch, wie weit und wie schnell eine Population vorankommen kann: fünf Meter im Jahr. Das ist einerseits viel, wenn man die winzige Ausdehnung der Territorien anschaut, die zum Beispiel der Tauwurm beansprucht. In meinem von *Lumbricus terrestris* dicht bewohnten Garten liegen die Ausgangsröhren der Tiefbohrer nur einige Zentimeter, maximal Dezimeter, nebeneinander. »Wie groß die Territorien sind«, sagt Nico Eisenhauer, »hängt von dem Angebot an Streumaterial ab. Wenn sich die anözischen Regenwürmer an der Oberfläche zu nahe kommen, sind da nicht genügend Ressourcen. Dann nehmen sie Abstand voneinander.«

Andererseits sind sie sich in den Zeiten mit viel Nahrungsangebot gerne nah, weil sie dann einen Partner brauchen für die Fortpflanzung. Die könnten sie notfalls auch mit sich selbst bewerkstelligen, denn alle Regenwürmer sind Zwitter, sie haben sowohl männliche als auch weibliche Geschlechtsorgane. Und tatsächlich sind sie auch schon bei der Selbstbefruchtung beobachtet worden. Das ist allerdings eine sehr seltene Ausnahme und wohl ein Phänomen der Gefangenschaft, der Laborbedingungen bei den Wurmforschern, wenn sich absolut kein Partner finden lässt. Ansonsten paaren sie sich miteinander, wobei jeder der beiden Partner danach vom anderen befruchtete Eier in Kokons ablegt, aus denen die Jungen schlüpfen.

Die Tauwürmer, die vor allem nachts oft oberirdisch unterwegs sind, um Streumaterial in ihre Wohnröhren zu bugsieren, finden auch oberirdisch zueinander. Beim Geschlechtsakt selbst legen sie ihre Vorderenden aneinander, wo sie jeweils im zehnten und elften Segment des gegliederten Wurmkörpers Hoden haben und im dreizehnten Segment die Eierstöcke. Mit ihren aneinandergeschmiegten Bauchseiten bilden die beiden Tauwürmer dann einen Kanal, in dem sie die Samenflüssigkeit zu den Samentaschen im zehnten Segment laufen lassen, in denen die fremden Spermien zunächst einmal aufgenommen werden. Dazu liegen die Würmer sehr lange beieinander. Für die Tauwürmer, die das auf der Oberfläche machen, selbst nachts ein Wagnis. Dort oben gibt es zwar keine Maulwürfe, aber auch Igel nehmen gerne Regenwürmer, wenn sie sie finden können. Und Igel sind ebenfalls nachtaktiv.

Wenn die beiden Regenwürmer sich gegenseitig erfolgreich begattet haben oder eigentlich erst einmal nur sich gegenseitig ihre Spermien übergeben haben, dann beginnen sie mit dem Bau der Kokons für die Eiablage. Dazu produzieren sie aus Drüsen ein zähflüssiges, schnell erhärtendes Sekret. Diese Drüsen liegen an einem deutlich sichtbaren Gürtel, dem Clitellum, das die erwachsenen Regenwürmer am vorderen Ende ihres Körpers tragen. Bei der Herstellung der Kokons drehen sich die Regenwürmer um die eigene Achse, um das Sekret gleichmäßig aufzutragen und mehrere Schichten übereinander zu bauen. Der künftige Kokon ist dann erst einmal ein Ring um ihren Körper. Den lassen sie dann zum Kopfende nach vorne gleiten und füllen ihn dabei aus anderen Drüsen mit Eiweiß, der Nahrung für die Brut. Während des weiteren Weges des Kokonrings an ihrem Körper entlang passiert er die Ovarien und wird mit Eiern und aus den Samenbehältern mit Spermien versorgt. Am Kopfende angekommen, ziehen sich die elastischen Kokons über den befruchteten Eiern und der Nährlösung aus Eiweiß zusammen, und die Enden trocknen ein und verschließen sich so. Fertig ist die Bruthöhle für den Nachwuchs. Am Ende überziehen viele Regenwürmer die Kokons noch einmal mit einem Mantel aus ihrem Kot, bestehend aus frischer Erde und unverdautem organischem Material. Einerseits ist das ein zusätzlicher Schutz, sicher auch vor Fressfeinden, die die Kokons so schwerer entdecken können, andererseits ein weiterer Nahrungsvorrat. Wenn die Jungtiere schlüpfen, nach zwei Wochen bei den Kompostwürmern, nach neunzig Tagen beim Tauwurm, finden sie den inzwischen von Mikroorganismen besiedelten Kot der Eltern vor und haben gleich weiteres Eiweiß zum Fressen. Die Kokons werden meist nahe der Oberfläche in der Erde abgelegt, bei manchen Arten auch in der Streuauflage.

Weil sie auf der Erdoberfläche oder in der obersten Schicht des Bodens liegen, können die Kokons auch leicht mal an den Füßen von Tieren oder den Schuhen von Menschen haften bleiben, die dann den Transport in bislang unerschlossene Gebiete übernehmen. Auf diese Weise kann die »Invasion der Würmer« auch mal Sprünge machen. Größere jedenfalls, als wenn die frisch geschlüpften jungen Regenwürmer sich mühsam durch die vorhandene Population schlängeln müssen, um ein eigenes Territorium zu finden.

Wobei schlängeln nicht ganz die richtige Beschreibung für die Fortbewegung der Würmer ist. Eigentlich laufen sie mit Hilfe ihrer Borsten. Mit denen halten sie sich hinten fest, dehnen den Vorderkörper, halten sich vorne fest und ziehen das Hinterteil nach. Und das dann nicht im Schneckentempo, sondern bis-

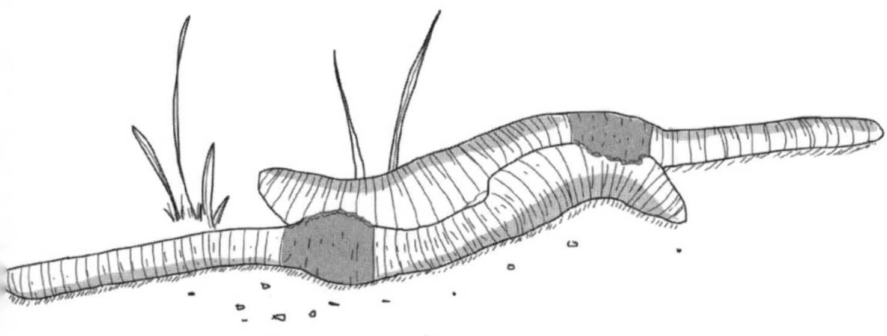

Regenwürmer sind Zwitter, suchen sich aber einen Partner für die Fortpflanzung. Dann legen sie die Vorderenden ihrer Körper aneinander und übergeben sich gegenseitig den Samen.
Die hier gezeigten Tauwürmer machen das oberirdisch, wodurch die langwierige Zeremonie durchaus gefährlich ist.

weilen so rasch und behände, dass man bei Würmern, die sich gestört fühlen, durchaus von regelrechten Fluchtbewegungen sprechen kann. Wer nachts einmal mit der Taschenlampe auf die Suche nach Tauwürmern gegangen ist, weiß, wie schnell sie von der Erdoberfläche verschwinden können.

Bisweilen werden aber auch regelrechte Wurmwanderungen beobachtet. Dann ziehen, meist nach einem kräftigen nächtlichen Regen, viele Regenwürmer gemeinsam über die Erdoberfläche. Sie wandern alle in ein und dieselbe Richtung, als hätten sie ein konkretes Ziel. Vielleicht brechen sie auf, weil sie zu viel Nachwuchs produziert haben und der bisherige Lebensraum sie nicht alle ernähren kann. Aber weshalb wie verabredet alle in die gleiche Richtung? Die Beweggründe für ihre lebensgefährlichen Wanderungen durch die Reviere der Fressfeinde haben sie uns noch nicht mitgeteilt. Vielleicht formieren die Würmer doch Expeditionscorps? Dann aber nicht, um die Evolution anzutreiben, sondern wohl nur, um neue Siedlungsgebiete zu erreichen; vielleicht um dem Populationsdruck einer überbevölkerten Region zu entkommen. Wir wissen es nicht. Wir wissen es nicht, wie so vieles, was sich im Boden und in der Streuschicht zuträgt.

Wissen schafft

»Das ›einförmige Wurmgewimmel‹ im undurchsichtigen, ›schmutzigen‹ Erdboden scheint von sich aus wenig Anziehungskraft auf frühere Zoologengenerationen ausgeübt zu haben. Viel leichter war nach der Entwicklung der optischen Hilfsmittel die ›Wunderwelt im Wassertropfen‹ zugängig. So erhielt die Hydrobiologie von Anfang an eine stärkere Förderung als ihre ›junge Schwester‹, die Bodenbiologie.«[32]

So klagt Wolfram Dunger, der Begründer der Görlitzer Bodenforschung, am Anfang seines Standardwerkes *Tiere im Boden*.[33] Dabei hatte die Entwicklung beider Wissenschaften im Zwanzigsten Jahrhundert ähnliche Hintergründe. Die durch die fortschreitende Industrialisierung immer gravierenderen Probleme der verschmutzten Gewässer und der dadurch begründete Niedergang der Binnenfischerei brauchte eine angewandte Wissenschaft. Ebenso wie die durch den ersten Schub der Umstellung der Landwirtschaft auf »rücksichtslose Monokultur«, wie es Wolfram Dunger nennt, auftretenden Probleme: der Rückgang der Bodenfruchtbarkeit und der zunehmende Schädlingsdruck auf den Äckern. Dennoch ist für viele Jahrzehnte die Bodenforschung eine Domäne von Physikern, Chemikern und Geologen gewesen. Der schottische Agrarwissenschaftler und Insektenforscher Keith Kevan wundert sich noch 1962:

> *»Es ist tatsächlich verblüffend, wie viele Bodenuntersuchungen unter Nichtbeachtung – oder in Unkenntnis – der Existenz von Bodentieren angestellt wurden und werden.«*[34]

Es ist bis heute so, dass ein Gutteil der Bodenforschung nicht von Zoologen, nicht einmal von Biologen durchgeführt wird. Aber inzwischen sicher nicht mehr in Unkenntnis der Existenz des Bodenlebens. In den letzten Jahren hat die Zoologie in der Bodenforschung deutlich an Gewicht gewonnen, auch weil Wolfram Dunger so erfolgreich war beim Ausbau des Naturkundemuseums Görlitz zu einem der wichtigsten Standorte der Bodenzoologie in Europa.

Inzwischen ist die Bodenforschung ein interdisziplinäres Forschungsgebiet geworden. So wie in dem seit 2005 intensiv untersuchten Freilandlabor Hühnerwasser im Lausitzer Braunkohlerevier Hydrologen, Zoologen und Botaniker gemeinsam beobachten, wie neuer Boden entsteht, so gibt es viele mit Forschungsgeldern gestützte Projekte der Zusammenarbeit verschiedener Wissenschaftsgebiete. Schon die Bodenzoologen können sich nicht nur um die Tiere im Boden kümmern, weil das Bodenleben, das Edaphon, ja eben auch aus Pilzen, Pflanzen und Bakterien besteht.

Der größte Forschungsverbund in Sachen Böden ist wohl BonaRes. Das Akronym steht für »Boden als nachhaltige Ressource für die Bioökonomie« und besteht aus einem Zentrum für Bodenforschung zur Steuerung der verschiedenen Projekte und Betreuung der Datenbasis via Internet. Das BonaRes-Zentrum koordiniert zehn Forschungsprojekte, an denen über fünfzig Forschungseinrichtungen in der ganzen Bundesrepublik beteiligt sind. Das BonaRes-Zentrum selbst ist beim Umweltforschungszentrum UFZ in Halle angesiedelt und wird von fünf Projektpartnern getragen, darunter das ZALF, das Zentrum für Agrarlandschaftsforschung in Müncheberg und Senckenberg in Görlitz. Der Internetauftritt erklärt, worum es geht:

> *»Ziel von BonaRes ist es, das wissenschaftliche Verständnis von Bodenökosystemen zu erweitern und die Produktivität der Böden und ihre anderen Funktionen zu verbessern sowie neue Strategien für eine nachhaltige Nutzung und Bewirtschaftung von Böden zu entwickeln.«*[35]

Hier ist der Begriff Nachhaltigkeit ausnahmsweise mal ganz im Sinne des Erfinders angewandt. Es geht tatsächlich darum, die Böden als Ressource und ihre Funktionen, die »Ökosystemdienstleistungen«, zu erhalten. Dazu muss BonaRes erst einmal sammeln, was wir eigentlich wissen über die Böden in Deutschland. So ist das immer, wenn ein Forschungsgebiet lange nicht im Fokus von Öffentlichkeit und Politik war oder gar noch nie, wie im Falle der Bodenforschung. Dann sind üblicherweise auch nur wenig Forschungsgelder geflossen. Entsprechend gibt es die

Forschungsfelder dann nur vereinzelt und nicht koordiniert. Wir wissen dann nicht mehr, was wir eigentlich wissen. Deshalb ist eine der Aufgaben von BonaRes ein Repositorium für Daten aus der Bodenforschung. Das bedeutet schlicht: sammeln, aufbereiten und zur Verfügung stellen.

Die zweite Grundlage für die zukünftige Umsetzung der Forschungsergebnisse in die Praxis der Bodenbearbeitung ist die Modellierung von Bodenfunktionen, denn hier geht es auch um angewandte Wissenschaft. Welche Funktionen erfüllt der Boden – für uns – und was geschieht, wenn er eine davon nicht mehr erfüllen kann? Es geht um Nahrungsmittel und Biomasse, Nährstoffspeicherung und Nährstoffangebot, Wasserreinigung und Wasserspeicherung und letztlich auch um Biodiversität, also biologische Vielfalt und deren Erhalt, auch als Genpool. Und wie können wir abschätzen, was geschieht, wenn nichts geschieht? Wir haben Milliarden in Wettermodelle und Klimamodelle investiert und sind damit immer genauer geworden, erschreckend genau. Die Bodenmodellierung fehlt. Wir stehen drauf, aber wir schauen nicht unter unsere Füße auf das »Wurmgewimmel im schmutzigen Erdboden«, wie Wolfram Dunger den Grund fürs Wegschauen formuliert.

Dabei gibt es schon lange eine sehr gute Bodenforschung sagt Katharina Helming, Professorin für Nachhaltigkeitsbewertung und eine der Koordinatorinnen von BonaRes am Zentrum für Agrarlandschaftsforschung in Müncheberg: »eine sehr gute und kompetitive Bodenforschung«, also eine auf Konkurrenz ausgerichtete, was eine hübsche Umschreibung für fehlende Zusammenarbeit ist. Außerdem sei die Forschung sehr stark wissenschaftlich ausgerichtet, will sagen: nicht genügend praxisorientiert.

Sie macht es am Beispiel Humus fest: Die Forschung ist inzwischen dabei, Humus neu zu definieren. Früher wusste man, dass es Dauerhumus gibt und den sogenannten Nährhumus, der sich schnell wieder abbaut, vor allem wenn man pflügt. Heute geht es darum, welche Bakteriengruppen, welche Virengruppen, welche Pilzgruppen wie an welchem Humusaufbau beteiligt sind. »Wir wollen wissen, wie das genau läuft.« Und dank neuer Untersuchungsmöglichkeiten und immer feinerer Messmethoden wird das auch herausgefunden werden. Währenddessen geht allerdings der Humus auf den Äckern verloren, weil die Praxisorientierung der Forschung viel zu wünschen übrig lässt. Wir wissen am Ende zwar sehr viel genauer, wie Humus entsteht und auch im Boden gehalten werden könnte. Nur hat den Landwirten das in der Zwischenzeit niemand mitgeteilt, weshalb die Äcker zum Reparaturfall geworden sind.

Auch Katharina Helming bestätigt, was vor Jahrzehnten schon Wolfram Dunger beklagte: Der Fokus der Bodenforschung lag lange Zeit auf der Bodenchemie und der Bodenphysik. Da wurden Nährstoffe gemessen und – im Praxisbezug – Düngeempfehlungen gegeben. Da wurde – wieder mit Praxisbezug – der Druck der immer größeren Maschinen gemessen, die Verdichtung, die sich wie eine Zwiebel unter den Reifen ausbreitet, je höher der Druck, desto mehr Zwiebelringe nach unten. Das hat die Maschinen nicht kleiner gemacht. Und was da noch geschieht, außer dass kein Wasser und keine Luft mehr dort unten hinkommen, was mit dem Leben im Boden passiert? Fehlanzeige. Das Edaphon hat die Physiker nicht interessiert, vielleicht kannten sie den Begriff nicht einmal. »Das Problem dabei ist, dass der Boden zunächst mal viel vergibt«, sagt Katharina Helming. Man kann ihm lange mit Maschinen und Pestiziden zu Leibe rücken. Mit Zugabe von mineralischem und organischem Dünger wächst da immer noch was. Bis es dann zu spät ist und die Ernte einbricht. Dann dürfte aber wohl ein Teil des lockeren Oberbodens schon durch Wasser- und Winderosion verloren sein und der Rest bis in die Tiefe verdichtet.

Das ist der Vorgang, den ich aus dem Zugfenster beobachten konnte, auf dem Weg zum ZALF nach Müncheberg in die Brandenburger Sandkiste am Ostrand der Republik in jenem heißen und trockenen Sommer: riesige Staubwolken über den Feldern, wo gerade die Mähdrescher fuhren. »Das ist das, was wir nicht mehr sehen wollen«, sagt Katharina Helming. Sie will zurück zur »intrinsischen Bodenfruchtbarkeit«, also weg vom künstlich hergestellten, durch Mineraldünger und Pestizidgaben gestützten Pflanzenwachstum auf den Äckern. Der Boden soll wieder aus sich selbst heraus fruchtbar sein. Die Hoffnung stirbt zuletzt, sagt das Stichwort, und irrt in diesem Fall. Wenn nämlich zuerst die Ackerböden gestorben sind, brauchen wir uns keine Hoffnung mehr zu machen.

Ostboden

Monika Frielinghaus, emeritierte Professorin, ebenfalls am Zentrum für Agrarlandschaftsforschung in Müncheberg und immer noch aktiv in der Bodenforschung, kann sich an bessere Zeiten der Verbindung von angewandter Forschung für die Landwirtschaft erinnern, an die Zeiten der DDR. Natürlich war es die Not, der Druck, genügend Lebensmittel zu produzieren, der die Bodenforscher in die Praxis einspannte. Schließlich war die Hälfte der Welt vernagelt, Ernteausfälle im Ostblock konnten nicht ausgeglichen werden, einen Weltmarkt gab es nicht.

Gegründet wurde das heutige ZALF 1928 von dem Arzt, Genetiker und dann wohl auch Rassehygieniker Erwin Baur als Kaiser-Wilhelm-Institut für Züchtungsforschung. Er wollte unter den regional harten landwirtschaftlichen Bedingungen widerstandsfähige Nutzpflanzen züchten. In der DDR wurde das Institut dann Zentralforschungsanstalt für Acker- und Pflanzenbau. Die Ausrichtung dieser Zentralforschung war die Praxis auf dem Acker. Die DDR-Führung wollte konkrete Ergebnisse sehen: höhere Bodenfruchtbarkeit und dadurch verbesserte Erträge.

Kunstdünger sollte möglichst vermieden werden, weil zu teuer; zum Teil nur mit Devisen zu bekommen, und die waren knapp.

Die Bodenforscher richteten Langzeitversuche zur Bodengesundheit und Fruchtfolge ein, die zum Teil bis heute fortgeführt werden und gerade in den Fokus des Interesses beim Projekt BonaRes geraten sind. Es gab in der DDR ein spezialisiertes Humus-Institut in Bad Lauchstädt in Sachsen-Anhalt, wo auch heute noch geforscht wird. Für jeden Agrarstandort wurde damals ein Humuslevel festgelegt, mit Ist- und Sollwerten. Alle vier Jahre wurde dann der Humusgehalt der Böden gemessen, und dann war es wie beim Fünfjahresplan der Wirtschaft: »Wehe, du warst unter dem Soll«, sagt Monika Frielinghaus. Das verzieh die Planwirtschaft nicht. »Dann war Nacharbeiten angesagt: Bodenfruchtbarkeit aufbauen, Humusaufbau fördern!«

Leider hat die DDR-Landwirtschaft, die aus wirtschaftlicher Notwendigkeit so sehr auf die natürliche Bodenfruchtbarkeit achten musste, mit der zunehmenden Mechanisierung dann auch Fehler gemacht, die bis heute nachwirken. Die Äcker wurden zusammengelegt, die Schläge immer größer. Zum Teil waren das über hundert Hektar mit einer Frucht, bearbeitet von Traktoren in gestaffelten Reihen von zehn bis zwanzig Fahrzeugen, von Reihen von Mähdreschern oder Rübenerntemaschinen. Kein Baum, kein Strauch, bis zum Horizont. Die Filmbilder davon sind Klassiker der kommunistischen Propaganda. Und die Äcker, falls man das noch so nennen möchte, sind bis heute in ähnlicher Größe geblieben und verursachen die nämlichen Probleme: Grundwasserbelastung, Austrocknung, Erosion, Ende der Biodiversität. Aus ist's mit den meisten »Ökodienstleistungen«, den Funktionen der Böden.

Aber die Hoffnung stirbt ja zuletzt, notfalls auch nach den Böden. Und die Forschung schreitet voran und will dann doch wieder praxisnäher werden, dank BonaRes und ähnlicher Ansätze. Vielleicht schaffen wir es ja bis zum hundertsten Geburtstag von

Raoul Heinrich Francés Initiationsbuch zur Bodenforschung, den Wert der fruchtbaren Böden allen – na sagen wir lieber vielen – bewusst zu machen. »Das Edaphon« wurde 1922 veröffentlicht.

Tiefes Leben

Während wir das Leben direkt unter unseren Füßen agrartechnisch bedrohen, während wir es unter unseren Straßen und unter Fundamenten auf Nimmerwiedersehen begraben, sind wir längst zu ganz neuen Welten aufgebrochen. Die Bodenforscher haben bislang die in ihrer Ausdehnung winzigen belebten Horizonte der Erde über dem Gestein der Erdkruste betrachtet, jene »im Vergleich gar nicht darstellbar dünne Staubschicht« auf dem symbolischen Erdapfel, wie Raoul Heinrich Francé sagte. Jetzt sind andere Forscher unterwegs in die Tiefe – unter all diese Horizonte. Und sie haben dort unten eine ganz andere Form von Leben gefunden.

Auch die steinige Erdkruste tief unter den Böden, von denen wir leben, ist belebt. Die Mikrobiologen, die sich mit Geologen zu einem weltumspannenden Forschungsverbund zusammengeschlossen haben, um den Meeresgrund zu erforschen, sprechen von einer tiefen Biosphäre. Kilometer unter unseren Füßen und unter den Rümpfen unserer Schiffe gibt es Leben. Und wieder sind die Dimensionen gewaltig. Bringt schon das Bodenleben der obersten dreißig Zentimeter Mutterboden verglichen mit dem oberirdischen Leben das Zwanzigfache an Biomasse auf die Waage, so sind die Dimensionen tiefer unten noch gigantischer. Die in der tiefen Biosphäre lebenden Mikroorganismen bringen nach Berechnungen der Wissenschaftler über zwanzig Milliarden Tonnen Biomasse auf die Waage, fast 400-mal mehr als alle Menschen auf der Erde. Der belebte Raum im tiefen Gestein dürfte doppelt so groß sein wie das Volumen aller irdischen Ozeane.

Schon in den 1960er-Jahren sind Bohrkerne untersucht worden, die Schiffe aus der Tiefe unter dem Meeresboden geholt haben. Zumeist waren die Bohrungen von Schiffen der Ölkonzerne durchgeführt worden, aber es gab auch erste wissenschaftliche Missionen. Dann wurde das Joides-Projekt gegründet. Der Name steht für »Joint Oceanographic Institutions for Deep Earth Sampling«. 1985 übernahm die internationale Kooperation ein Bohrschiff vom Ölkonzern British Petroleum. Das BP-Schiff wurde umgetauft in »Joides Resolution«, benannt nach dem Forschungsverbund und dem Pazifik-Expeditionsschiff James Cooks. Das Schiff kann ein Bohrgestänge von über neun Kilometern Länge ausfahren und sich computergesteuert exakt über der Bohrstelle halten. Inzwischen gibt es ein zweites, japanisches Forschungsschiff, das sich auch bei widrigem Wetter und starkem Seegang durch diverse Antriebe fest über der Bohrstelle positioniert.

Immer schon gab es Hinweise auf Leben in der Tiefe, wenn in Bohrkernen oder tiefen Bergwerken danach gesucht wurde. Sehr lange hielten die Wissenschaftler ihre Funde aber für Überreste ehemals oberirdischen Lebens, das im Laufe der Jahrmillionen in die Tiefe eingelagert worden war. Seit die Labor- und die Gentechnik vorangeschritten sind, mehrten sich aber die Vermutungen, dass dort unten tatsächlich aktives Leben zu finden ist. Dann wurde danach gesucht, und es wurde auch gefunden. Lebende Bakterien, Archäen, Eukaryoten, also die ganze Welt der zellularen Lebewesen ist dort vertreten.[36] Und dann begannen die Wissenschaftler auch tiefe Bohrungen an Land.

Bereits wissenschaftlich beschrieben und benannt ist eine Bakterienart, die in fast drei Kilometern Tiefe unter Südafrika gefunden wurde. *Candidatus desulforudis audaxviator* lebt von Wasserstoff und Sulfat. Schließlich gibt es dort unten weder

Licht noch Luft, also auch keinen Sauerstoff, um daraus Energie für das Leben zu saugen. Das Wesen aus der Tiefe hat es bereits in das oberirdische Lexikon geschafft:

> *»Bemerkenswert an diesem Bakterium ist, dass sein Stoffwechsel nicht nur chemotroph, also ohne Sonnenlicht erfolgt, sondern dass als Wasserstoffquelle ebenfalls keinerlei organische Verbindungen benötigt werden. Die Energie (…) erzeugt das Bakterium durch die Reduktion von Sulfat zu Sulfid.«*[37]

Viele der tief unter dem Meeresboden entdeckten Lebewesen scheinen keineswegs aus den Ozeanen irgendwie ins Gestein geraten zu sein. Die Mikroorganismen ähneln eher denen in unseren belebten Mutterböden an der Erdoberfläche. Wo sie bereits wissenschaftlich beschrieben sind, ließen sie sich bekannten Gattungen zuordnen. Deshalb entsteht gerade eine neue Diskussion unter den Wissenschaftlern, die alles bisher als gesichert geltende Wissen über die Entwicklung des Lebens in Frage stellt. Könnte es sein, dass das Leben gar nicht im Wasser entstanden ist, sondern in den bislang als völlig lebensfeindlich geltenden Zonen der Tiefe? Noch ist zudem unklar, wo dieses unterirdische Leben eigentlich endet. Wie tief müssen die Bohrungen hinunterreichen, bis kein Leben mehr gefunden wird? Wie viel Druck und wie viel Hitze aus dem Erdinneren halten die Mikroorganismen eigentlich aus? Eigentlich sollten sie bei Temperaturen über 130 Grad Celsius nicht mehr leben können, weil dann ihre Proteine zerfallen. Aber wo genau ist das?

Nachdem Leben auch in den sogenannten Schwarzen und Weißen Rauchern am Meeresboden gefunden wurde, scheint vieles möglich. Diese Raucher sind die aus mineralischen Ablagerungen gebildeten Schornsteine von Hydrothermalquellen am Boden der Tiefsee, die sehr heißes Wasser aus dem Erdinnern ausstoßen. Und sie bilden Biotope für spezialisierte Bakterien und Archäen, die von Schwefelwasserstoff leben und das infrarote Licht der Wärmequellen für eine besondere Art von Photosynthese nutzen. Um sie herum leben Bartwürmer, Krabben und Seesterne. Auch an der Erdoberfläche sind scheinbar lebensfeindliche Zonen doch bewohnt. Die Görlitzer Bodenzoologen erkunden derzeit sogenannte Mofetten, natürliche Austrittsöffnungen von Kohlendioxid aus unterirdischen Magmakammern. Fast alle oberirdischen Lebewesen, die in die sauerstofffreie Zone geraten, sterben dort. Um die Mofetten herum befinden sich oft kleine Friedhöfe von Insekten und Lurchen. Aber auch diese Kohlendioxidkamine sind belebt. Dort wohnen besonders angepasste, sozusagen mofettophile Arten von Nematoden. Unklar ist noch, wie die Fadenwürmer, die eigentlich Sauerstoff brauchen, mit den sehr geringen Mengen ihres Atemgases dort auskommen und wie sie teilweise völlig sauerstofflose Zeiten an den Mofetten überleben können.

Noch viel weniger als über die Bewohner der Schwarzen und Weißen Raucher am Meeresboden und der Mofetten an der Erdoberfläche wissen wir über das Leben unten in der Erdkruste. »Nach wie vor hat das gegenwärtige Wissen über die tiefe Biosphäre auf einem Stecknadelkopf Platz«, sagt Katrina Edwards, Geomikrobiologin an der University of Southern California in Los Angeles.[38] Derzeitige Schätzungen gehen davon aus, dass knapp ein Drittel der Biomasse aller Mikroben, die die Erde bewohnen, sich dort unten befindet. Wie der von den unterirdischen Lebewesen dort gebundene Kohlenstoff mit dem irdischen Kohlenstoffkreislauf zusammenhängt, ist noch völlig unklar. Auch was das Leben in der Tiefe mit dem Gestein veranstaltet, in dem es sich befindet, ob und wie es seinen Lebensraum gestaltet, muss noch erforscht werden. Dass alles, was dort passiert, sehr langsam vonstattengeht, wissen wir immerhin schon. Der Stoffwechsel der unterirdischen Mikroben funktioniert bis zu zehntausend Mal langsamer als der der oberirdischen Verwandten. Auch deshalb hatten die Forscher wohl frühere Funde für tot gehalten. Die Zellteilung und damit die Vermehrung dürfte bei den Lebewesen in der Tiefe nur alle hundert Jahre stattfinden, vielleicht bei manchen von ihnen unter besonders harten Bedingungen auch nur alle tausend Jahre. Dafür könnten sie aber Millionen Jahre alt werden. Und irgendwann einmal, wenn sich unsere Sonne daranmacht zu verglühen, könnten sie die letzten Überlebenden der Erde sein. Falls sich die Theorie bewahrheitet, dass das Leben nicht aus dem Wasser kam, sondern in einer Art Ursuppe unter der Erdoberfläche entstanden ist, wäre der Zyklus dann geschlossen.

Und der Trost wäre dann, dass das Leben selbst unter den widrigsten Umständen weitergeht. Aber natürlich nicht für uns Menschen. Wir sind nicht so anpassungsfähig wie die Mikroben. Wir sind abhängig von einer ganz bestimmten Konstellation von Bedingungen. Und diese verändern wir derzeit zu unseren Ungunsten. Wir stoßen in unerforschte Gebiete vor, erforschen das Weltall, suchen auf dem Mars nach Spuren von Leben und finden sie Kilometer tief unter unseren Füßen. Aber wir zerstören die uns so nahe liegenden Lebensgrundlagen im Mutterboden, indem wir die einzigartige Kultur, mit der wir unsere Ernährung über Jahrtausende gesichert haben, zur Industrie machen. Wir wissen wenig über das Weltall und fast nichts über die tiefe Biosphäre, aber sehr viel über unsere eigenen Lebensgrundlagen. Und dennoch sind wir dabei, sie zu zerstören. Ein seltsames Phänomen, dieses Handeln wider besseres Wissen. Aber offenbar eine menschliche Konstante, denn die uns bekannte Menschheitsgeschichte kennt viele Beispiel dafür. Dummerweise könnte die Zerstörung der Böden, von denen wir leben, das Letzte in der langen Reihe sein.

3 Ausverkauf

*»Die Kunstdüngung wurde zu einem wesentlichen Bestandteil der ›technischen Perfektion‹. Die Umwandlung eines Bauernhofes in einen ›Industriebetrieb‹ bietet sich von selbst an.**

Hans Peter Rusch

Wachstum und Wahn

Es ist fünf Uhr morgens, und die Melker kommen. Sie fahren mit ihren Autos vor. Stellen sie ab auf dem großen Hof vor den Büros in dem ehemaligen Bauernhaus. Immer schön am Rand, die Traktoren brauchen Platz und der Teleskoplader, mit dem das Futter in die Ställe gebracht wird. Die Sonne ist gerade über den Horizont gekrochen, als sie die Tore aufschieben, hinunter in die Melkgasse gehen und die Maschinen einschalten. Die Kühe warten schon an der Gasse zwischen ihren Laufställen und dem Melkstand.

Ein Arbeiter lässt die erste Gruppe zum Melken laufen, setzt sich auf den kleinen Traktor und fährt hinter den Tieren in den jetzt leeren Stall: Saubermachen, Mist- und Futterreste in den

* Hans Peter Rusch, Arzt und Mikrobiologe, in seinem 1968 erschienen Buch über die »Bodenfruchtbarkeit«. Diese «Studie biologischen Denkens« prägt bis heute die ökologische Landwirtschaft. Auf ihrer Grundlage wurde der Anbauverband Bioland gegründet. »Der Rusch« ist aber auch vielen konventionell arbeitenden Landwirten ein Begriff.

Spaltenboden schieben. Das alte Stroh von den Liegeflächen holen und danach neu einstreuen. Handarbeit. Für jede Kuh gibt es eine Liegebox mit Stroh, der Rest der Böden in den Laufställen ist mit Spalten durchzogener Beton. Durch die Spalten fallen Urin und Kot nach unten in die Güllekanäle. Die Liegeboxen sind genau so lang oder besser kurz, dass die Kühe, wenn sie darin liegen, mit dem Hintern über die Box hängen. So fällt der Kot auch hinter der Liegefläche auf den Spaltenboden. Der Arbeiter kontrolliert die Automatik der Tränken. Er lässt die Bürste kurz rotieren, an der sich die Kühe selbst kratzen und striegeln können. Sie müssen sich nur gegen die schräg stehenden Walzen drücken, schon laufen die Bürsten langsam los. Jetzt noch frisches Futter in die Tröge entlang der Stallgasse schieben: etwas Heu und viel Silage aus Mais und Gras, die ihren säuerlichen Gärgeruch im Stall verbreitet. Dann hinüber zu den Kälbern.

Dreieinhalb Stunden wird das Melken und Saubermachen jetzt dauern. Ein ganz normaler Tag hat begonnen in einem modernen Milchviehbetrieb im Norden Deutschlands.

Südwesthörn, direkt hinter dem Seedeich. Eine Festlandspitze mit Ausflugslokal und Blick auf die Nordseeinseln Föhr und Sylt. Und kurz davor ein großer landwirtschaftlicher Betrieb in fruchtbarem Marschland. Vier langgezogene neue Stallgebäude in Nord-Süd-Ausrichtung mit Solarpanelen auf den Dächern. Eine noch längere Maschinenhalle dahinter. Und ein älteres Gebäude quer davor aus einer Zeit, als man beim Bauen noch nicht an Photovoltaik dachte. HAPE Milch GbR steht auf einem Schild an der Wand.

Hierher bin ich gefahren, um mit dem Bauern über seine Form der industrialisierten Landwirtschaft zu sprechen. Und darüber, was das für ihn, für seine Tiere und für sein Land bedeutet. Hier lässt sich leichter als bei Bodenuntersuchungen feststellen, was die moderne Landwirtschaft mit sich und ihren Ressourcen gemacht hat.

An der Optimierung der Kühe und der Kuhställe ist lange und fleißig gearbeitet worden, bis das Tier und das Stallsystem aufeinander abgestimmt waren. Optimal nicht für die Tiere, auch eher nicht für die Tierhalter, aber für die Milchleistung. Und diese Optimierung ginge, was die Ställe hier in Südwesthörn angeht, noch deutlich weiter. Es gibt hier noch keine automatischen Kraftfutterstationen und keine automatischen Melkstände. Füttern und Melken sind noch maschinengestützte Handarbeit, die aber ist bereits computergesteuert und -überwacht. Der Kuhhirt heißt jetzt Herdenmanager und arbeitet mit einer entsprechenden Software. Die Stalleinrichtung war das Modernste, was auf dem Markt war, als diese Ställe und die Melkanlage gebaut wurden. Jetzt arbeiten über vierhundert Kühe, zwei Familien und sechs Mitarbeiter daran, die Kredite für das Ganze abzuzahlen. Die Photovoltaikanlagen auf den Dächern und die Biogasanlage hinter den Stallungen helfen dabei.

Während im Stall gereinigt wird, warten die Kühe geduldig vor dem Melkstand, bis sie an der Reihe sind. Sie drängeln nicht, sie kennen die Reihenfolge. Es geht streng nach dem Rang jedes Tieres in der Herde. Immer dreißig von ihnen gehen dann in den langgezogenen Melkstand, fünfzehn auf jeder Seite. Zwei Melker, in Gummistiefeln und mit einer langen, gummierten Schürze vor dem Bauch, arbeiten unter den Kühen. Die Mittelgasse des Melkstands liegt tiefer als die Seiten, sodass die Melker an die Euter greifen können, ohne sich bücken zu müssen. Es sind immer dieselben Handgriffe: Euter reinigen mit Eutertuch und warmem Wasser, Melkgeschirr aus der Aufhängung nehmen, Zitzenbecher desinfizieren und nacheinander über die Zitzen der Euter stülpen. Die Melkmaschine läuft selbstständig an und hört auch automatisch auf, wenn keine Milch mehr kommt. Dann fallen die Zitzenbecher vom Euter ab, und die Hydraulik hebt das ganze Melkzeug an das Gestänge, durch das die Milch zur Kühlung fließt, und hängt es wieder auf. Fertig zum Desinfizieren für die nächste Kuh. Die Kühe, die vor Kurzem erst geboren haben, tragen an einem Hinterlauf ein farbiges Band. Das Zeichen für die Melker, dass sie hier die erste Milch für das Kalb abzweigen müssen. Sie wird in einen der bereitstehenden Tränkeimer gefüllt, und ein Arbeiter bringt den nach nebenan in den Kälberstall.

Die abgemolkenen Kühe verlassen den Melkstand und gehen langsam zurück in ihren Laufstall, wo sie das frische Futter vorfinden. Niemand muss sie treiben. Sie machen das ganz alleine. Man könnte fast meinen, sie wollen das so. Aber hier ist niemand selbstbestimmt, weder Kuh noch Kalb noch Mensch. Alles funktioniert, zweckmäßig, reibungslos, tagein, tagaus.

Die Hersteller von Kuhstalleinrichtungen haben sich einiges einfallen lassen, um die Abläufe im Kuhstall so reibungslos wie möglich zu gestalten. Mit Belohnungssystem für Wohlverhalten. So schlägt eine Werbebroschüre des irischen Herstellers Dairymaster vor, mit einer computergesteuerten Fütterung im Melkstand die Kuh zu belohnen und den Melker gleich dazu, weil er dann mehr Milch herausholen kann:

> *»Mit der Dairymaster Lockfütterung wird eine kleine Menge Futter ausgegeben, sobald eine Kuh den Melkstand betritt. Auf diese Weise wird ein schneller Eintrieb unterstützt. Beim Ansetzen des Melkzeugs wird der Rest des für sie vorgesehenen Futters ausgegeben. Auf diese Weise sind die Kühe während des Ansetzens des Melkzeugs in der Regel wesentlich zufriedener und ruhiger. Wissenschaftliche Studien haben außerdem gezeigt, dass ein höherer Oxytocingehalt vorliegt, wenn die Kühe während des Melkens gefüttert werden.«*

Oxytocin ist das Hormon, das die Kuh eigentlich dann produziert, wenn sie mit ihrem Kalb Kontakt hat und das Kalb schließlich an ihrem Euter trinken lässt. Die Ausschüttung des Hormons wird vom Kalb durch das Saugen am Euter unterstützt. Genau das simuliert die Melkmaschine, nur anders als ein Kalb an allen vier Zitzen gleichzeitig. Ohne Oxytocin käme aber aus keiner von ihnen Milch. Ohne das Hormon läuft nichts. Weder bei Kühen noch bei Menschen. Das Hormon fördert auch die soziale Interaktion, es macht die Tiere freundlicher, auch ohne Anwesenheit ihres Kalbs. »Wer melken will, muss füttern«, sagt Dairymaster:

> *»Jede Kuh leistungsgerecht zu füttern, ist jetzt ganz einfach – der Computer berechnet alles für Sie. Das Ergebnis ist mehr Milch und eine bessere Leistung der Kühe, weil jede Kuh ihrem individuellen Energiebedarf entsprechend gefüttert wird. Da das Futter auf den spezifischen Bedarf jeder Kuh zugeschnitten wird, entstehen Ihnen zudem weniger Futterkosten, da kein Futter mehr vergeudet wird.«*[1]

Würde die Kuh nämlich mehr fressen, als sie braucht, um möglichst viel Milch zu geben, wäre das Futter ja nur für sie – und also vergeudet. Das ist die Logik der modernen Landwirtschaft.

Zweimal täglich gehen die Kühe von ihren Laufställen in den Melkstand und zurück. Zweimal täglich kommen die Melker für jeweils vier Stunden. So lange brauchen sie, um die über 400 Kühe durch den Melkstand zu schleusen und den wieder vorzubereiten für den nächsten Durchgang.

Für die Kühe ist dieser Alltag nur unterbrochen von den Zeiten, in denen sie trockenstehen. Bevor das nächste Kalb kommt, wird sechs Wochen, manchmal auch acht Wochen lang, nicht gemolken. In dieser Zeit dürfen die Kühe auf eine Weide. Wenn das Kalb geboren ist, gehen sie wieder zurück in die Herde und ins Herdenmanagement.

Wenn eine der Kühe im Melkstand nicht so viel Milch gibt wie sonst, meldet sich der Computer. Eine elektronische Stimme ruft dann die Nummer der Kuh und die Nummer des Melkstands in den Raum. Über dem Stand blinkt ein Licht. Die Kühe tragen einen Chip in ihrem Halsband, den die Melkanlage ausliest, wenn sie sich in einen der dreißig Melkstände begeben. Die Software registriert die Kuh und die Milchmenge, vergleicht mit der durchschnittlichen Milchleistung und schlägt Alarm, wenn nicht alles nach Plan verläuft. Manchmal hat sich dann nur einer der Zitzenbecher gelöst und muss noch einmal gereinigt und wieder aufgesetzt werden. Vielleicht hat die Kuh aber auch ein gesundheitliches Problem, das sich auf die Milchleistung auswirkt. Wenn die Melker nichts tun können, wird die Software dem Herdenmanager eine Fehlermeldung mit der Nummer anzeigen. Dann muss er schauen, wie es der Kuh geht, ob er etwas tun kann oder ob er den Tierarzt holen muss.

Während des Melkens geht eine junge Frau in Arbeitskleidung durch den Melkstand und leuchtet mit einer Taschenlampe den Kühen unter den Bauch. Bei jedem Tier, das neu hereinkommt, schaut sie sich genau die Füße an. Dann schaut, sie, wie die Kuh auf den Beinen steht, wie das gesamte Erscheinungsbild ist. Sie kennt ihre Tiere, obwohl sie 400 von ihnen betreut. »Klauenpflege sollten immer Frauen machen. Die sehen das besser, die haben einfach mehr Empathie«, sagt Harald Freitag, der Herdenmanager und Geschäftsführer der Gesellschaft bürgerlichen Rechts, in die er seinen Hof eingebracht hat.

Auch er kennt seine Kühe, würde aber nie behaupten, dass er bei jeder sofort sieht, wie es ihr geht. Das könne man bei achtzig Kühen noch, sagt er, vielleicht auch bei hundert Kühen, aber in seinem Betrieb nicht mehr. Was er macht, heißt nicht umsonst Herdenmanagement. Ohne die zugehörige Software auf seinem Tablet wäre er aufgeschmissen. Der Computer weiß, wann jede Kuh künstlich besamt wurde. Er rechnet die mittlere Tragzeit aus und sagt, wann die Kuh auf die Weide der Trockensteherinnen müsste. Er sagt, wann sie wieder hereingeholt und separiert werden sollte zum Kalben. Er warnt, wenn die mittlere Tragzeit von 280 Tagen überschritten ist. Hinschauen muss der Herdenmanager dann schon noch selbst. Das Tier heraussuchen aus der Herde, es beobachten, hineingehen zu ihm, mal anfassen, fühlen, ob sich das Kalb im Mutterbauch bewegt, den Euter begutachten, die Läufe, die Klauen. Und es dann herausführen zu den anderen Trockensteherinnen auf die Weide.

Der totale Stall

Früher war Harald Freitag einfach »der Bauer«, derjenige, dem zusammen mit seiner Frau der Hof gehört. Heute ist er der Herdenmanager und Geschäftsführer eines aus zwei Familienbetrieben zusammengelegten Hofes mit Festangestellten und Familienmitarbeitern.

Seine Eltern sind in den 1960er-Jahren aus dem Dorf hier heraus gezogen in die Marsch. Von dem alten Aussiedlerhof steht da noch das Wohnhaus. Heute wirkt es winzig zwischen all den neueren Scheunen, Laufställen und Maschinenhallen. Angefangen haben die Eltern mit 25 Hektar Land und einem gemischten Betrieb mit Schweinen, Kühen, Schafen und etwas Ackerbau. Als der Sohn übernahm, wurde ausgebaut. Er hat Land zugekauft und dazugepachtet, die Ställe erweitert: erst vierzig Kühe, dann achtzig, dann hundert. Erst gab er die Schafe ab, dann die Schweine. Spezialisiert euch, hatte der Landwirtschaftsberater gesagt, die Mischbetriebe haben keine Zukunft. Und denkt groß, hatte er gesagt, die Kleinen werden aufgeben müssen. »Wachsen oder Weichen« stand in der Bauernzeitung. Das war das Motto des Bauernverbandes für Jahrzehnte, und das ist es noch heute. Auch wenn der Spruch, der den sogenannten Strukturwandel nicht nur begleitete, sondern eher herbeirief, aus den Sonntagsreden weitgehend verschwunden ist.

Harald Freitag hat auf die Berater gehört und seinen Hof ausgebaut, er hat sich spezialisiert. Und schließlich seinen Betrieb zusammengelegt mit dem von Peter Carstensen. Da kamen die Vornamen Harald und Peter zum Betriebsnamen HAPE zusammen und dazu dreihundert Hektar Land und fast zweihundert Kühe. Und das war nur die Basis für den weiteren Ausbau. Dass die Flächen des Kollegen weiter entfernt liegen, haben die beiden Betriebsleiter mit Logistik gemanagt. Die weit entfernten Flächen sind jetzt Grünland, auf das nun aber keine Kühe mehr getrieben werden, weil die ja im Stall stehen. Also muss man da nur noch zum Mähen hinfahren. Und wenn man dort kein Heu macht, muss man auch nicht mehrfach zum Heuwenden kommen, bis das trocken ist. Aus dem Gras wird Silage in plastikumhüllten Ballen, die auf dem Anhänger leicht zu transportieren sind. Gedüngt wird mit dem Substrat aus der Biogasanlage. Das ist trocken und leichter als Mist und Gülle.

Diese Art der Pflege aus Düngen und Mähen und Düngen und Mähen ohne Weidegang verwandelt das Dauergrünland allerdings in eine artenarme Steppe aus ein paar wenigen Grasarten und Ampfer. Weil, anders als beim Heumachen, oft schon vor der Blüte gemäht wird, können sich nur wenige Pflanzen dort halten. Viele haben einfach keinen Nachwuchs mehr und sterben aus. Entsprechend ärmer ist auch das Leben auf und unter der Grasnarbe. Die kräuterreichen Wiesen, die das artenreichste Leben an Insekten und Wiesenvögeln nähren und auch im Boden üppiges Leben vorweisen können, sehen ganz anders aus.

Die Bayerische Landesanstalt für Landwirtschaft hat das Bodenleben in von Bauern extra eingesäten mehrjährigen kräuterreichen Blühflächen untersucht und es mit dem Leben in Ackerböden verglichen. Die Landesregierung hatte die Anlage von Blühflächen im Rahmen ihres Kulturlandschaftsprogramms gefördert, um die oberirdische Fauna zu unterstützen, vor allem Wildbienen, Hummeln und Schmetterlinge. Die Bodenzoologen haben dann festgestellt, dass mit dem oberirdischen auch das unterirdische Leben drastisch zunahm und deutlich vielfältiger wurde.[2]

Dramatischer für das Leben auf und im Boden als auf den artenarmen Silowiesen ist allerdings der Maisanbau. Da Mais recht spät gesät wird und am Anfang nicht sehr schnell und nicht sehr konkurrenzfähig ist, muss der Landwirt für ihn, wie für die Rüben, Tabula rasa machen. Das geschieht im konventionellen Ackerbau gerne mit glyphosathaltigen Spritzmitteln. Mit den bekannten Folgen: alle Pflanzen tot, auch die Bodenalgen und die Flechten, die Bodenfauna geschädigt und die Gewässer belastet. Zwischen den Maisreihen der blanke Boden und die entsprechende Erosionsgefahr. Und in einem nassen Herbst dann das Desaster der Ernte. Am Ende entsteht auch dabei wieder eine sauer stinkende Silage.

Und die Kühe, die neben dem für ihre Verdauung unbedingt nötigen Raufutter nur noch vergorene und also vorverdaute Maissilage oder eben die Grassilage von artenarmen Düngerwiesen zu fressen bekommen, haben keine Ahnung mehr davon, wie es wohl auf einer vielfältigen Wiese mit vielen Kräutern schmecken würde. Die sich übrigens ganz von alleine unter ihren Hufen ausbreiten würde, wenn sie die Grünlandpflege auf ausreichend großen Wiesen selbst vornehmen dürften, statt des Mähbalkens. Aber vielleicht haben sie doch eine Ahnung, wie das schmecken würde, und wirken deshalb so apathisch in ihren Laufställen. Nicht einmal ein Muhen ist zu hören, wenn sie zum Melken gehen. Wenn anderswo, wo es noch Weidegang gibt, die Kühe abends zum Melken von der Weide heimkommen, ist das meist eine muntere Herde, die sich auch Gehör verschafft. Man hört sie schon von ferne kommen. Hier ist es weitgehend still. Gelassen seien seine Tiere, sagt der Herdenmanager. Und die Berater sagen: Wenn es den Tieren nicht gut ginge, würden sie nicht diese Milchleistung bringen.

»Als Modell totalitärer Herrschaft überzeugt ein computergesteuerter Kuhstall vor allem dort, wo sich sein Funktionieren

> *der Nutzung vitaler Bedürfnisse und Verhaltensdispositionen verdankt.«*[3]

So beschreibt es der österreichische Schriftsteller und Konzeptkünstler Bernhard Kathan. Ein Bauernsohn, der die Entwicklung des Kuhstalls von der Winterbleibe der Almkühe aus seiner Kindheit zum ganzjährigen Produktionsbetrieb mit Milchleistungstieren miterlebt hat.

> *»Mag auch die Rede von artgerechter Tierhaltung sein, das Entscheidende findet sich dort, wo Bedürfnisse und Verhaltensdispositionen von Kühen systematisch für die Organisation der Bewegungsabläufe genutzt werden. Die Tiere sollen sich nicht frei, sondern bestimmten Zielsetzungen entsprechend bewegen. Dies setzt eine Raumstruktur voraus, in der grundlegende Bedürfnisse jeweils nur in dem einen oder anderen Bereich befriedigt werden können.«*[4]

Die Kühe gehen nicht freiwillig vom Laufstall in den Melkstand. Sie müssen dorthin, weil die Milch im Euter drückt. Und sie müssen raus aus dem Stall, damit dort sauber gemacht werden kann. Das kann man noch viel weiter optimieren, als Harald Freitag das in seinem Betrieb gemacht hat. Zum System Kuhstall können automatische Kraftfutterstationen hinzukommen, die jeder Kuh individuell und mehrmals täglich das Futter zuteilt. Und zwar so, dass jeweils nur eine Kuh alleine in den Kraftfutterstand hineingehen kann. Futterneid und Abdrängen durch ranghöhere Konkurrentinnen ausgeschlossen. Und natürlich gibt es auch automatische Melkstationen, die die Kühe selbstständig aufsuchen. Zumindest sieht es so aus. Tatsächlich sind die Melkstationen meist so installiert, dass die Kühe hindurchmüssen, wenn sie zum Beispiel zum Kraftfutter oder zu den Liegeboxen wollen. Und irgendwie ist in diesem System der stetigen Optimierung auch der Bauer mit optimiert worden. Er ist zum industrialisierten Landwirt und zum Herdenmanager geworden und wird dann auch satellitengesteuert über den Acker fahren und computergesteuert düngen und spritzen.

Heute ist die HAPE Milch GbR der einzige Milchviehbetrieb in der Gegend. Um ihn herum nur noch reine Ackerbaubetriebe und ein Schweinemäster. Und der wird jetzt aufgeben. Wieder einer weniger. Die anderen rangeln schon um das frei werdende Land. Auch Harald Freitag kann sicher noch ein paar Hektar übernehmen vom Nachbarn. Wieder ein bisschen größer werden. Wobei das eine Rechenaufgabe ist. Die Marsch ist ein sogenannter Gunststandort, bestes Ackerland, zumindest da, wo es nicht zu nass ist. Bodenzahlen von bis zu achtzig Punkten auf der Bodenwertskala, nach der die Qualität der Äcker bemessen wird.[5] Die einhundert Punkte hätte der theoretisch ideale Acker. An solchen Standorten gehen die Pachtpreise schnell mal an die tausend Euro pro Hektar, bei Grünland auch schon mal über vierhundert.

Mehr Kühe wird er erst einmal nicht halten, sagt Harald Freitag. Im Gegenteil, in den beiden letzten Milchkrisen, als der Preis für die Milch zuerst in der Weltwirtschaftskrise 2009 und dann noch einmal in einer Absatzkrise 2015 unter die Produktionskosten fiel, hat er seine Herden etwas verkleinert. Hinten auf dem Hofgelände, vor der großen Biogasanlage, die aus dem Mist und der Gülle Strom und Dünger und Wärme macht, steht noch ein großer Stall. Da würden noch einmal mindestens hundert Kühe hineinpassen. Die aber gibt es nicht und wird es wahrscheinlich auch in Zukunft nicht geben.

Seine schwarz-bunten Holstein-Friesian sind Hochleistungskühe, gezüchtet von europäischen Auswanderern in den Vereinigten Staaten aus dem alten schwarz-bunten Niederungsrind Norddeutschlands und den friesischen Milchkühen der Niederlande. Heute ist die Holstein-Friesian die Turbokuh an sich. Weltweit verbreitet, überall da, wo Milch in Mengen produziert

Geregelter Kuhverkehr in einem Stall mit Melkroboter (links).
Die Tore können nur in eine Richtung passiert und auch blockiert werden. Der Computer entscheidet, welche Kuh wohin darf. Wenn die Milch drückt, müssen die Kühe gegen den Uhrzeigersinn durch die Tore zum Melkstand. Von den Liegeplätzen hinten führt der Weg zum Futter (vorne) nur durch den Melkstand. Noch weniger selbst entscheiden können die Kühe, wenn der Liegebereich komplett vom Futtergang getrennt ist.

wird. Dieser Rasse sieht man an, dass sie auf reine Milchleistung getrimmt wurde: Unter einem knochigen Körper mit herausstehenden Schulter- und Beckenknochen hängt ein riesiges, von fingerdicken Adern durchzogenes Milchkraftwerk. »Kleiderständer mit Euter«, sagen die Bauern. Hier geht alle Energie in die Milch.

Die Kenngröße für seinen Betrieb seien 24000 Liter pro Kuh und Jahr, sagt Harald Freitag. Das wäre ideal. Die durchschnittliche Milchleistung einer Kuh in Deutschland liegt aber ganz woanders: bei 7780 Litern pro Jahr. Egal, so hat das der Berater ausgerechnet. Das wären dann aber achtzig Liter am Tag, wenn man die Trockenstehzeiten abrechnet. Und die Kuh muss nach der Geburt des Kalbes dann auch sehr bald wieder trächtig werden, sie muss aufnehmen, wie die Tierärzte sagen.

Um aber herauszufinden, wann eine Kuh besamt werden soll, muss man sie eigentlich beobachten, wenn die feine Nase des Bullen im Stall fehlt. Wie viele Herden leben auch die Kühe von Harald Freitag ohne Bullen. Es wird nur noch künstlich befruchtet. Also müssten die Kühe nach dem Kalben eigentlich unter ständiger Beobachtung sein, weil die Tierhalter ja wissen müssen, wann sie wieder bereit sind, trächtig zu werden. Mit geübtem Auge kann man sehen, wann eine Kuh in die Brunst kommt. Sie wird dann nervös und zeigt auch eigentlich typisches Bullenverhalten, indem sie andere Tiere beschnuppert und sie bespringt. Dumm nur, dass bei der Zucht von Hochleistungskühen das Brunstverhalten gelitten hat. Während ältere Lehrbücher bei der Brunstzeit noch von einem Tag ausgehen, in dem die Kuh befruchtet werden kann, zeigen die Hochleistungskühe nur noch einen halben Tag das Brunstverhalten, wenn überhaupt. Häufig kommt es bei den gestressten Tieren auch zur sogenannten stillen Brunst. Ganz so, als wollten sie nicht wieder schwanger werden. Macht aber nichts, auch dafür wissen die Stalloptimierer Abhilfe: Die Brunstzeit wird vom Computer gemeldet. »Hätten Sie gerne gesündere Kühe, die schneller trächtig werden?«, fragt der Milchviehspezialist Dairymaster aus Kerry seine Kunden und hat die passende Lösung:

> *»Der MooMonitor+ überwacht rund um die Uhr die Halsbewegungen der Kuh auf brunstbezogenes Verhalten, Wiederkäuen, Ruhephasen, Futteraufnahme, Kopfposition und Unruhe. Dieses System erhöht die Rentabilität Ihres Betriebs, indem es die Arbeitsbelastung Ihrer Mitarbeiter verringert, die reproduktive Leistung verbessert und Verluste minimiert, die durch nicht erkannte Brunst, nicht diagnostizierte Krankheiten und aufgrund der generellen Kuhgesundheit entstehen.«*[6]

Und wenn die Kuh dann doch nicht aufnimmt, wenn sie krank wird statt schwanger, wenn die Milchleistung sinkt? Der Herdenmanager zuckt mit den Schultern. So ist das nun mal, sagt er: »Sie muss produktiv sein.« Kranke Kühe kann er sich nicht lange leisten im Stall, und Kühe, die nicht mehr trächtig werden, auch nicht. »Das ist leider bei allen Tieren in der Landwirtschaft heute so.« Und beim Grünland und bei den Äckern, auf denen das Futter für diese Hochleistungstiere angebaut wird? Genau so, sagt Harald Freitag: »Wir holen da raus, was geht. Und manchmal leider auch mehr, als gut ist.«

Suizid

Die Landwirte wissen, dass sie an der Grenze wirtschaften und dass sie mehr und mehr von der Substanz leben. Von der eigenen und von der Substanz der Tiere und der Böden.

Bis aus einem Kalb eine Kuh geworden ist, die Milch gibt, muss der Landwirt sie erst einmal mindestens zwei Jahre durchfüttern. Erst mit dem ersten Kalb kommt die Milch. Und dann, so rechnet der Herdenmanager vor, muss sie mindestens anderthalb Jahre gemolken werden, also ein zweites Kalb geboren haben, bevor sie für den Landwirt den ersten Cent verdient. Jetzt müsste sie möglichst lange leben und möglichst viele Kälber bekommen. Das aber schaffen die Hochleistungskühe nicht. Sie geben zwar sehr viel Milch, das aber nicht sehr lange. Dann werden sie krank oder werden nicht mehr schwanger. Und dann überlegt sich der Landwirt, ob er nochmal den Tierarzt holt oder gleich den Schlachter. Wenn das nach zwei oder drei Laktationen der Fall ist, also nach drei Kälbern und entsprechend drei Melkphasen, hat sich die Investition nicht gelohnt. Und irgendwann lohnt sich dann auch die ganze Milchviehhaltung nicht mehr. Das System ist zu Tode optimiert, und es stellt sich am Ende heraus, dass auch Hochleistungskühe Tiere sind, die an Überforderung sterben können.

Und Landwirte sind Menschen, die es bisweilen nicht verkraften, wenn ihre Tiere vom Hof müssen. Wie hoch ist wohl die Selbstmordrate bei Bauern, die aufgeben mussten oder die kurz vor der Aufgabe stehen? In Frankreich bringt sich alle zwei Tage ein Landwirt um, hat die französische Gesundheitsbehörde 2018 festgestellt. Nach einer Studie von Santé Publique France lag die Selbstmordrate bei Bauern um zwanzig Prozent über der Suizidrate der übrigen Bevölkerung, bei Milchbauern sogar um dreißig Prozent höher. Das durchschnittliche Nettoeinkommen eines Drittels der französischen Bauern betrug im Dürrejahr 2018 unter vierhundert Euro im Monat. Der Schweizer Kanton Waadt hat nach einer Selbstmordserie einen Seelsorger für die Landwirte eingestellt. Und im Internet wurde auf landwirtschaftlichen Seiten darüber diskutiert. Weniger wäre mehr, meinten einige der Nutzer dort. Und einer brachte es so auf den Punkt:

> *»Es liegt sicher an den geringen Erzeugerpreisen. Viele haben sich auch durch die Beratung hineingesteigert, dass man immer mehr und mehr machen muss. Die Schulden zahlen dir nicht die, die dich beraten haben. Zum Schluss heißt es immer: Bist selbst schuld. Aber das Essen muss billig bleiben!«*[7]

Die moderne Landwirtschaft ist eine Industrie geworden, und sie funktioniert auch so. Nur dass der Boden keine Werkshalle ist und die Tiere keine Produkte sind. Und die Menschen, die mit dem lebendigen Boden und den lebendigen Pflanzen umgehen, und ihre Äcker und Tiere leiden sehen, machen sich dann eben doch Gedanken darüber, was sie da tun. Darüber, was der stetige Druck des Wachsens oder Weichens, der ständigen Rationalisierung und Optimierung, aus ihnen gemacht hat.

Ein landwirtschaftlicher Betrieb ist keine Schraubenfabrik. Wenn bei den Schrauben der Absatz sinkt, liegt das am Markt oder am Marketing. Wenn nicht generell weniger geschraubt wird als früher, muss es entweder an der Konkurrenz oder am Produkt liegen. Wenn es am Produkt liegt, muss über bessere Werbung oder innovativere Produkte nachgedacht werden. Schrauben lassen sich weiterentwickeln, mit einem neuen Antrieb zum Beispiel. Wenn es an der Konkurrenz liegt, muss der Schraubenhersteller am Preis drehen. Das bedeutet vielleicht erst einmal investieren, in die nächste Generation Maschinen, die dann kostengünstiger produzieren kann; mehr Schrauben mit weniger Menschen herstellen. Oder ein Konkurrent muss vom Markt verschwinden, indem man ihn aufkauft. Oder man verkauft eine Zeit lang die eigenen Schrauben unter den Gestehungskosten. Das ist zwar verboten, wird aber gerne mal übersehen. Und dann geht der Konkurrenz womöglich die Puste aus.

Genauso hat auch die Landwirtschaft reagiert. Wie eine Industrie eben: mit Rationalisierung und Arbeitsplatzabbau, der nächsten und übernächsten Generation immer größerer Maschinen und weiterentwickelten Produkten. Getreide, das mehr Ertrag bringt, gentechnisch veränderte Pflanzen, höher wachsender Mais, schneller wachsende Schweine, mehr Eier legende Hennen.

Dabei wurde nur übersehen, dass die kleinen Bauern und selbst die meisten großen Landwirte gar kein Teil der Agrarindustrie sind. Die nämlich besteht eigentlich aus den Agrochemiekonzernen, den industriellen Landmaschinenherstellern und den Saatgut- und Tierzuchtkonzernen. Die Bauern sind die Kunden dieser Industrie, andererseits auch die Lieferanten, wenn sie die von ihnen hergestellten Lebensmittel an die Weiterverarbeitung abgeben. In beiden Fällen diktiert die Industrie die Preise. Sie sagt, was die Maschinen, das Saatgut und das von ihr gehandelte Futter kosten. Sie sagt auch, wie viel die Bauern bekommen, zum Beispiel für den Liter Milch. Bisweilen deutlich weniger, als die Milch in der Produktion gekostet hat. Damit die Landwirte sich das leisten können, werden sie mit Agrarsubventionen aus

Steuergeldern gestützt, die aus dem ganzen Markt eine Art Planwirtschaft machen. Die Bauern gehören also eigentlich nicht zur Agrarindustrie, lassen sich aber von ihr dazu anhalten, ihre eigenen Ressourcen auszubeuten und damit unsere Lebensgrundlage mehr und mehr zu zerstören. Obwohl die Landwirte wie der Brotaufstrich im Sandwich zwischen den beiden Industrien der Ausrüster und der Verarbeiter zerdrückt werden, lassen sie ihre Interessensvertreter seit Jahrzehnten so auftreten, als seien auch sie ein Teil der Agrarindustrie. Das suggeriert der Deutsche Bauernverband, der sich offenbar gerne zum Sprachrohr von Industrieinteressen machen lässt, wohl auch weil er in vielfältiger Lobbyverflechtung mit der Agrarindustrie steckt.

Der Kampf gegen das Verbot von Glyphosat auf den Äckern der Europäischen Union ist ein anschauliches Beispiel dafür. Ist es im Interesse der Bauern, genau dieses Produkt auf die Äcker zu sprühen? Es gibt andere Methoden der Bekämpfung von Wurzelunkräutern, die ökologisch wirtschaftenden Bauern beweisen das. Und es geht sogar ohne Pflug. Aber dann würden die Lebensmittel teurer, sagen die Lobbyisten. Ja, das könnte sein, aber genau das wäre übrigens im wohlverstandenen eigentlichen Interesse der Bauern, oder es sollte in ihrem Interesse sein. Denn alles Übel begann doch mit dem Preiskampf. Lebensmittel sollten immer billiger werden, bei gleichbleibender oder verbesserter Qualität, versteht sich. Und genau das funktioniert bei Lebensmitteln nicht. Weil sie eben nicht nur Mittel zum Leben sind, sondern auch selbst lebendig, oder von Lebendigem stammen. Und neues Leben entsteht nun mal nicht unter beliebigen Bedingungen. Und alles Lebendige kann krank werden, wenn es ihm nicht gut geht.

So kommt es, dass wir Antibiotika schlucken, wenn wir die billigen Hähnchen essen, weil die zu Lebzeiten medizinisch behandelt werden mussten. Sie waren nämlich krank. Auch die billige Milch stammt häufig von kranken Kühen, die nur noch ein kurzes Leben im Stall fristen dürfen. Und mit dem Feierabendbier nehmen auch wir am Ende Glyphosat zu uns. Es trifft nicht nur den Regenwurm und die Springschwänze auf dem Acker.

Die Landwirtschaft ist ein Produktionssystem, das gesunde und unbelastete Lebensmittel herstellen soll und das auch will, wenigstens was den bäuerlichen Anteil angeht. Wenn dieses System am Ende krank macht, die Tiere, den Boden, die Umwelt, dann ist das System selbst krank. Leider wird an diesem System viel Geld verdient, auch durch die kontraproduktive Art der Agrarsubventionen. Und das Wenigste davon bleibt bei den Bauern hängen. So lange das so bleibt, wird das System Landwirtschaft nicht geheilt. Im Gegenteil, es wird immer weiter industriell optimiert. Längst haben das Feld auch Investoren entdeckt, die mit Landwirtschaft bislang nichts zu tun hatten.

Ackergold

Nach drei schlechten Jahren mit drei schlechten Ernten werden sie jetzt doch nicht mehr diese Preise zahlen, dachte er sich. Und bot dennoch den höchsten Pachtzins, den er sich leisten konnte. Und bekam den Zuschlag nicht. Er hatte falsch gedacht. Die drei schlechten Jahre, das erste zu trocken, das zweite zu nass, das dritte ganz vertrocknet, hatten den Bodenpreisen nichts getan. Und die anderen Landwirte in der Umgebung konnten sich offenbar nicht vorstellen, dass weitere schlechte Jahre folgen. Dabei hatte dieses Jahr noch nicht einmal richtig angefangen, und niemand konnte jetzt ahnen, ob es nicht wieder zu trocken oder wieder zu sehr verregnet würde. Egal, über den Klimawandel reden immer nur die anderen; der Nachbar hatte das Doppelte geboten und konnte die dreißig Hektar Ackerland jetzt zusätzlich in Pacht nehmen.

Er fragte den Nachbarn, warum der das getan hatte. Aus strategischen Gründen, war die Antwort. Welche Strategie mag dahinterstecken, wenn ein Landwirt einen Acker pachtet, dessen Zins er unmöglich erwirtschaften kann? 900 Euro pro Jahr und Hektar waren aufgerufen, und dies nicht für Ackerland an einem Gunststandort wie in der Marsch oder der Magdeburger Börde, sondern für sandig-lehmige Äcker mit einem Bodenwert von vierzig auf der Skala von hundert Punkten. Heinrich Graf von Bassewitz ist kein Kleinbauer, aber 900 Euro Pacht kann er für keinen Acker zahlen. Das würde sein Betrieb auf Gut Dalwitz nicht lange verkraften.

Gut Dalwitz war seit 1349 der Familiensitz der Grafen Bassewitz und ist es seit 1991 wieder. Damals kauften Lucy und Heinrich Bassewitz den 1945 enteigneten und inzwischen reichlich verfallenen Gutshof für einen symbolischen Betrag von der Gemeinde Walkendorf zurück und pachteten die ersten Hundert Hektar Land. Der Graf musste den Hof und später auch das Land seiner Vorfahren kaufen, denn alle nach 1945 enteigneten Grundbesitzer, die mehr als einhundert Hektar Land hatten, wurden nicht entschädigt. Die erste und gleichzeitig letzte frei gewählte Volkskammer der DDR hatte 1990 die Bodenreform der damaligen sowjetischen Besatzungszone bestätigt und das Bundesverfassungsgericht ein Jahr später die Rechtmäßigkeit bescheinigt.

Die Treuhand, deren Nachfolgegesellschaften bis heute landwirtschaftliche Flächen im Osten Deutschlands verwalten, gab den zurückgekehrten Bassewitz damals zudem kein Ackerland. Also begannen der frisch verheiratete Graf und seine Frau zunächst mit Viehzucht. Sie halten Mutterkühe und deren Nachzucht das ganze Jahr im Freiland. Und sie brachten sich aus Uruguay, wo der Agrarökonom als Projektleiter in der Entwicklungszusammenarbeit tätig war und seine Frau kennenlernte, Criollos mit. Die stämmigen Pferde der Gauchos werden seitdem in Mecklenburg gezüchtet, und die Rinder werden zu Pferd betreut. 1992 wurde das Ganze auf biologische Landwirtschaft umgestellt. Inzwischen, über ein Vierteljahrhundert später, gehören zum Gut wieder 700 Hektar Äcker, die Hälfte davon ist Eigentum. Etwas mehr Fläche nimmt der eigene Wald ein, und dazu kommen 350 Hektar Grünland. Außerdem ist das Gut ein Ferienhof mit Wohnungen und einem Restaurant in der alten Remise. Die Vermietung an Feriengäste machte die Renovierung all der alten landwirtschaftlichen Gebäude rund um das Haupthaus des Gutes möglich.

Wirklich keine Kleinbauern also, diese Bassewitz. Aber gemessen an dem, was sie inzwischen umgibt, auch nicht wirklich groß. Nicht so groß jedenfalls, dass sich die Grafen das Land um das Gut herum heute noch leisten könnten. Direkt nach der Wende ging das noch, auch eine ganze Weile später, aber seit ein paar Jahren machen sich nun Industrielle breit in der Gegend südöstlich von Rostock.

Geldland

Nicht ortsansässige Investoren kaufen die ehemaligen LPG auf. Die sind nach der Wende häufig von ihren Verwaltern und den Angestellten übernommen und als Genossenschaften weitergeführt worden. Jetzt kommen die Genossen nach und nach ins Rentenalter und geben ihr Land ab. Da stehen dann auf einen Schlag tausend Hektar und mehr zum Verkauf. Bei Quadratmeterpreisen von inzwischen vier Euro, also 40 000 pro Hektar, kommen dann leicht mal vierzig Millionen Euro zusammen. Das lohnt sich.

Obwohl – wieso lohnt sich das eigentlich für den Käufer? Mit konventioneller Landwirtschaft wird dieses Geld keine angemessene Rendite erwirtschaften. Jedenfalls dann nicht, wenn das Land nicht ausgebeutet und in kurzer Zeit heruntergewirtschaftet werden soll. Warum also kauft sich ein Hamburger Reeder, der von Landwirtschaft nichts versteht, in Mecklenburg einen landwirtschaftlichen Betrieb mit tausend Hektar Land für vierzig Millionen? Und das gleich mehrfach. Der Graf rechnet vor: Wenn der Reeder Milliardär ist, tun ihm die vierzig Millionen nicht weh. Und sie müssen auch nicht gleich Geld verdienen. Ist der Reeder vielleicht schon ein älterer Herr, der weiß, dass er sein Geld nicht mit ins Grab nehmen kann, dann denkt er an die Familie, der er sein Vermögen hinterlassen muss. Sind die vierzig Millionen als Summe in der Erbschaft, dann kosten sie zwölf Millionen Erbschaftssteuer. Sind sie in einem landwirtschaftlichen Betrieb festgelegt, wird nur der Einheitswert besteuert und die Sache ist mit ein paar Hunderttausend abgehandelt. »So rechnet sich das«, sagt der Graf. Und die Erben können dann ja nach einer Weile verkaufen. Um das Gut Dalwitz herum hat in den letzten Jahren auf diese Weise drei Viertel des Landes den Besitzer gewechselt. Es gibt kaum noch ortsansässige Nachbarn. Die Betriebe werden von Verwaltern gemanagt. Und die wechseln auch gerne mal. Sodass es eigentlich kein Dorfleben mehr gibt. Niemand, der noch ein Ehrenamt übernimmt und sich um die dörflichen Strukturen kümmert.

Die Landbesitzer sind weit weg, und viele sind auch gar keine natürlichen Personen mehr, sondern juristische, also Konsortien, Gesellschaften, zum Teil Konzerne. Die kommen auch nicht immer aus der Landwirtschaft, sondern investieren nur in Land, weil das Geld anderswo auch nicht mehr einbringt. Am Ende aber sitzen in irgendeinem Büro oder Kontor weit weg vom Landbesitz dann doch die Controller vor der Tabelle und rechnen. Und stellen fest, dass sich diese Investition nicht gelohnt hat, wenn da nicht wenigstens zwei Prozent Rendite herauskommen. Und dann werden die Verwalter beauftragt, diese zwei Prozent zu erwirtschaften. »Und das geht eigentlich nicht«, sagt Graf von Bassewitz. »Wer das bei den derzeitigen Strukturen und Preisen hier aus dem Land herausholen will, der kann nicht nachhaltig wirtschaften.« Nachhaltig hieße hier, den Boden nicht auszulaugen und auch nicht mit Dünger zuzukippen, sondern das Land so zu bewirtschaften, dass der Boden seine natürliche Fruchtbarkeit erhält oder auch zurückerhält, wo er bereits geschädigt ist. Dazu müssten an vielen Stellen auch die landschaftlichen Strukturen wiederhergestellt werden, die die volkseigenen Großbetriebe in vierzig Jahren DDR geschleift haben.

Auf Gut Dalwitz sind dafür an vielen Stellen kleine Flächen aus der Nutzung genommen worden. Schon während der Umstellung auf biologische Landwirtschaft haben die Grafen mit den örtlichen Naturschützern gesprochen. Überall, wo sie im Lauf der Jahre Land zugekauft oder gepachtet haben, wurden die Landschaftsstrukturen geprüft und hie und da kleine Stücke sich selbst überlassen. »Teilweise haben wir sie ausgezäunt«, erklärt der Graf, »damit die Rinder draußen bleiben. Teilweise haben wir sie bei der Bewirtschaftung ausgelassen, nicht gepflügt und nicht gemäht.« Der Lohn dafür ist neuer Insektenreichtum, das Überleben bedrohter Vogelarten oder ein abendliches Froschkonzert. Auch eine Art Rendite, aber nichts, was sich in den Büchern niederschlägt. Dass von den nicht gepflügten und nur selten gemähten Stücken der nebenliegende Ackerboden immer wieder neu besiedelt und lebendig gehalten wird, lässt sich auch nur schwer am Ertrag der Landwirtschaft messen. Zumal der Biobauer ja ohnehin nicht mit der Giftspritze hantiert und durch Zwischenfrüchte und Untersaaten darauf achtet, das Leben in seinem Boden trotz Pflugeinsatz zu erhalten und zu ernähren.

Megaland

Ende des vergangenen Jahrhunderts hätte man die zurückgekehrten Eigentümer von Gut Dalwitz für wirklich große Bauern gehalten, vielleicht sogar für Großgrundbesitzer. Heute haben sich die Strukturen gewandelt. Industrielle, Konsortien und Konzerne haben sich durch den Osten gekauft. In Russland gilt ein Landbesitzer ab 100 000 Hektar als groß, in Deutschland müssen es inzwischen auch schon 10 000 Hektar sein.

Das Thünen-Institut hat 2017 einen Report über »Überregional aktive Kapitaleigentümer in ostdeutschen Agrarunternehmen« vorgelegt. Die Studie hat sich jeweils zwei Landkreise in jedem der ostdeutschen Bundesländer vorgenommen und die Strukturen des Landbesitzes dort untersucht sowie den Wandel der Eigentumsstrukturen in den davor liegenden zehn Jahren. Dabei wurden alle Agrarunternehmen der Rechtsformen Genossenschaft, Aktiengesellschaft und Gesellschaft mit beschränkter Haftung betrachtet. Zusammenfassend stellt das bundeseigene Institut fest:

> *»Ein immer größerer Anteil der landwirtschaftlich genutzten Fläche gehört den juristischen Personen im Eigentum. Nach Daten der Agrarstatistik ist der Eigentumsanteil juristischer Personen an der von ihnen bewirtschafteten landwirtschaftlich genutzten Fläche von unter fünf Prozent im Jahr 1999 auf gut 25 Prozent im Jahr 2016 angestiegen. Zwischen den Bundesländern gibt es deutliche Unterschiede; Mecklenburg-Vorpommern verzeichnet die höchsten Eigentumsanteile mit aktuell 34 Prozent.«*[8]

Die meisten im Untersuchungszeitraum von überregionalen Investoren übernommenen Unternehmen gingen an Eigentümer, die die Studie als landwirtschaftsnah bezeichnet. Diese besaßen im Jahr 2017 in den zwei untersuchten Landkreisen Mecklenburgische Seenplatte und Vorpommern-Rügen 22 Prozent der landwirtschaftlichen Betriebe und bewirtschafteten vierzehn Prozent der landwirtschaftlich genutzten Fläche. Nichtlandwirtschaftliche überregionale Investoren kamen auf neunzehn Prozent der Betriebe, ließen aber zwanzig Prozent der gesamten Fläche der Landkreise bewirtschaften. Die nicht aus der Landwirtschaft kommenden Investoren haben also die größeren Unternehmen. Nur noch knapp sechzig Prozent der landwirtschaftlichen Betriebe in Mecklenburg-Vorpommern waren 2017 in der Hand von ortsansässigen Eigentümern. Deren Zahl dürfte sich seither noch einmal verringert haben.

Für manche Regionen kommen die geplanten Veränderungen der GAP, der Gemeinsamen Agrarpolitik der Europäischen Union, wohl zu spät. Im April 2017 hat die bayerische SPD-Abgeordnete Maria Noichl als Berichterstatterin des Agrarausschusses einen Initiativbericht gegen Agrarlandkonzentration ins Europaparlament eingebracht, dem die Europaabgeordneten mit deutlicher Mehrheit zustimmten.[9] Damit hat das Parlament die Kommission und die Mitgliedsstaaten aufgefordert, die Ausschüttung der EU-Subventionen von der bewirtschafteten Fläche zu trennen, um weiterer Konzentration entgegenzuwirken. Außerdem sollen die Mitgliedstaaten die Pachtpreise und den Bodenmarkt kontrollieren.

Der Initiativbericht macht klar, dass die Situation außerhalb Deutschlands noch deutlich dramatischer ist. In der Europäischen Union verfügten 2013 drei Prozent der Betriebe über mehr als die Hälfte der landwirtschaftlichen Nutzfläche.[10] Das Parlament stellte fest, »dass dieser Trend dem europäischen Modell einer nachhaltigen, multifunktionalen und überwiegend von Familienbetrieben geprägten Landwirtschaft zuwiderläuft«.

Die Verteilung des Agrarlandes in der EU ergibt einen Gini-Koeffizienten von 0,82. Der italienische Statistiker Corrado Gini machte mit dem nach ihm benannten Index die ungleiche Verteilung sichtbar. Wäre alles Land gleich verteilt, ergäbe sich ein Gini-Koeffizient von null, wäre alles Land in einer Hand, wäre der Koeffizient eins. Mit einem Wert von 0,82 liegt die Europäische Union, was die ungleiche Verteilung des Landes angeht, auf einer Stufe mit Brasilien, Kolumbien und den Philippinen.

Das Europaparlament geht in seiner Entschließung davon aus:

> *»dass dieser ungleichen Verteilung der landwirtschaftlichen Fläche eine ungleiche Verteilung der GAP-Subventionen entspricht, da Direktzahlungen, die den Großteil der GAP-Ausgaben ausmachen, vornehmlich pro Hektar gezahlt werden; (…) dass die tatsächliche Flächen- und Subventionsverteilung ein noch höheres Maß an Ungleichheit aufweisen könnte, da die verfügbaren Statistiken keine Aussage über die Eigentümerschaft und Kontrolle von Betrieben etwa durch Holdings zulassen.«*

Das Parlament weist darauf hin, dass Boden zwar Eigentum sei, andererseits aber auch öffentliches Gut und damit der Sozialbindung unterliege, und dass das deutsche Bundesverfassungsgericht bereits 1967 geurteilt habe:

> *»dass der ländliche Grundstücksverkehr nicht so frei sein müsse wie der Verkehr mit jedem anderen Kapital, da Grund und Boden unvermehrbar und unentbehrlich seien und eine gerechte Rechts- und Gesellschaftsordnung dazu zwinge, die Interessen der Allgemeinheit beim Boden in weit stärkerem Maße zur Geltung zu bringen als bei anderen Vermögensgütern«.*[11]

Die EU-Kommission soll eine europäische Beobachtungsstelle für die Sammlung von Daten zu Preisen von Landverkauf und Pachtzins einrichten, die auch erheben soll, wie viele landwirtschaftliche Flächen durch anderweitige Nutzung verloren gehen und wie es um die Entwicklung von Bodenfruchtbarkeit und Erosion bestellt ist. Die Abgeordneten fordern außerdem eine klare Definition des Begriffs »aktiver Landwirt«. Der soll nur noch diejenigen bezeichnen, die tatsächlich auf einem landwirtschaftlichen Betrieb arbeiten, und nur die sollen in Zukunft noch Direkthilfen von der EU erhalten dürfen.

Wie die EU-Kommission und die Mitgliedsländer mit der Konzentration auf dem Agrarmarkt tatsächlich umgehen, zeigt der Konflikt der Kommission mit dem tschechischen Premierminister Andrej Babiš. Der war im früheren Leben Mitglied der Kommunistischen Partei der Tschechoslowakei, studierte Wirtschaftswissenschaften in seiner Heimatstadt Bratislava und war für das staatliche Handelsunternehmen Petrimex im Ausland. Nach der samtenen Revolution und dem Ende der Tschechoslowakischen Konföderation gründete er zusammen mit dem damaligen Außenhandelsstaatssekretär aus der Staatsfirma heraus die Holdinggesellschaft Agrofert, deren Direktor er wurde. 1995, zwei Jahre nach der Gründung, übernahm er das Unternehmen allein, angeblich mit Geld von Schweizer Freunden. Einige Jahre später gründete Andrej Babiš dann die »Politische Bewegung ANO 2011« und stieg als deren Vorsitzender in die Politik ein. 2014 wurde er Finanzminister und 2017 Tschechiens Ministerpräsident. Das Magazin *Forbes* kürte ihn 2016 zum reichsten Slowaken.

Heute ist Agrofert der größte Konzern in der tschechischen und slowakischen Landwirtschaft und Lebensmittelindustrie. Unter dem Dach der Holding sind über 200 Unternehmen aus den Bereichen Chemie, Lebensmittelproduktion, Landtechnik, Holzwirtschaft, erneuerbare Energien und auch Medien. Die größte tschechische Tageszeitung gehört ebenso zum Konzern wie Beteiligungen an privaten Fernsehsendern und Druckereien. Die landwirtschaftlichen Betriebe bewirtschaften über 100 000 Hektar, und wenn man in Tschechien sein Korn zum Mahlen in eine Mühle bringt, landet man immer bei Andrej Babiš. Sein Konzern ist marktbeherrschend und expandiert seit Jahren ins Ausland. In Deutschland gehören ihm das Agrochemieunternehmen SKW Piesteritz und der Brot- und Backwarenhersteller Lieken AG in Wittenberg.

Seit 2014 liegt nun offiziell ein Interessenkonflikt bei der EU-Kommission in Brüssel vor, weil der damalige Finanzminister und heutige Ministerpräsident eines Mitgliedsstaates gleichzeitig als Konzernchef Empfänger von Agrarsubventionen ist. Agrofert soll im Jahr 2017 über achtzig Millionen Euro aus Brüssel kassiert haben. Das war fast die Hälfte des ausgewiesenen Konzerngewinns. Dennoch ist jahrelang nichts geschehen. Das änderte sich erst, als die Europäische Union in einer neu gefassten Verordnung noch einmal klarstellte, was in ihren Augen ein Interessenkonflikt ist, und dann der zuständige Kommissar vor das Parlament zitiert wurde. In der EU-Verordnung 2018/1046[12] wird in Artikel 61 Absatz 3 definiert, wann ein nicht hinnehmbarer Interessenkonflikt vorliegt:

> *»Wenn ein Finanzakteur oder eine sonstige Person (…) aus Gründen der familiären oder privaten Verbundenheit, der politischen Übereinstimmung oder der nationalen Zugehörigkeit, des wirtschaftlichen Interesses oder aus anderen Gründen, die auf direkten oder indirekten persönlichen Interessen beruhen, seine bzw. ihre Aufgaben nicht unparteiisch und objektiv wahrnehmen kann.«*

Im Dezember 2018 erklärte EU-Kommissar Günther Oettinger dann im Europäischen Parlament, dass seit August, also seit Inkrafttreten der neuen Verordnung, nun keinerlei Mittel aus europäischen Programmen mehr an Tschechien gezahlt würden. Kurze Zeit später berichteten tschechische Medien, dass doch weiter Geld aus Brüssel fließt. Die EU-Kommission musste dann bestätigen, dass nur die Mittel aus dem Europäischen Struktur- und Investitionsfonds ausgesetzt seien, nicht aber die aus dem Europäischen Garantiefonds für die Landwirtschaft. Wo Salamipolitik gemacht wird, kommt auch die Wahrheit nur scheibchenweise ans Licht. Und diese EU-Kommission soll sich dann in Zukunft gegen die zunehmende Konzentration der Konzerne und die Spekulation im Bodenmarkt aufstellen? Das wäre ein ziemlich radikaler Bruch mit der bisherigen, deutlich neoliberalen Haltung.

Angesichts dieser Situation ist die ganz alte Forderung »Ackerland in Bauernhand«, mit der einst die Großgrundbesitzer unter Druck gesetzt werden sollten, längst wieder auferstanden. Der Spruch heißt jetzt meist »Agrarland in Bauernhand« und begleitet in letzter Zeit immer häufiger die stetig gewachsene Demonstration von Bauern und Verbrauchern zur Grünen Woche in Berlin. Den Spruch hat sich auch das von verschiedenen Akteuren der Zivilgesellschaft gegründete »Netzwerk Flächensicherung«[13] zu eigen gemacht. Dieser deutsche Zusammenschluss ist Teil des europäischen Netzwerkes »Access to Land«.[14]

Bauernland

> *»Uns eint der Ansatz, die Frage von Grund und Boden in den Mittelpunkt unseres Handelns zu stellen. Durch die Sicherung von Landwirtschaftsflächen tragen wir dazu bei, dass Boden dauerhaft einer agrarindustriellen oder spekulativen Nutzung entzogen wird. Dieses Land stellen wir Bauernhöfen zur Verfügung, die unsere Ziele teilen und mit uns gemeinsam der voranschreitenden Konzentration von Grundeigentum entgegentreten wollen.«*[15]

So das Netzwerk Flächensicherung in seiner Berliner Erklärung von 2018. Zum Netzwerk gehören Organisationen der Solidarischen Landwirtschaft, bei der Verbraucher in die Bauernhöfe einsteigen, indem sie die Ernte vorfinanzieren und dann den Ertrag erhalten oder indem sie feste Abonnements für Erntefrüchte zeichnen. Dazu gehört auch die Vermittlungsagentur »Hof sucht Bauer«, die junge Bäuerinnen und Bauern mit den alten verknüpft, die in ihrer Familie oder Umgebung keinen Hofnachfolger finden. So soll verhindert werden, dass die Höfe von Bodenspekulanten oder Industriellen übernommen werden. Die Kulturland Genossenschaft mit Sitz in Hitzacker im Wendland sucht Genossen, die Landwirten dabei helfen, Flächen zu erwerben. Die Frankfurter Bürger AG gibt Aktien aus, typisch für die Mainmetropole, und finanziert damit die Ausweitung der regionalen Ökolandwirtschaft, indem sie den Betrieben Kapital zur Verfügung stellt.

Einen ähnlichen Ansatz verfolgt die BioBoden Genossenschaft mit Sitz in Rothenklempenow bei Pasewalk in Pommern. Dort hat die Genossenschaft einen Hof mit 900 Hektar Ackerflächen und Weiden übernommen und ihren Stammsitz eingerichtet. Von dort aus sind inzwischen über fünfzig Bauernfamilien bei der Übernahme von Land oder dem Ausbau ihrer Höfe unterstützt worden. In ihrem Leitbild schreibt die Genossenschaft:

> *»Wir leisten einen Beitrag zum Erhalt und zum Ausbau regional verankerter, ökologisch betriebener und diversifizierter Landwirtschaft, die uns und nachfolgenden Generationen nicht nur die Daseinsvorsorge sichert, sondern auch die Biodiversität fördern wird. Unsere Aufgabe ist die Pflege und der Erhalt der Kulturlandschaft. So wollen wir dauerhaft lebenswerte ländliche Räume sichern beziehungsweise schaffen.«*

Ursprünglich hatten sich zwei Biobauern aus Ostdeutschland an die sozial-ökologisch ausgerichtete GLS Bank in Bochum gewendet, weil ihre gepachteten Flächen und die von elf anderen Landwirten von der BVVG, der bundeseigenen Bodenverwertungs- und Verwaltungsgesellschaft, einer Nachfolgerin der

Treuhand, verkauft werden sollten. Die GLS Bank machte daraufhin aus ihrem bereits existierenden Bio-Bodenfonds die Bio-Boden Genossenschaft und sammelte Geld ein von Menschen, die den Boden vor Spekulanten sichern wollten. Damit kaufte sie der BVVG die Flächen im Biosphärenreservat Schorfheide-Chorin ab. Aus den ersten 2500 Hektar sind inzwischen 3700 geworden, und aus der Gesellschaft wurde die Genossenschaft. Die wirbt nun Genossen als Mitglieder ein, die möglichst so viel Genossenschaftsanteile kaufen, wie gebraucht werden, um 2000 Quadratmeter Land zu erwerben. Denn so viel landwirtschaftlichen Boden braucht jeder Mensch, um seine Lebensmittel darauf anzubauen oder anbauen zu lassen. Derzeit wären das lediglich drei Genossenschaftsanteile zu tausend Euro, und man hätte symbolisch den Boden für das eigene Überleben gesichert, sagt die Genossenschaft. Der Preis dürfte allerdings angesichts der raumgreifenden Bodenspekulation kaum mehr realistisch sein und sich schon gar nicht halten lassen, wenn noch mehr landwirtschaftsferne Investoren in das Geschäft mit den Äckern, Weiden und dem Wald in Deutschland einsteigen. Immerhin hat die BVVG nach vielen Protesten inzwischen den Verkauf großer zusammenhängender Flächen aus dem Nachlass der volkseigenen Betriebe und der landwirtschaftlichen Produktionsgenossenschaften der DDR eingestellt. Die bundeseigene Gesellschaft vergibt nur noch kleinere Tranchen, die für große Investoren eigentlich uninteressant sind.

Nach der BioBoden Genossenschaft haben die Stiftung Ökologie und Landbau und die GLS Treuhand dann die BioHöfe Stiftung gegründet. In diese Stiftung können Landwirte ganze Höfe einbringen oder kleinere Grundbesitzer auch einzelne Äcker. Das ist eine Möglichkeit für Bauern, die ihr Erbe nicht in den Händen eines Investors oder Agrarkonzerns wissen wollen und die sicherstellen wollen, dass auf ihren dann ehemaligen Flächen auch weiter ökologisch gewirtschaftet wird.

Zugangzuland

Angesichts der Größe der Flächen, die Industrielle und Konzerne vor allem in Ostdeutschland mal eben mit ein paar Millionen aufkaufen, sind die Zahlen, die die Initiativen der Zivilgesellschaft und selbst die der GLS Bank berichten, vergleichsweise gering. Dass sich hie und da auch von Idealen jenseits des Geldes und der Profitmaximierung getriebene Investoren einmischen, verändert den Bodenmarkt noch nicht. Deshalb fordert das Netzwerk Flächensicherung auch politische Maßnahmen. Die wichtigste ist sehr simpel und wird leider doch nicht durchgeführt: das Anwenden der Gesetze. Das Netzwerk sagt es in seiner Berliner Erklärung so schlicht, wie es ist:

> *»Das Grundstücksverkehrsgesetz muss endlich so angewendet werden, wie es vom Gesetzgeber vorgesehen wurde: Zur Sicherstellung der gesunden Verteilung von Grund und Boden und einer breiten Eigentumsstreuung.«*[16]

Tatsächlich stellt das Grundstücksverkehrsgesetz den Verkauf von landwirtschaftlich oder forstwirtschaftlich nutzbaren Flächen unter den Vorbehalt einer Genehmigung. Nicht genehmigt werden soll danach eine Übertragung des Eigentums an Boden unter anderem, wenn »die Veräußerung eine ungesunde Verteilung des Grund und Bodens bedeutet« oder auch wenn »ein selbständiger landwirtschaftlicher Betrieb seine Lebensfähigkeit verlieren würde«. Dem Erwerber kann außerdem die Auflage gemacht werde, »das erworbene Grundstück an einen Landwirt zu verpachten«.[17] Wie oft das Gesetz aus dem Jahre 1962 in der Bundesrepublik bisher tatsächlich im Sinne der zitierten Paragrafen angewendet wurde, ist nicht bekannt. Was ist auch eine ungesunde Verteilung des Bodens im Sinne des Gesetzes? Die Vergabe an landwirtschaftsferne Investoren offenbar nicht.

Wenn aber eine Genossenschaft oder Stiftung kaufen möchte, die landwirtschaftliche Flächen ihrer Satzung gemäß explizit für bäuerliche Betriebe sichern will, dann gibt es gerne mal Bedenken. Letztlich musste die BioBoden Genossenschaft einen eigenen landwirtschaftlichen Betrieb führen, um als landwirtschaftlicher Akteur auftreten zu können. Ein Blick auf die Eigentumsverhältnisse am land- und forstwirtschaftlich genutzten Boden legt nahe, dass solch eine restriktive Auslegung des Gesetzes anderswo eher nicht greift.

Wobei dieser Blick auf die Eigentumsverhältnisse gar nicht so einfach ist. Anders als andere Wirtschaftsstatistiken ist die Agrarstatistik alles andere als aussagekräftig, wenn es um die Besitzverhältnisse auf dem Land geht. Für die Agrarstatistik zählen die wirtschaftlichen Verflechtungen und Eigentumsverhältnisse nicht, sie zählt und bewertet schlicht die landwirtschaftlichen Betriebe. Wenn ein Agrarunternehmen fünf einzelne Betriebe besitzt, taucht in den Zahlenwerken über die Landwirtschaft das Agrarunternehmen nicht auf; stattdessen werden seine fünf Betriebe einzeln gezählt. Außerdem ist die größte in der Statistik erfasste Betriebsgröße die ab eintausend Hektar. Wenn solche Betriebe mit der Zeit immer weiterwachsen, wird auch das statistisch nicht erfasst. Die Statistik ist also für das Wachstum der Betriebe ab der größten gemessenen Einheit ebenso blind wie für Konglomerate von Betrieben und Holdings, die sich durch die Lande kaufen. »Obwohl genau das relevant wäre«, sagt Felicitas Sommer: »Nicht wie viele Einzelbetriebe es gibt, sondern welche Unternehmen am Markt aktiv sind und wie sie sich entwickeln, das sagt etwas über die Wirtschaftsstruktur aus!« Die Ethnologin arbeitet in einem Sonderforschungsbereich[18] des Zentrums für Regionalstudien der Leipziger Universität an ihrer Doktorarbeit über die Gründe für die Intransparenz der Agrarstrukturen. Zu dieser Intransparenz trägt auch bei, dass die Agrarstatistik so tut, als seien all die von ihr erfassten Betriebe einfach Bauernhöfe, die Lebensmittel produzieren. Ob die Höfe noch einen Erwerbszweig haben, der aus Biogas Energie erzeugt, sie ein paar Windräder auf den Äckern stehen haben oder Ferien auf dem Bauernhof anbieten, wird nicht erfasst. Obwohl das wichtig wäre, um einschätzen zu können, ob ein verregnetes Jahr oder eine Dürre die Existenz der Betriebe gefährdet.

»Die Agrarstatistik in ihrer derzeitigen Form erzeugt ein romantisches Bild der Landwirtschaft«, sagt Felicitas Sommer. Das Statistische Bundesamt verwende in anderen Bereichen für die Wirtschaftsstatistiken Profiling, also aktive Datenrecherche und Modellierung, um jeweils ein Gesamtbild der Unternehmen mit all ihren Teilen und Beteiligungen zu erzeugen. Bei der Landwirtschaft erstellen die Bundesländer die Statistik und erfassen damit noch nicht einmal Unternehmen, die in mehreren Ländern aktiv sind. Obwohl alle Parteien im Bundestag in ihren Verlautbarungen die Transparenz des Bodenmarktes wichtig finden, können sie sich nicht darauf einigen, diese herzustellen. Stattdessen pflegen sie lieber ihr ideales Bild des Landwirtes, wie Felicitas Sommer festgestellt hat. Und dieses Bild wird, je nach Partei, von unterschiedlichen Phänomenen bedroht. Für die einen ist das Problem der außerlandwirtschaftliche Investor, für andere der überregionale Investor, der Großgrundbesitzer, oder auch die nicht nachhaltige Wirtschaftsweise. »Da wir überhaupt nicht wissen, was die Bodenpreise tatsächlich treibt, kann jeder schön bei seiner Definition bleiben.« Und dabei bedauern, dass das Ideal des bäuerlichen Familienbetriebs, der die Kulturlandschaft bewahrt, in Gefahr ist.

Für die Politik kann das offenbar sehr praktisch sein, dass wir für die tatsächlichen Entwicklungen auf dem Agrarbodenmarkt blind sind, weil uns ganz einfach die Daten fehlen. Im Zeitalter der Digitalisierung und weltweiten Überwachung bleiben die Agrarunternehmer unsichtbar.

Das Europaparlament hatte 2018 dann offenbar auch schon wieder vergessen, dass es ein Jahr zuvor festgestellt hatte, dass der Trend zur Konzentration am Bodenmarkt »dem europäischen Modell einer nachhaltigen, multifunktionalen und überwiegend von Familienbetrieben geprägten Landwirtschaft zuwiderläuft«. Es vergab die Chance, mehr Transparenz über die Eigentumsstrukturen in die Agrarstatistiken zu bringen. In der damals renovierten europäischen Verordnung »über integrierte Statistiken zu landwirtschaftlichen Betrieben«[19] versäumte es die Europäische Union, den Mitgliedsländern aufzugeben, die Eigentumsstrukturen von betriebsübergreifenden Unternehmen zu erheben. In Anhang III der Verordnung wird geregelt, wie die Eigentumsverhältnisse der landwirtschaftlichen Betriebe zu erfassen sind. Dort gibt es nur eine Nachfrage, wenn der Besitzer keine natürliche, sondern eine juristische Person ist: »Falls ja, ist der landwirtschaftliche Betrieb Teil einer Unternehmensgruppe?« Das ist alles, mehr wollen EU-Parlament und Mitgliedsstaaten offenbar nicht wissen.

Obwohl wir eigentlich schon viel mehr wissen könnten. Das bundeseigene Thünen-Institut berichtete bereits 2017 in einem Expertenworkshop in Braunschweig über sein Projekt »Betriebs- und Unternehmensstrukturen in der deutschen Landwirtschaft«. In einer empirischen Pilotstudie hat sich das Institut drei Landkreise mit unterschiedlicher landwirtschaftlicher Prägung in Niedersachsen vorgenommen und durch Befragungen die Struktur der dortigen Unternehmen festgestellt: In Peine überwiegt der Ackerbau, in Nienburg ist es gemischte Landwirtschaft, in Vechta intensive Tierhaltung. Das Ergebnis: Am komplexesten sind die Unternehmensstrukturen im Landkreis Vechta. Dort bestehen über zwei Drittel der landwirtschaftlichen Betriebe aus mehrere Unternehmen. Das liegt auch daran, dass viele Landwirte dort ihre Flächen auf dem Papier zusammengelegt haben, um mehr Tiere halten zu können, ohne in die steuerlich ungünstige gewerbliche Tierhaltung zu rutschen. Oder es wurden gemeinsame gewerbliche Tierhaltungsbetriebe ausgegründet. Oder die

Biogasanlagen sind eigenständige Betriebe. Es kann auch mal ein Betrieb mit Mutterkühen ausgegründet werden, damit der die zugehörigen Subventionen für genau diese Form der Tierhaltung kassieren kann. Überhaupt ist viel struktureller Umbau in der Landwirtschaft den Steuerberatern und Subventionsexperten zu verdanken. Das Thünen-Institut fasst zusammen:

> *»In den letzten Jahrzehnten fanden in der deutschen Landwirtschaft wesentliche strukturelle Änderungen statt, die jedoch mit der Methodik der gegenwärtigen Agrarstatistik statistisch nur unzureichend erfasst und dargestellt werden können. Aus diesem Grund sollte der zurzeit bestehende Erhebungs- und Darstellungsansatz ergänzt beziehungsweise modifiziert werden.«*[20]

Die Autoren des Thünen-Projektes bedauern in ihrem Bericht, dass die rechtlichen Grundlagen für die Erfassung der Strukturen der Landwirtschaft in der Europäischen Union auf lange Zeit, voraussichtlich bis 2029, festgelegt seien.

> *»Folglich sollten zumindest national Anstrengungen unternommen werden, um die tatsächliche Betriebs- und Unternehmensstruktur realitätsgetreuer zu erfassen. Ansätze aus dem Bereich des Statistischen Unternehmensregisters, wie zum Beispiel das Profiling, können in dieser Hinsicht einen zielführenden Lösungsweg darstellen.«*[21]

Land Grabbing

Wie diese Realität aussieht, hat eine breitere Öffentlichkeit erfahren, als die Aktiengesellschaft KTG Agrar 2016 Insolvenz anmeldete. Das börsennotierte Unternehmen mit rund tausend Mitarbeitern bewirtschaftete mit über dreißig landwirtschaftlichen Betriebsgesellschaften rund 45 000 Hektar Land, überwiegend in Deutschland, mehr als 7 000 Hektar allerdings auch in Litauen. Die Hälfte des Landes wurde nach Angaben von KTG Agrar ökologisch bewirtschaftet. Der Konzern teilte seine einzelnen Betriebe so auf, dass möglichst keinen die Abschläge für Großbetriebe bei den EU-Subventionen traf, weshalb KTG Agrar zu den größten Empfängern der Brüsseler Stütze überhaupt zählte. Damit trieb die Aktiengesellschaft die Pachtpreise vor allem in Ostdeutschland in die Höhe, womit kleinere Bauern keine Chance mehr hatten, an Land zu kommen. Entsprechend berichtete die Presse in Ostdeutschland und Berlin über »Land Grabbing«[22]. Dieser Begriff steht nicht einfach für Bodenspekulation und die Übernahme von Land, sondern meint die zumindest teilweise illegitime Aneignung von landwirtschaftlicher Fläche. Der Gründer der KTG Agrar, Siegfried Hofreiter, hatte einen entsprechend schlechten Leumund. Er war 1989 schon einmal wegen Insolvenzverschleppung beim damaligen Familienunternehmen verurteilt worden, wurde aber noch 2014 als »Ganzgroßbauer« an der Börse gefeiert.

Das Land, das der insolventen Aktiengesellschaft gehörte, wurde zum größten Teil von der Bremer Zech Group übernommen und wird unter ihrem Dach von der Deutschen Agrar Holding verwaltet. Ein Teil des Landes war schon vorher an die Münchner Rückversicherung Munich Re verkauft worden. Die Zech Group ist ein weltweit agierender Bau-, Hotel- und Technikkonzern, und auch eine Versicherung ist nicht gerade ein Landwirtschaftsunternehmen. Die Umverteilung des Landes weg von den Bauern geht also weiter.

Das europäische Netzwerk Access to Land berichtet unterdessen, wie vor allem im Osten Europas das Land Grabbing weiter um sich greift. Bekannt geworden ist ein Fall aus Rumänien. Dort sind, gerade in den ärmsten ländlichen Regionen, kleine Bauern um ihr Land gebracht worden. Unter Druck gesetzt von lokalen kriminellen Banden und gedeckt von korrupten Beamten und Politikern, haben sie letztlich an den Investitionsfonds Rabo Farm verkauft. Hinter dem steckt die niederländische Rabobank. Die hat sich seit 2011 durch das rumänische Land gekauft und auch in Polen zugeschlagen. Inzwischen besitzt der Fonds über 20 000 Hektar Land in den beiden EU-Staaten.

Die Geschichte wurde international bekannt, als das niederländische Nachrichtenportal De Correspondent aus Dobromir und Zarand berichtete, den ärmsten Dörfern Rumäniens, gelegen in der ärmsten Region des Landes, aber auch in einer Region mit bester schwarzer Erde. Seit Jahren berichten die Bauern dort, dass nachts ihr Boden verschwindet. Abgebaggert, auf Lastwagen verladen und weggefahren. In zwei Dörfern müssen sie sich vor dem Bodenklau jetzt aber nicht mehr fürchten. Das Land gehört ihnen nicht mehr, es wurden ihnen gestohlen.

Einer der Kleinbauern erzählt dem Reporter, dass ihm irgendwann, als er auf dem Bürgermeisteramt war, weil er einen Stempel brauchte, mitgeteilt wurde, dass er sich darum nicht mehr zu kümmern brauche. Der Acker, um den es ging, gehöre ihm gar nicht mehr. Er hatte das Land von seinen Eltern geerbt. Er wollte nicht verkaufen, niemand hatte ihn gefragt. Er hatte keine Ahnung, was passiert war, aber einige seiner Äcker waren weg, eingetragen auf einen anderen Namen. Später hörte er, sie hätten Dokumente gefälscht, mit Hilfe des Bürgermeisters. Jedenfalls war das Land nicht mehr seines, und das blieb auch so. Dann hörte er, dass es anderen Kleinbauern auch so ging. Auch bei ihnen waren Äcker verschwunden, die sie von den Eltern geerbt hatten. Eingetragen waren sie im Grundbuch auf drei verschiedene Namen. Und diese Herren verkauften später weiter an den niederländischen Fonds Rabo Farm.

Wehren konnten sich die Bauern nicht, einen Rechtsanwalt konnten sie sich nicht leisten. Was hätte es auch geholfen, war doch ein Richter in den Betrug verwickelt. Aber sie wählten den korrupten Bürgermeister ab.

Dann kamen die Banden. Ein bulliger Freund des ehemaligen Bürgermeisters hatte sie angeheuert. Die Frauen der Dörfer erzählen dem Reporter von nächtlichen Überfällen. Mitten in der Nacht brachen sie in ihre Häuser ein und trieben sie hinaus. Sie pressten sie und ihre Männer in Kleinbusse und fuhren sie in die Provinzstadt Constanta. In einem leerstehenden Wohnblock pferchten sie sie in einen Raum. Wie Tiere, sagen die Frauen. In dem leeren und dunklen Haus wartete ein Notar auf sie. Sie mussten unterschreiben, aber sie sahen nicht, was. Sie bekamen Geld in die Hand gedrückt, aber sie konnten nicht sehen, wie viel. Dann wurden sie hinausbefördert, zurück in den Bus. Zu Hause stellten sie fest, dass sie ihr Land verkauft hatten, für 400 Leu pro Hektar; das waren rund neunzig Euro für 10 000 Quadratmeter Ackerland. Sie hatten an einen der drei Herren verkauft, die schon in der Nachbarschaft den Kleinbauern das Land gestohlen hatten. Sechs Jahre später übernahm Rabo Farm das Land von denen für 2 000 Euro pro Hektar.

Gegen den ehemaligen Bürgermeister, seinen Vertrauten und die drei Herren, die das Land für Rabo Farm übernahmen, wurde wegen Korruptionsverdacht ermittelt. Aber die Leiterin der rumänischen Antikorruptionsbehörde wurde von der Regierung geschasst, und so kann »die Mafia«, wie die Dorfbewohner sie nennen, weitermachen.

Einige der Dorfbewohner, so erzählt der neue Bürgermeister, verkauften ihr Land aber auch, um zum Beispiel einem kranken Familienmitglied die Behandlung zu zahlen oder um heiraten zu können. Wenn siebzig Prozent der Einwohner des Dorfes von fünfzig Euro staatlicher Stütze im Monat leben, können neunzig Euro für einen Hektar Land schon mal als große Summe erscheinen. Bloß, dass das Land danach fort ist und auch der eigenen Ernährung nicht mehr dienen kann.

Nur zur Erinnerung: Die Rede ist hier von Europa und dazu noch von den Zuständen in einem EU-Mitgliedsstaat.

4 Humuswende

Verwirklicht die Naturgesetze des Bodens vollständig, dann erhaltet ihr ihn auch dauernd jung, gesund und fruchtbar![1]

Raoul Heinrich Francé

Bodendefensive

»Landwirtschaft hat keine Zukunft!«, hatte sein Vater gesagt. Und dann bestimmt: »Du lernst was Anständiges!« Der Hof sei mit fünfzig Hektar Land viel zu klein, um überleben zu können. Lauter endgültige Sätze, an die man sich damals als Bauernsohn in der Oberpfalz zu halten hatte.

Ortstermin auf einem Acker von Josef Hägler, der hier natürlich nur Sepp genannt wird, in Deindorf im Landkreis Schwandorf. Wo er eben doch Bauer geworden ist auf dem elterlichen Hof. Allerdings erst, nachdem er tatsächlich etwas anderes gelernt hatte. Er war in der Glasindustrie. Unweit seines Dorfes, das inzwischen eingemeindet ist, wird noch heute Glas produziert; eine der traditionellen Industrien der Region. Und was er dort gelernt hat, hilft ihm heute als Bauer. Erzählt Sepp Hägler und wartet kurz auf die erstaunten Reaktionen seiner Zuhörer. Er kennt das schon. Er reist oft durchs Land und hält Vorträge über seine Art der Landwirtschaft, zum Beispiel für die Regensburger »Interessengemeinschaft gesunder Boden«[2].

Die vier Bauern, die ich heute hierher begleitet habe, stutzen dann auch wie erwartet und schauen ungläubig. »Wir haben in der Glasindustrie sehr viel gespielt mit Spurenelementen«, erklärt Sepp Hägler. Wer buntes Glas produzieren will, müsse sie kennen, denn sie bringen die Farbe ins Glas. »Und deshalb bin i a bissel an Freak mit die Spurennährstoffe.« Deshalb lässt er seine Bodenproben etwas intensiver analysieren, als das normalerweise der Fall ist. Er weiß nicht nur, wie viel Stickstoff, Schwefel, Phosphor, Calcium, Magnesium, Kali und Natrium sein Boden enthält; er kennt auch den Gehalt an Spurenelementen wie Eisen, Kupfer und Zink. »Ich erklär euch des nachher noch genauer«, sagt er und sticht den Spaten in den Boden.

Der Acker, auf dem wir stehen, liegt auf einem der sanften Hügel der welligen Gegend zwischen Amberg und Weiden. Es ist Frühling, aber dieser Acker ist noch kahl, gerade frisch eingesät. Einmal im Jahr, manchmal nur alle zwei Jahre, sind Sepp Häglers Äcker für kurze Zeit ohne Pflanzendecke, sonst sind sie immer bewachsen. Hier hat er gerade die letzte Zwischenfrucht, die den Boden über Winter bedeckt hatte, flach weggefräst. »Betonung liegt auf flach«, sagt er und zeigt mit Daumen und Zeigefinger: drei Zentimeter.

Später zeigt er uns die Fräse und wie sie arbeitet. Über den Messern, die er so einstellt, dass sie nur drei Zentimeter in den Boden eindringen und die Pflanzen von den Wurzeln trennen, steht ein schräges Prallblech. Die kreisenden Messer der Fräse werfen die Pflanzen hoch. Das feiner Zerhackte bleibt direkt bei der Fräse liegen, das Gröbere fliegt ein Stück weiter. Dadurch ist gesichert, dass keine der Pflanzen wieder wurzeln kann. Dann nämlich bleibt die zerhäckselte Zwischenfrucht eine knappe Woche auf dem Feld liegen, bis wirklich alles abgestorben ist. »Ich arbeite niemals frisches Grün in den Boden ein. Das macht die Natur auch nicht.« Dann hat er mit kompostiertem Mist gedüngt und das Ganze mit den Zinken des Grubbers ganz flach in den Oberboden eingearbeitet. Wieder zeigen Daumen und Zeigefinger: fünf Zentimeter. Das ist die perfekte Alternative zum Glyphosat. Hier muss nichts totgespritzt werden, und es kommen doch keine der unerwünschten Wurzelunkräuter auf. Und wenn doch einmal, dann nimmt Sepp Hägler den Grubber mit den scharfen Zinken, stellt ihn deutlich tiefer ein und schneidet der Ackerdistel oder der Quecke die Wurzel im Boden ab. Tatsächlich hat er noch als konventionell arbeitender Landwirt auf die pfluglose Bodenbearbeitung umgestellt, und erst als das gut funktionierte, ist er Biolandwirt geworden. »Ich habe im Konventionellen geübt«, sagt er: »Wenn ich zehn Doppelzentner konventionelles Getreide weniger ernte, habe ich nicht so viel verloren, wie wenn ich zehn Doppelzentner Biogetreide weniger einfahre.«

Seit Jahren ist nun also auf dem Acker, auf dem wir stehen, nicht mehr gepflügt worden. Dafür aber gewalzt. Das Feld ist völlig plan. Da steht kein Halm in die Höhe. Wieder ungläubige Mienen in den Gesichtern der Bauern, die ihm zuhören. Ja, sagt Sepp Hägler, »alle Berater wollen, dass wir den Boden locker halten, und ich walz den fest.« Er dreht den Spaten aus dem Boden und greift in die Erde. Was wir sehen, ist eine feine Krümelstruktur, durchfeuchtet bis einen Zentimeter unter der Oberfläche. Und drei Regenwürmer in der einen Spatenprobe. Es ist eben doch lockerer Boden. Die Walze hat ihn nur oberflächlich verschlossen. Auch die getrockneten Fasern der Zwischenfrucht und der Mist sind nur in die oberen drei, vier Zentimeter des Bodens eingearbeitet, darunter ist gewachsene Struktur mit alten Wurzeln. Die Zuschauer nicken anerkennend: Besser geht es kaum – gute Bodengare.

Aber warum eigentlich die Walze? »Weil ich keinen Humus verlieren will und keine Spurennährstoffe«, sagt er. Die würden auf der Oberfläche zu schnell mit der Regenfeuchte und der Luft reagieren und verloren gehen, weil sie dann nicht mehr in pflanzenverwertbarer Form vorliegen. Ammoniumstickstoff würde so zum Beispiel umgebaut. Deshalb die Walze, die ihn wieder an den Boden drückt, ins Reich der Mikroorganismen, die ihn aufgeschlossen haben.

Und jetzt gehen wir mal zurück zu den Fahrzeugen, mit denen wir gekommen sind. Dort zeigt uns Sepp Hägler die Stelle, wo er beim Wenden ziemlich rücksichtslos mit einem Reifen über den eigenen Acker gefahren war und natürlich eine Fahrspur hinterlassen hatte. Und wir sehen – nichts. Die vorhin noch eingedrückte Spur der Autoräder ist fort. »Lauft mal übern Acker«, fordert er uns auf. Na gut, wenn der Bauer das sagt, dann machen wir das. »Merkt ihr was?« Tatsächlich spüren wir, dass die Erde weich ist und nachgibt. Aber wir hinterlassen keine dauerhaften Trittsiegel. Es ist, als ob der Boden langsam zurückfedert, wenn unser Gewicht nicht mehr auf ihm lastet. Und das, obwohl er gut durchfeuchtet ist, wie eben bei der Spatenprobe gesehen.

Wir fahren zu einem Feld, das an einem recht steilen Hang liegt. Hier steht die Wintergerste schon in üppigem Grün. Auf der Kuppe des Hügels verläuft die schmale Dorfstraße. Neben dem Asphalt kein Straßengraben, nur ein breiter Streifen Gras. Früher hat ihm hier jeder Starkregen tiefe Erosionsrillen in den Acker gegraben, bis weit hinunter Richtung Tal, weil die Straße direkt in die Felder entwässert. Seit er die Bodenbearbeitung umgestellt hat und nicht mehr pflügt, ist das nie wieder passiert. Einmal, nach einem sehr starken Gewitterguss, hatte er noch kurze Rinnen direkt an der Straße. Einen Meter weiter war das Regenwasser aber schon versickert. Das hat selbst den Landwirtschaftsberater gewundert, der ihm bei der Umstellung auf die pfluglose Bodenbearbeitung zur Seite stand. Der Boden kann nun offenbar viel mehr Wasser aufnehmen und auch halten. Ein großer Vorteil, sowohl in besonders nassen Jahren mit starken

Regenfällen auf bereits durchnässte Äcker als auch in sehr trockenen Jahren, wenn die Pflanzen dringend Nachschub brauchen. Bei einem Versuch mit hundert Litern Wasser pro Quadratmeter brauchte dieser Boden knapp dreißig Sekunden, bis an der Oberfläche nichts mehr davon zu sehen war.

Sepp Hägler lenkt unsere Blicke hinüber zur anderen Seite des sanften Tals, über dem wir stehen. Auch dort Äcker, auch dort das im vergangenen Herbst gesäte Wintergetreide. Aber zwei der Felder dort sind nicht besonders einheitlich in ihrem Grün. Die Färbung ist fleckig, mal gelblicher, mal dunkler. »Denen fehlt was«, sagt er. Und was dort fehlt, das sei bestimmt kein Stickstoff. »Auf das Nitrat achten nämlich alle.« Es könne höchstens zu viel des Guten sein. Dann zum Beispiel, wenn der im Humus gebundene Stickstoff, der im Laufe der Vegetationsperiode frei wird und von den Pflanzen aufgenommen werden kann, bei der Stickstoffdüngung nicht berücksichtigt werde. Dann kommt es zu einer Überversorgung, und die sei genauso schlecht wie zu wenig eines Nährstoffes. Die Folge sind auch Nitratauswaschungen in die Gewässer oder ins Grundwasser, für die die Landwirtschaft in den letzten Jahren immer berüchtigter wurde. Wer genügend Humus im Boden habe und mit Zwischenfrüchten arbeite, die Nitrat sammeln, brauche nur noch den eigenen Mist und keinen Stickstoff kaufen.

Und wie viel Humus hat er in seinen Böden? Vor der Umstellung auf die pfluglose Bodenbearbeitung mit Zwischenfrüchten und Untersaaten und später auf die biologische Landwirtschaft waren es zwei bis drei Prozent, jetzt sind es vier bis fünf, bei einigen Flächen auch bis zu sieben Prozent. Aber die seien auch schon früher besser gewesen. Beim Humusaufbau achtet Sepp Hägler strikt darauf, dass der Boden möglichst immer eine Pflanzendecke trägt. Er arbeitet mit Untersaaten aus Kräutern und Kleegras. Sodass unter der Hauptfrucht schon etwas wächst, was bei der Ernte stehen bleibt. Bei der Düngung orientiert er sich am US-amerikanischen Pflanzenbauberater Neal Kinsey, der sich wiederum auf William Albrecht beruft, von dem der Lehrsatz stammt: »Ein gesunder Boden erzeugt gesunde Nahrung, und diese erhält die Gesundheit des Menschen.«[3] Der Bodenprofessor aus dem Mittleren Westen der Vereinigten Staaten lehrte im vergangenen Jahrhundert, dass die Bauern sich nicht so sehr um die Pflanzen kümmern sollten, die sie ernten wollen, sondern vielmehr um den Boden, auf dem diese wachsen. Denn »der Erdboden ist das schöpferische Material für die meisten Grundbedürfnisse des Lebens. Die Schöpfung begann mit einer Handvoll Staub.«[4]

William Albrecht wandte sich gegen die Quantitätsmanie der Düngeexperten. Er wies nach, dass die Erntemenge nichts über die Qualität der Pflanzen aussagt. In einem seiner Versuche zeigte er, dass geerntete Sojabohnen aus einem mit Calcium unterversorgten Boden weniger Stickstoff, Phosphor und Kalium enthielten als das Saatgut. Während des Pflanzenwachstums waren die Stoffe in den Boden abgewandert, weil dort ein unausgewogenes Nährstoffverhältnis herrschte. Das Fazit des Forschers: »Wir verfüttern die Ernten unserem Vieh, das größere Mengen von den drei Nährstoffen bekäme, wenn es statt der großen Futtermengen die ausgesäten Samen fressen würde.«[5] Deshalb sollten sich die Landwirte um die Nährstoffe in ihren Böden kümmern und diesen düngen, wenn nötig und so viel wie nötig, auf keinen Fall mehr. Der Boden kümmere sich dann schon um die Pflanzen.

Wenn das Bodenleben gesund ist und ausreichend Humus aufgebaut hat, sagt der international tätige Pflanzenbauberater Neal Kinsey, dann werden zum Beispiel siebzig Prozent des Stickstoffbedarfs der Pflanzen durch die Mikroorganismen im Boden aufgeschlossen und zur Verfügung gestellt. Schwierig wird es unter zweieinhalb Prozent Humus im Boden. Dann helfe aber auch nicht unbedingt eine stärkere Zufuhr von Stickstoffdünger. Bei starkem Regen nach der Düngung oder verdichteten Böden mit Staunässe ist der nämlich in wenigen Tagen wieder fortgeschwemmt.

Acker-Adipositas

Die Situation in unseren Böden hat sich seit der Erfindung des Kunstdüngers grundlegend geändert. Früher waren Mangelerscheinungen die Hauptprobleme, heute ist es eher der Überfluss. Zu viel Stickstoff, zu viel Magnesium, zu viel Phosphor, zu viel Kalium. Viele Landwirte erzielen weiterhin hohe Ernteerträge mit dem kurzfristigen Einsatz von Düngemitteln, aber langfristig leiden die Böden immer mehr. Und dann fehlt in den sehr nassen oder sehr trockenen Jahren der Puffer, den ein gesundes Bodenleben bieten könnte. Und ein Zuviel kann auch kurzfristig schädlich sein. Neal Kinsey hat immer wieder festgestellt, dass ein Magnesiumüberschuss im Boden zu schlechteren Ernten führt. Bis zu einer Tonne weniger Ernteertrag pro Hektar bei Mais, bis zu sechs Dezitonnen weniger bei Soja, berichtete er dem Kundenmagazin des Agrartechnikherstellers John Deere.[6]

Sepp Hägler macht mit uns einen Ausflug in die Bodenchemie. Er zeigt uns eine Bodenanalyse aus seiner Anfangszeit, kurz nachdem er umgestellt hatte auf pfluglose Bearbeitung und Düngung nach dem System, das Neal Kinsey vorschlägt. Die Probe stammt von einem seiner schlechteren Äcker mit damals nur knapp über zwei Prozent Humus. Klar, dass diese Liste den erklärten Spurennährstoff-Freak überzeugt hat. Unter anderem Bor, Eisen, Mangan, Kupfer und Zink sind da aufgeführt. Bor und Zinksulfat möge er nachdüngen, ist die Empfehlung. Außerdem fehlt Schwefel. Und das Verhältnis von Calcium zu Magnesium ist noch nicht da, wo es hinsollte, bei 68 zu zwölf Prozent. Es geht um die sogenannten Kationen[7] der Nährstoffe, also die positiv geladenen Teilchen, und um die Kationen-Austauschkapazität[8] des Bodens.

Auch da sind wir wieder bei der Forschung des Bodenprofessors William Albrecht. Er hat festgestellt, dass die Pflanzen und die Bodenlebewesen das Ursprungsgestein, aus dem der Boden durch Verwitterung einmal entstanden ist, das aber in mehr oder weniger großen Stücken noch immer vorhanden ist, immer weiter zersetzen. Dass also auch in einem von den Bauern als »steinreich« beklagten Gelände, wie in der Oberpfalz bei Sepp Hägler ständig neuer Boden entsteht. Die Mikroorganismen im Boden setzen organische Säuren frei, die aus dem Gestein sehr langsam Tonmineralien werden lassen. Das wiederum kann die positiv geladenen Kationen der Nährstoffe wie Kali, Calcium, Magnesium und all die anderen an sich binden. Außerdem verbindet sich auch der vom Bodenleben produzierte Humus mit den Tonmineralien, und der dadurch entstehende Komplex aus Ton und Humus kann noch einmal mehr Kationen binden. Das ist der Nährstoffspeicher für die Pflanzen, deren Wurzeln die Kationen dann gegen Wasserstoffionen austauschen. Mit denen wiederum können die Mikroorganismen im Boden etwas anfangen.

Muss man Chemiker sein, um Bauer werden zu können? »Ich bin ja eben gar kein Bauer«, sagt Sepp Hägler. »I bin a Unbedarfter.« Aber der Hof, auf dem der ehemalige Glasmacher dann doch Bauer wurde, war fünf Jahre lang Versuchsbetrieb des LTZ Augustenberg, des Landwirtschaftlichen Technologiezentrums des weit entfernten Bundeslandes Baden-Württemberg. Damals war er noch konventioneller Milchbauer und hatte im Stall auch Spaltenböden, durch die die Fäkalien in einen Gülletank flossen. Auf seinen Flächen wurde dann fünf Jahre lang erforscht, was die Gülle mit dem Bodenleben macht und welchen Unterschied es ausmacht, ob die Gülle einfach auf die Äcker und Wiesen gekippt wird oder ob sie zuvor mit besonderen Präparaten behandelt wurde. Damals fing der Unbedarfte an, sich für den Boden und das Leben unter seinen Füßen zu interessieren. Und weil er seitdem weiß, dass es einen großen Unterschied macht, ob die Gülle oder der Mist behandelt wurden, bevor sie als Wirtschaftsdünger auf die Äcker kommen, kompostiert er jetzt seinen Mist.

Er zeigt uns eine Mistmiete hinter dem Hof. Mit der Umstellung auf Biolandwirtschaft hat Sepp Hägler die Milchkühe und die Spaltenböden abgeschafft. Er hat umgestellt auf Mutterkuhhaltung. Natürlich sind auch Milchkühe Mütter, sonst würden sie keine Milch geben. Aber wie das so ist in der modernen Landwirtschaft: Sie hat sich seltsame Begriffe ausgedacht, um zu verbrämen, was sie tut. Einer Mutterkuh wird das Kalb nicht weggenommen, und sie wird nicht gemolken. Die meisten Milchkühe dürfen ihre Kälber nicht einmal in den ersten Tagen nach der Geburt selber säugen.[9] Nun stehen die Rinder also im Stall auf Stroh, und also hat Sepp Hägler Festmist. Den mischt er mit Gärsubstrat und anderen Zutaten, kippt ihn auf einen Miststreuer, mit dem er nun aber nicht auf den Acker fährt, sondern im Stand aus dem Anhänger eine gut durchmischte riesige Kompostmiete aufschüttet. Die drückt er fest und lässt sie drei Monate garen. Am Anfang hat er dann immer nochmal eine Probe des Mistkomposts analysieren lassen, um den Nährstoffgehalt genau zu kennen. Nach einigen Jahren Praxis weiß er das inzwischen auch ohne Analyse. Erst wenn der Kompost reif ist, kommt er auf die Felder. Erst dann befördert er das Bodenleben und wird als Humus eingelagert und von dort den Pflanzen zur Verfügung gestellt.

Ackern als Leidenschaft

Szenenwechsel. 150 Kilometer weiter südlich ackert Josef Braun, der natürlich auch Sepp heißt, weil wir uns noch immer in Bayern befinden. In Freising, direkt westlich der Landebahnen des Münchner Flughafens, liegt der Biohof. Sepp Braun ist ein Pionier der pfluglosen Bodenbearbeitung. Auch er hat damit angefangen, bevor er auf organisch-biologischen Landbau umgestellt hat. Allerdings liegt das alles schon sehr viel länger zurück. Gut vierzig Jahre Erfahrung mit dem Ackerbau ohne Pflug hat Sepp Braun inzwischen, über dreißig davon als Biobauer.

Auch sein Hof, inzwischen in einer Gesellschaft mit Jüngeren bewirtschaftet, ist kein großer. Knapp sechzig Hektar, davon siebzehn Dauergrünland und dazu noch sechs Hektar Wald. Klein, aber überlebensfähig ist der Hof, auch dank der kompletten Direktvermarktung aller erzeugten Lebensmittel. Eine der Töchter der Brauns betreibt am Hof eine Galerie mit Gastraum und Küche: Essen und Kunst. Dazu kommen ein Hofladen und ein eigener Laden in München. Neben den Menschen leben auf dem Hof rund zwanzig Milchkühe und ihre Nachzucht. Natürlich dürfen die Kälber hier an die Euter ihrer Mütter. Außerdem laufen immer einige Mastschweine bei den Kühen mit, möglichst von einer genügsamen alten Rasse wie Duroc. Schließlich gibt es eine hofeigene Käserei und also auch Molke, die die Schweine sehr gerne nehmen. Und ja – bei Sepp Braun laufen die Schweine wirklich bei den Kühen mit. Sie spielen sehr gerne mit den Kälbern, erzählt er. Und dann gibt es auf dem Hof noch vierhundert Legehennen in zwei großen Ställen mit Auslauf unter Obstbäumen. Die Hennen stammen aus den ersten Zweinutzungsrassen aus ökologischer Tierzucht.[10] Die Tiere können das ganze Jahr tagsüber draußen gehalten und komplett mit selbst gezogenem Futter ernährt werden.

Eigentlich aber kommt Sepp Braun vom Ackerbau. Das war seine Leidenschaft, als er nach Lehre und Fachschule den elterlichen Hof übernahm. Von einem Lehrer für Pflanzenbau angespornt, suchte er den Kontakt zur Hochschule Weihenstephan, kaum sechs Kilometer weiter nördlich gelegen und schon deshalb interessiert an seinen Ackerflächen in Campusnähe für mögliche Versuche. Auch die Kontakte zur Agrochemieindustrie hatten ihm schon die Lehrer gemacht. So wurde er sehr schnell der erfolgreichste konventionelle Ackerbauer in der Gegend. Und das auf von Hause aus wirklich nicht besonders guten Böden. Der Hof liegt am Rand der Münchner Schotterebene. Das ist ein durch mehrere Eiszeiten geformter sogenannter Sander, ein Geschiebe aus Geröll, Sand und Kieseln. Schon der Name lässt den Landwirt nichts Gutes vermuten. Und so ist es dann auch. An manchen Stellen kommt unter dem Mutterboden schon nach zwanzig Zentimetern der Schotter. Andererseits enden diese Kiesböden auch abrupt und gehen in die anmoorigen feuchten Böden des Freisinger Moos über. »Natürlich wäre es ein Traum, mal auf neunziger Böden in der Magdeburger Börde zu wirtschaften«, sagt Sepp Braun, um dann sofort hinzuzufügen: »Aber i glaub, des wär gar net so spannend!«

Als er anfing als Jungbauer, war er fasziniert von den Möglichkeiten der modernen Landwirtschaft. Es kam gar nicht mehr darauf an, wie gut die Böden waren, auf denen er arbeitete. Die Defizite ließen sich mit der richtigen Düngerstrategie ausgleichen. Nasse Jahre mit vermehrten Pilzkrankheiten konnte er mit Fungiziden überstehen. Und für die trockenen Jahre hatte er seine anmoorigen Böden.

Aber dann kam der Flughafen nach Freising, und der Jungbauer lernte, dass auf die Politik kein Verlass war. Franz Josef Strauß, sagt er, nach dem der Flughafen letztlich benannt wurde, habe ihn und die anderen Menschen in der Region nach Strich und Faden belogen. Auch durch den Kampf gegen den Flughafenbau hatte er Kontakt zur katholischen Landjugend, und dort wurde ganz anders diskutiert als in der Jugendorganisation des Bauernverbands, in der er Mitglied war. »Die haben mir damals gesagt: Was du da machst mit deinen Äckern, das ist Vergewaltigung der Natur!« Er hat das nicht geglaubt, er hat sich verteidigt, er hat sie rückständig genannt, aber sie hatten ihn gepackt. »Sie haben mich gezwungen, das zu überdenken, was ich tue. Und dafür bin ich heute dankbar.« Die 1980er-Jahre hatten gerade begonnen und mit ihnen der Aufschwung der deutschen Umweltbewegung, da stellte Sepp Braun seine Bodenbearbeitung um. Als Erstes verzichtete er auf den Pflug, vier Jahre später setzte er auf vermehrte Wildpflanzen auf seinen Flächen. Noch einmal vier Jahre später beschlossen die Brauns, ihren Hof auf biologischen Landbau umzustellen. Der Reaktorunfall am 26. April 1986 im Tausende Kilometer entfernten Tschernobyl hatte auch Bayern mit seiner radioaktiven Wolke erreicht. Sie hatten vier Töchter, der Sandkasten war verstrahlt, die Kühe durften nicht mehr raus, sie mussten die Milch wegschütten. Das war der Wendepunkt für viele spätere Biobauern. So auch für die Brauns in Freising. Zwei Jahre nach Tschernobyl waren sie Biobauern.

Die Nähe zu Bioland war schon vorher da. Auch der damals noch konventionell wirtschaftende Landwirt Sepp Braun hatte seinen Rusch gelesen. Das war die Anregung der katholischen Landjugend, sich mit der Schöpfung zu beschäftigen und also in seinem Fall mit dem lebendigen Boden, den er bewirtschaftete, oder vergewaltigte, wie es die katholische Landjugend ausdrückte. In Hans Peter Ruschs Buch über die Bodenfruchtbarkeit las er:

> *»Es kann kein Zweifel mehr daran sein, dass der Stoffwechsel des Bodens durch jeden Eingriff gestört wird und niemals zu Höchstleistungen kommt, wenn man immer wieder die Bodendecke (...) durcheinanderbringt und die Voraussetzungen für die Humusbildung beseitigt. Es ist also grundsätzlich geboten, jede irgendwie entbehrliche Bodenarbeit zu vermeiden.*
>
> *Auf den Tiefpflug, die Bodenmeißelung und ähnliche gröbste Eingriffe kann man vollkommen verzichten; schwere Geräte wird man nach Möglichkeit nur aufs Land fahren, wenn die*

mechanische Schädigung gering ist, wie bei gefrorenem Boden (...). Wer den Boden als lebendes Wesen ansieht, wird die richtigen Methoden finden.«[11]

Auf Anregung Hans Peter Ruschs entwickelte schon in den 1970er-Jahren der Landwirt und Schmied Ernst Weichel den sogenannten Schichtengrubber mit angehängter Rotoregge. Die Zinken des Grubbers heben den Boden ein wenig an, sodass die nachfolgende Egge die oberste Schicht zerkleinern kann; später wurde das Ganze zum Rotorgrubber vereint. 1980 stellte Sepp Braun den Pflug endgültig in die Ecke und kombinierte den Rotorgrubber noch mit einer Sämaschine. Die Geräte standen also bereit. Auch für die Weiterentwicklung durch die Anwender.

Noch heute ist das so, dass die Bauern, die neue Wege gehen, ihre Geräte selber entwickeln oder einen Landmaschinenhersteller finden müssen, der nach ihren Vorstellungen und Erfahrungen neue Geräte baut oder vorhandene umbaut. Sepp Hägler in der Oberpfalz hat den Vorteil, dass der Schwiegersohn genau das gelernt hat und für ihn auch macht. Es entstehen dabei Prototypen, die für einen Landmaschinenhersteller immer dann interessant werden, wenn sie mehr neue Kunden versprechen oder viele Stammkunden danach fragen. In solchen Fällen ist es dann wieder ein wenig so wie vor der Industrialisierung der Landwirtschaft; sie ist wieder ihr eigener Handwerksbetrieb. Alles in einer Hand oder wenigstens von einer Hand gesteuert: von der des Bauern.

Auch Sepp Braun hat seine Ackerwirtschaft nach der Umstellung auf pfluglose Bodenbearbeitung selbst umgestellt und selbst entwickelt. Die Anregung kam von eben jenem Landmaschinenbauer und Pionier der pfluglosen Bearbeitung, Ernst Weichel. Der riet ihm zum Beet-Verfahren. Wie im Gemüsebau legte Sepp Braun auf seinen Äckern Beete an, allerdings deutlich breitere als der Gärtner. Damit konnte er mit dem Traktor immer in der gleichen Spur fahren und den nicht befahrenen Boden schonen. Ein heute überall übliches Verfahren. Weil er mit der Hochschule zusammenarbeitete, hat er damals einen passenden Schlepper mit breiterer Spur gestellt bekommen, schließlich war sein Hof ein Versuchsbetrieb. Die Achsen der Fahrzeuge mussten dann aber in Handarbeit angepasst werden. Die breitere Spur brauchte er, um mehr Licht und Luft in die Ackerbeete kommen zu lassen.

»Ich war sehr froh, dass es Roundup gab damals«, sagt er heute. Denn mit Glyphosat konnte er die meisten der vielen Fehler, die er am Anfang machte, schnell wieder korrigieren, zumindest kurzfristig und optisch. Und als der Betrieb dann 1988 auf Biolandbau umgestellt wurde, hatten die Brauns schon acht Jahre geübt und gelernt. Da hatten sie dann ihr System entwickelt.

Nun aber kam die Sache mit den Tieren dazu. »Ich war leidenschaftlicher Ackerbauer und kein Tierhalter«, sagt Sepp Braun, »aber wir haben damals schon gesehen, dass Ökolandbau mit Tieren viel einfacher funktioniert.« Wenn also Tiere sein mussten, dann wollte er aber unbedingt, »die Voraussetzungen schaffen, dass es den Kühen gut geht«. Also musste ein neuer Stall her. Der alte von den Eltern stammte noch aus den Zeiten der Anbindehaltung, als man von Weitem hören konnte, wenn die Tiere unruhig waren, weil sie dann mit den Ketten rasselten. Der Stall war zwar zwischendrin modernisiert worden, aber keineswegs auf dem Stand, den sich Sepp Braun wünschte.

Bauers Tierleben

Die Brauns machten sich auf den Weg zu Ethologen, um etwas über das ursprüngliche Verhalten und die elementaren Bedürfnisse von Rindern zu lernen. Welche Lebensbedingungen brauchen die Kuh und ihr Kalb? Wie ist eine Rinderherde organisiert? Wie wachsen die Kälber am besten auf? Was brauchen sie, wenn sie in die Pubertät kommen? Und sie lernten das Wichtigste: mehr Platz! Und noch mehr Platz, wenn die Tiere nicht enthornt werden sollen. Bei der Enthornung werden bei den Kälbern die Hornanlagen ausgebrannt oder weggeätzt. Ein schmerzhafter Eingriff, der eigentlich hauptsächlich durchgeführt wird, weil hornlose Rinder sich weniger gut verteidigen können, auch gegen Artgenossen. Entsprechend haben sie ein geringeres räumliches Dominanzverhalten und werden weniger aggressiv, wenn ihre Fluchttoleranz unterschritten ist. Tiere mit Hörnern beanspruchen und brauchen also mehr Platz. Klingt logisch, wird aber gerne nicht berücksichtigt, oder das Bedürfnis wird durch Enthornung beseitigt. Ihre Kühe sollten es gut haben und nicht schon im Kälberalter gequält werden. Also rissen die Brauns alles heraus, was im alten Stall war, und bauten einen großen neuen Stall für wenige Kühe und den Zugang zu den Weiden gleich nebendran.

Am Anfang hat Sepp Braun seine Kühe im Stall noch mit vorvergorenem Futter aus Silage gefüttert. Aber nicht mehr mit Mais-

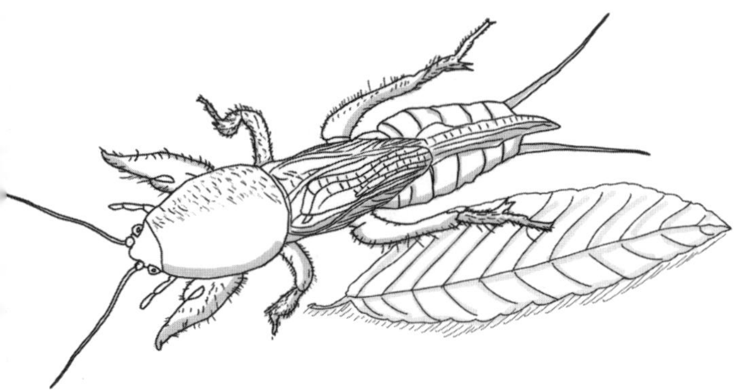

Ein Riese unter den Bodentieren: die Europäische Maulwurfsgrille wird bis zu sechs Zentimeter lang. Sie gräbt mit den zu Schaufeln gebildeten Vorderfüßen Gänge und Wohnhöhlen und macht sich mit lautem Zirpen bemerkbar.

silage, sondern mit Getreide und Leguminosen, also Hülsenfrüchten, in sogenannter Ganzpflanzensilage. Die Bauern sagen GPS dazu, wenn nicht gedroschen, sondern die ganze Pflanze ins Silo gesteckt und dort konserviert wird bis zur Fütterung. Die Rinder wurden dann immer mehr mit Heu gefüttert, und er bemerkte, wie die Probleme langsam aus dem Stall verschwanden. Das bedeutete eine große sowohl psychische wie auch finanzielle Entlastung, denn der Tierarzt musste immer seltener kommen. Immer weniger Kälberkrankheiten, immer weniger Durchfälle, weniger Euterentzündungen. Den Tieren ging es offensichtlich viel besser als vorher. »Aber nicht, weil ich vom begeisterten Ackerbauern zum guten Tierhalter mutiert bin, sondern weil ich den Tieren einfach bessere Lebensbedingungen geschaffen habe.«

So wie mit den Kühen bei der Umstellung auf Biolandbau, hielten die Brauns es dann auch bis heute mit ihren Tieren. Die neu gebauten Ställe für die Legehennen sind in den Augen eines konventionellen Landwirts, aber selbst nach Bioland-Richtlinien, mit einem Drittel der zugelassenen Tiere völlig unterbesetzt. Und es gibt selten gepflegte Tiergemeinschaften. Bei den Hühnern laufen ein paar Schafe mit, und die Schweine wuseln den Kühen durch die Beine und spielen mit den Kälbern. Alle Tiere auf dem Braun'schen Hof sind einigermaßen neugierig. Die Schweine sowieso, aber auch die Rinder und die Hühner laufen nicht weg vor dem fremden Besucher. Eher kommen sie und schauen, wer das wohl ist. Nur die alte Hofhündin ist eher gelangweilt und sucht einen ruhigen Liegeplatz.

Bodenfütterung

Das Nachdenken über die Tierhaltung und der Neubau des Kuhstalls gaben dann den Anstoß, auch den Ackerbau noch einmal zu überdenken: Ginge es nicht auch besser für die Pflanzen? »Dort war ich bis dahin die Probleme nur mit technischen Lösungen angegangen«, sagt Sepp Braun. Breitere Spur, Beete auch im Ackerbau. Und er hatte nur auf die Pflanzen geschaut, die er ernten wollte. Jetzt fing er an, sich mit der Bodenbiologie zu beschäftigen.

Und was fiel ihm als Erstes ein? Na klar, dieses wenigstens ein bisschen charismatische Zeigertier des Bodens: der Storch des Bodens, der Regenwurm. Und die gleiche Frage wie bei den Rindern: Was braucht eigentlich ein Regenwurm, um ein gutes Leben zu führen? Nun gibt es keine Verhaltensforscher, die man aufsuchen könnte, um sich über die Bedürfnisse von Regenwürmern aufklären zu lassen. Bodengesundheit und Bodenbiologie hatten in der Ausbildung des gelernten Landwirts Josef Braun keine Rolle gespielt. Vorwissen gab es also nicht. Aber das Wichtigste war dennoch aus der Fachliteratur zu entnehmen. Zuallererst braucht der Erdwurm und mit ihm das ganze Gefüge der Lebewesen im Boden weniger Störung durch mechanische Bodenbearbeitung. Schon gar nicht können die da unten gebrauchen, dass wir ihnen jedes Jahr mit dem blöden Wendepflug, wie ihn Sepp Braun nennt, das Unterste zuoberst kehren. So viel war ja schon mal gesichert durch die pfluglose Bodenbearbeitung. Aber vielleicht wäre ja auch einiges von der restlichen Bodenbearbeitung ohne Pflug und von der maschinellen Bodenbelastung zu reduzieren, also wegzulassen. Weder die Interessengemeinschaft gesunder Boden noch die Bodentage auf den Höfen der verschiedenen Anbauverbände aus dem biologischen Landbau gab es damals, als die Brauns aus Freising nach Lösungen suchten. Diese Vereine und Veranstaltungen bemühen sich heute besonders um den Fortschritt zurück zur Natur. Klar war Sepp Braun aber damals schon: »Ich muss auch die Tiere im Boden füttern.« So wie der Trog bei den Kühen nie leer sein sollte, so muss der Tisch auch für die Bodentiere immer gedeckt sein.

Das ist schon ein großer mentaler Schritt, die Tiere da unten im Boden einfach auch Tiere zu nennen. Im Norden der Republik, wo die Viehhaltung dominiert, gebührt dieser Ehrentitel nur den Kühen. Alle anderen heißen bei den Buren, wie sie heißen: Schafe, Schweine, Ziegen. Nur die Kühe sind »Tiere«, quasi die Ausgeburt des Tieres an sich. Abends geht der Bauer noch einmal nach den Tieren schauen. Und dann schaut er nicht nach Hasen, Hühnern, Schafen oder Schweinen. Und natürlich niemals nach Regenwürmern, obwohl er die nachts gerade am besten antreffen könnte. Aber die empfindet er üblicherweise nicht als seine Mitarbeiter auf dem Hof. Sepp Braun hat aber lange bemerkt, dass die Regenwürmer und die gesamte Fauna, deren Zeigerart sie sind, zu den wichtigsten Tieren auf seinem Hof gehören.

Wer sie füttern will, muss dafür sorgen, dass der Boden möglichst über das ganze Jahr von Pflanzen bedeckt ist. Die bieten dem Regenwurm und seinen Kollegen durch ihr stetes Wachsen und Abstoßen älterer Teile die Streuauflage zum Fressen und zum Aufbau des Humus. Wenn zwischendurch doch einmal durch eine Ernte Tabula rasa gemacht werden muss auf dem Acker und keine Untersaat zurückbleibt, muss der Bauer schleunigst wieder etwas hinfahren, was das Bodenleben nährt, kompostierten Stallmist zum Beispiel.

Sepp Braun hat für seine Regenwürmer dann noch einmal die komplette Bodenbearbeitung umgestellt. Es störte ihn, dass im Herbst noch immer die großen Maschinen auf die Äcker mussten für die Ernte: Mähdrescher, Häcksler, riesige Ladewagen. Er besaß solche Maschinen nicht selbst, sondern bestellte diese Bearbeitung bei einem Lohnbetrieb. Und dessen Geräte wurden mit jeder neuen Maschinengeneration immer größer und schwerer. Da hatte er peinlich genau darauf geachtet, mit möglichst wenig Bodenbearbeitung, also Störung des Bodenlebens, durchs Jahr zu kommen, und dann donnerten diese Kolosse über seinen Acker und hinterließen Verwüstung. Der Mann, der mich dazu angeregt hat, einen Acker wie ein Lebewesen, wie einen Freund zu betrachten, hat auch für diese Art von Ernteeinsatz ein persönliches Beispiel: »Das ist ungefähr so, als wenn ich jung verheiratet bin und gerade das Haus für meine Familie fertig hab, und dann kommt jedes Jahr ein Sturm und reißt mir das Dach herunter.« Er war also jedes Jahr nach der Ernte auf seinen Flächen wieder am Reparieren, nur weil er die Technik einsetzte, die angeblich so fortschrittlich ist. »Das musste aufhören!«

Die Analyse seiner Variante des Ackerbaus ergab, dass er die großen Maschinen nach der Umstellung auf Biolandbau hauptsächlich noch einsetzen musste, um das Getreide für die Ganzpflanzensilage vom Feld zu holen. Deshalb der Häcksler und die tonnenschweren Ladewagen. Für die Silage wird das Getreide grün geerntet, ist also noch einmal schwerer als reifes, abgetrocknetes Getreide für die Körnerernte. Die Silage brauchte er für die Kühe, dachte er bis dahin. Aber brauchen Kühe wirklich Silage? Wohl eher nicht, denn auf der Weide, wo es ihnen am besten geht, wachsen Gräser und Kräuter, vergorenes Gras oder Getreide kommt dort nicht vor.

Also stellte Sepp Braun nach der Umstellung noch einmal um. Die Kühe bekamen ab jetzt im Winter nur noch Heu, und die Fruchtfolge auf seinen Äckern konnte ohne das Silogetreide um Kleegras erweitert werden. Nun fütterte er seine Kühe genau wie seine Regenwürmer. Das Kleegras bei Brauns ist eine ausgefuchste Mischung aus der violett blühenden Luzerne, Gelbklee, Weißklee, Hornklee, Wiesenrotklee. Dazu Esparsette, auch eine Hülsenfrucht wie der Klee, also Verwandte der Erbse. Dann die Gräser: Glatthafer, Wiesenrispe, Rotschwingel. Und dann Kräuter: Spitzwegerich, Kümmel, Schafgarbe, wilde Möhre, Wiesensalbei, Wiesenknopf, Labkraut und Pimpernelle.

Als er nach der richtigen Mischung für seine Tiere und sein Land suchte, war gerade eine Studie aus der Schweiz veröffentlicht worden. Da war eine Kuhherde ein Jahr lang getrennt gehalten worden. Ein Teil wurde hinauf auf die Almwiesen getrieben, der andere blieb auf einer Weide im Tal. Am Ende erwies sich der Teil der Herde, der den Sommer auf der Alm verbracht hatte, als deutlich fitter und gesünder als die Kühe im Tal. Und das lag nicht nur daran, dass die Kühe auf der Alm sich mehr bewegen mussten, sondern auch an der Ernährung. Sepp Braun wollte für seine Kühe die kräuterreichen Almwiesen nachbauen. Und hat mit seiner Mischung jetzt auch viel mehr und nachwuchsfreudigere Regenwürmer. In der Fachliteratur hat er das Optimum der Besiedlung eines Kubikmeters Boden beschrieben gefunden: 600. Das klingt ihm sehr unwahrscheinlich und unerreichbar. Von der Bayerischen Landesanstalt für Landwirtschaft weiß er, dass der durchschnittliche bayerische Ackerboden gerade mal sechzig Regenwürmer pro Kubikmeter beheimatet. Bei der letzten wissenschaftlichen Zählung auf seinen Flächen waren es immerhin schon über 400.

Wer einen lebendigen Boden haben will, könne seine Regenwürmer nicht in einem Jahr mit Maiswurzeln und im nächsten mit Getreidewurzeln füttern, sagt er: »Das ist Fast Food.« Er achtet auch bei dem Bodenleben unter seinen Äckern auf eine vollwertige Ernährung. Wie bei seinen Rindern. Die Gesundheit der Rinderherde machte noch einmal einen Sprung, als die Silage aus dem Futter ganz raus war und die Weidegräser durch Kräuter ergänzt wurden.

Heute fährt Sepp Braun zu seiner Art der flachen Bodenbearbeitung möglichst nur noch auf die Äcker, wenn der Boden wenigstens etwas gefroren ist. Dann sind die Regenwürmer weiter unten, und er produziert keine verdichteten Fahrspuren. Das Kleegras lässt er bis in den Winter hinein auf dem Feld stehen. Erst dann wird gemäht und die Ernte in den Stall gefahren zu den Kühen. Die Gras- und Kleestoppel auf dem Acker fräst er, ähnlich wie Sepp Hägler, oberflächlich weg und walzt sie an. Das ist das Winterfutter für die Regenwürmer an den wärmeren Tagen und im zeitigen Frühjahr.

Nach dem Kleegras kommt in der Fruchtfolge der Brauns Hafer auf den Acker. Der wird aber gleich mit einer Untersaat ausgebracht, sodass nach der Haferernte der Boden weiter begrünt ist. Sein Hafer wächst zusammen mit Leindotter, Gelbklee und Bockshornklee. Letzterer extra für die Regenwürmer. »Die lieben aromatische Gewürzkräuter«, sagt Sepp Braun: »Tatsächlich!«

In der Fruchtfolge auf seinen Äckern gibt es dann noch eine besondere Mischung: das Sommermenggetreide als Hühnerfutter. Das Gemenge besteht aus gemeinsam aufwachsendem Sommerweizen mit Sommergerste, Leindotter und Erbse. Das wird gedroschen und, bevor es dann die Hühner bekommen, drei Tage vorgekeimt. Durch die Keimung steigt die Verfügbarkeit von Mineralien, Vitaminen und Spurenelementen für die Tiere. Ein bisschen Magermilch aus der Käserei kommt noch dazu, und die Brauns können komplett auf den Zukauf von eiweißreichem Futter verzichten.

Das ausgedroschene Stroh kommt in den Stall und wird zu Mist. Im Sommer weniger, wenn die Kühe draußen sind, im Win-

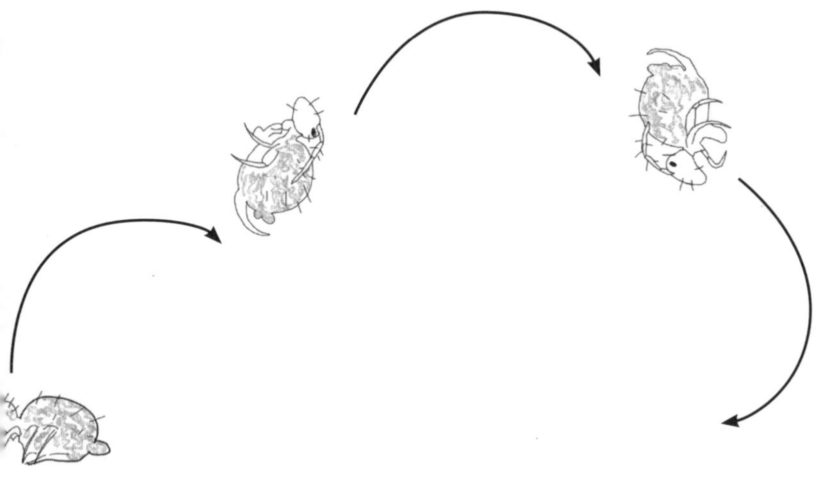

Bewohner der Streuschicht mit arttypischer Fluchtbewegung: Der Kugelspringer ist ein Springschwanz, dessen kugelig verschmolzene Hinterleibssegmente ihn von den langgestreckten, oft unterirdisch lebenden Formen unterscheiden.

ter fällt mehr Mist an. Im Winter wird aber auch mehr davon gebraucht. Der Mist wird sechs Wochen kompostiert und kommt dann auf den Acker. »Als Futter für mein Bodenleben.«

Biolebenstest

Sepp Braun weiß, dass der andere Sepp in der Oberpfalz mit seinen Besuchern und den Zuhörern seiner Vorträge einen Crashkurs in Bodenchemie veranstaltet. »Das ist auch richtig so!« Auch er will die Nährstoffchemie in seinen Böden ins Gleichgewicht bringen. »Aber bisher kümmert sich kein Mensch darum, dass wir auch die Biologie im Boden ins Gleichgewicht bringen müssen.« Er verweist auf Annie Francé-Harrar, die Kollegin und Ehefrau des Bodenforschers Raoul Heinrich Francé. Sie hat in einem schon lange nicht mehr erhältlichen Buch über Bodenleben und Fruchtbarkeit ihre Erfahrungen in der Humuswirtschaft zusammengefasst.[12] Und schon 1957 vorgeführt, dass es ähnlich wie bei der Bodenchemie auch beim Bodenleben ein ausgeglichenes Verhältnis der Organismengruppen zueinander gibt, das einen gesunden Boden kennzeichnet. »Aber das interessiert heute keinen«, sagt Sepp Braun: »Da ist man zu arrogant, um mal in ein altes Buch zu schauen.« Wissen kann eben auch verloren gehen.

Der Bauer Sepp Braun, der kein studierter Landwirt ist, aber viel Erfahrung mit Wissenschaftlern hat, die seine Äcker als Versuchsfelder nutzten, will jetzt ein eigenes wissenschaftliches Projekt anschieben. Das soll genau das messbar machen, was Annie Harrar vor über sechzig Jahren vorgestellt hat: das Verhältnis der Organismengruppen im Boden. So wie die Laboranalyse die Mängel der Bodenchemie gemäß der Gleichgewichtslehre nach William Albrecht sichtbar macht, so soll auch die Bodenbiologie für die Landwirte deutlich werden. Eine Bodenprobe biologisch analysieren und den Anteil der verschiedenen Organismengruppen darstellen, das ist das Ziel. Und das in einem schnellen, jederzeit wiederholbaren Verfahren, ohne dass ganze Gruppen von Wissenschaftlern wochenlang ihr Spezialwissen über einzelne Organismengruppen in mühsamer Bestimmungsarbeit an vielen Mikroskopen zusammenwerfen müssen. Sepp Braun konnte sogar etwas Geld in den Anschub einer solchen angewandten Forschung stecken.

Das kommt von der Biostiftung Schweiz, die zusammen mit der dortigen Stiftung Trigon einen Bodenfruchtbarkeitsfonds aufgelegt hat, der Bauern dabei unterstützen soll, die Bodenfruchtbarkeit auf ihren Höfen zu steigern.[13] Gestartet ist der Fonds mit über dreißig Biohöfen rund um den Bodensee. Die sollen nun ausprobieren, wie sie ihre Böden verbessern können, mehr Humus aufbauen und das Leben im Boden unterstützen. Das wird zusätzliche Arbeit machen, die sich durch erhöhten Ertrag bei der Ernte zunächst nicht auszahlen wird. Deshalb werden die Höfe drei Jahre lang finanziell unterstützt. Die Maßnahmen werden dabei wissenschaftlich begleitet, sodass sich hoffentlich die besten Methoden für die verschiedenen Bodenarten und örtlichen Gegebenheiten herauskristallisieren.

Mit dem Geld, das Sepp Braun von der Stiftung erhalten hat, will er all den Kollegen ein Werkzeug schaffen lassen, das ihre Erfolge oder Misserfolge bei der Unterstützung der Bodenbiologie messbar macht. Als Partner bei der Erarbeitung dieses Werkzeugs hat er die Wiener BOKU, die Universität für Bodenkultur, gewonnen. Die stellt jetzt erst einmal die Organismengruppen in seinem Ackerboden fest und vergleicht diese mit dem angenommenen Ideal. Das sind die Ausgangsdaten, mit denen dann weitergearbeitet werden kann. Was allerdings sicher nicht ganz so einfach wird wie bei der Bodenchemie, denn schon Wolfram Dunger hat vor Jahrzehnten festgestellt, dass die Zusammensetzung des Bodenlebens auch von der Fruchtfolge der Kulturpflanzen abhängt. Einige Springschwanzgruppen zum Beispiel bevorzugen bestimmte Leguminosen, also Hülsenfrüchte, auf dem Acker, während bestimmte Bodenmilben sich besonders stark unter Gräsern ausbreiten. Im Verlauf der Fruchtfolge vollziehe sich unter dem Acker eine ständige Veränderung im Charakter der Gemeinschaft der Bodentiere.

> *»Die Fauna kann sich auf diese willkürlichen menschlichen Eingriffe nicht einstellen, bleibt also immer labil, ohne dauerhafte Lebensgemeinschaften bilden zu können. Eine starke Entwicklung können unter diesen Umständen vor allem solche Arten erfahren, die anspruchslos und weniger eng spezialisiert sind. Die anderen Arten werden mehr oder weniger unterdrückt; die Bodenfauna der Äcker wird einseitig.«*[14]

Schlimmer als alles andere aber ist nach Wolfram Dunger für das Bodenleben die Ernte, wenn alles pflanzliche Material abgeräumt wird. Das sei ähnlich wie bei einer Waldfläche: »Im Kahlschlag wird diese Gemeinschaft kurzfristig und weitgehend vernichtet.«[15] Die Folge ist übrigens auch der Abbau von Humus, also das Gegenteil dessen, was eigentlich unser Ziel sein sollte. Vor allem dann, wenn wir die Landwirtschaft vom Klimaproblem zum Klimaretter machen wollen und das Vier-Promille-Ziel der Pariser Klimakonferenz ansteuern. Dann muss der Humusverlust dringend gestoppt und der Aufbau begonnen werden.

Sepp Braun hat auf seinen kargen Kalkschotterböden inzwischen knapp fünf Prozent Humus aufgebaut, auf den anderen Böden sind es sieben bis acht Prozent. Rund drei Prozent Humus mehr sind das seit der Umstellung auf Biolandbau vor dreißig Jahren. Und irgendwo dürfte bei seinen Böden dann auch bald die Obergrenze erreicht sein, ab der nicht mehr Humus in den Boden passt. Nach dieser langen Erfahrung ist sich Sepp Braun allerdings sicher, dass er mit seinem heutigen Wissen über pfluglose Bodenbearbeitung, stetige Begrünung, Fruchtfolgen, Untersaaten und Regenwurmfütterung das auch in einem Viertel der Zeit geschafft hätte. Wenn seine drei Prozent Humuszuwachs weltweit greifen könnten, wäre das Kohlendioxidproblem der durch unsere Emissionen aufgeheizten Erde deutlich gelindert, weil dann mehr Kohlenstoff im Boden eingelagert wäre.

Das würde uns Zeit geben, um all die anderen Wirtschaftsformen, neben der Landwirtschaft, auf Klimaneutralität zu trimmen. Aber davon sind wir weit entfernt. Sepp Brauns Hof ist nur eine kleine Insel, auf der selbst die Münchner Schotterebene fruchtbar ist. Und das Meer der Felder drumherum wird weiter bewirtschaftet, wie es die Broschüren und Berater der Agrarindustrie vorgeben. Allerdings entstehen in dieser umgepflügten, überdüngten und immer wieder totgespritzten Agrarsteppe immer mehr solche blühenden Inseln, wie es die Höfe der beiden Sepps in der Oberpfalz und bei Freising sind. Die natürliche Bodenfruchtbarkeit ist wieder ein Thema geworden unter den Bauern. Einige Initiativen kümmern sich um den Humusaufbau.

Humusoffensive

Es gibt eine ganze Bewirtschaftungsform, die sich darauf konzentriert – die sogenannte Regenerative Landwirtschaft. Friedrich Wenz, einer der Pioniere, der sich heute mit einem Kollegen zusammen auf die Weitergabe seines Wissens bei Seminaren und öffentlichen Feldtagen mit Vorführungen auf verschiedenen Höfen konzentriert, beschreibt das auf seiner Internetseite so:

> *»Die Regenerative Landwirtschaft ist die Wiederherstellung des lebend verbauten Kohlenstoffes im Boden durch Humusaufbau aus atmosphärischem Klimagas. Sie ist die Wiederherstellung der mikrobiellen Prozesse im Boden durch die Förderung der*

Interaktion Pflanzen-Bodenleben und damit auch der hohen Nährstoffgehalte in pflanzlichen Produkten. Die Regenerative Landwirtschaft basiert auf Methoden und Verfahren, die die Naturgesetze unterstützen.«[16]

Die Bewegung für mehr Bodengesundheit und Humusaufbau geht inzwischen aber auch über die Kreise der Bauern, zumal der Biobauern, hinaus. Die Naturschutzorganisation WWF Deutschland zum Beispiel hat einen Arbeitskreis eingerichtet, in dem sich seit 2016 am Boden interessierte Naturschützer mit Bauern treffen. Nach sechs Treffen hat der Gesprächskreis 2018 ein Papier mit Arbeitsthesen zum »Lebendigen Boden als gemeinsame Basis für Landwirtschaft und Naturschutz« vorgelegt; als Grundlage für weitere Treffen von Bauern und Naturschützern. In der Diskussion und in den Arbeitsthesen werden Naturschutz und Landwirtschaft, die sich an vielen Stellen auf dem Land oft recht unversöhnlich gegenüberstehen, zusammen gedacht, und die Erhaltung der fruchtbaren Böden wird zur gemeinsamen Naturschutzaufgabe. Es sei ein Bodenbild erforderlich, das über eine Sichtweise des Bodens als Rohstoff und Dienstleister hinausgeht:

»Eine Landwirtschaft, die intensiv mit Monokulturen oder engen Fruchtfolgen arbeitet, die stark chemisch und mechanisch in den Boden eingreift oder mit zu hohem Viehbesatz pro Hektar wirtschaftet, verringert die Mächtigkeit, Lebensvielfalt und natürliche Produktivität der ursprünglichen Böden. Es ist eine gemeinsame gesellschaftliche Aufgabe, diese Abbauprozesse umzukehren und einen wirklich nachhaltigen Landbau zu gestalten.«[17]

Das Kasseler Thesenpapier von Bauern und Naturschützern stellt dann einen Katalog von »Kernforderungen zur Praxis und

Entwicklung des Landbaus« auf. Dort steht am Anfang ein bemerkenswerter Satz: »Am Ende einer Fruchtfolge darf der Boden nicht schlechter dastehen als am Ende der vorangehenden.«[18]

Sepp Braun, der an diesem Papier mitgeschrieben hat, erklärt das an der Fruchtfolge, also der regelhaften Abwechslung der Feldfrüchte über die Erntejahre, am Beispiel seines Hofes. Er beginnt mit zwei Jahren seiner besonderen Mischung von Kleegras mit Kräutern. Nach Kleegras würde dann üblicherweise, auch im Biolandbau, Winterweizen folgen. Das bedeutet, dass er im Spätsommer oder frühen Herbst das Kleegras mähen und den Rest wegfräsen müsste, um den Weizen zu säen. Er lässt das Kleegras stehen, weil das bis in den Winter hinein noch Photosynthese betreibt und so Energie in den Acker bringt. Bei ihm folgt dann auch kein Sommerweizen, sondern Hafer, weil er den besser mit Untersaat aufziehen kann, sodass der Acker bei der Ernte dennoch mit Pflanzen bedeckt bleibt. Der Winterweizen folgt dann erst auf den Hafer, danach wieder ein Jahr Kleegras, dann sein Sommermenggetreide, dann Winterrogen, wieder Sommermenggetreide, noch einmal Hafer und wieder Sommermenggetreide. Dazwischen sät er immer wieder Zwischenfrüchte, um den Boden bedeckt zu halten. Nach zehn Jahren ist die Fruchtfolge einmal durch. In üblichen Fruchtfolgen steht in weit mehr als der Hälfte der Zeit Getreide auf den Äckern, und das nicht als Hühnerfutter wie bei ihm die Sommermischung mit Erbsen, sondern zum Verkauf. »Das ist auch energetischer Unsinn«, sagt er. Wenn das Getreide auf dem Acker im Juni in die Gelbreife geht, dann fände dort keine Photosynthese mehr statt. »Ich schalte meine Photovoltaikanlage doch auch nicht von Juni bis August ab.«

Wenn schon Getreide, sagt Sepp Braun, dann hätte er gerne andere Sorten. Nicht dass es kein gutes Öko-Saatgut gäbe, aber er hätte es gerne grundsätzlich anders. Er würde lieber nicht jedes Jahr säen müssen und wünscht sich deshalb das

Getreide wieder als mehrjährige Staude; so wie es die Gräser einmal waren, aus denen wir unsere Kulturpflanzen gezüchtet haben. Tatsächlich gibt es Staudenroggen, der wird aber, wenn überhaupt, meist als Pflanze für die Wildäsung eingesetzt, um die Tiere von den Äckern fernzuhalten. Der Name sagt es schon: Waldstaudenroggen. Er soll sich auch als Zwischenfrucht bestens eignen, aber das ist ja genau das, was Sepp Braun sich nicht vorstellt. Er möchte mehrjähriges Getreide, das zusammen mit Leguminosen aufwachsen könnte, die das Getreide mit Stickstoff versorgen. An solchen Pflanzen wird tatsächlich geforscht: Mehrjähriger Weizen, mehrjähriger Reis und mehrjährige Sonnenblumen sind das Ziel. Hauptsächlich in den USA wird gezüchtet, gekreuzt und experimentiert. Zum Teil mit neu domestizierten Wildpflanzen, zum Teil mit Kreuzungen von Wildpflanzen und bereits domestizierten Kulturpflanzen.[19] Sepp Braun wünscht sich eine starke und tiefe Durchwurzelung des Bodens, wie sie eine Getreidepflanze in einem einzigen Jahr gar nicht schaffen kann. Damit würde das Zusammenspiel zwischen den Bodenorganismen und den Wurzeln noch kräftiger und vor allem weiter in den Boden vordringen. Was auch bedeuten würde, dass der Humus in tiefere Schichten eingelagert wird. Damit wäre dann auch die Lebensgemeinschaft der Bodentiere nicht mehr so labil, wie Wolfram Dunger das für die Ackerböden generell beschrieben hat. Und Sepp Braun wünscht sich dann natürlich auch mehrere Ernten in mehreren Jahren hintereinander. »Natürliche Ökosysteme haben achtzig Prozent mehrjährige Arten, daran sollten wir uns ein Beispiel nehmen.« Auf unseren Feldern werde aber jedes Jahr alles wieder abgeräumt und in jedem Frühjahr oder Herbst von vorne begonnen. Mit all den Folgen: Störung des Bodenlebens, Humusverlust statt Humusaufbau.

Wenigstens den Verlust von Humus soll der kurze Katalog von konkreten Maßnahmen verhindern, die das Kasseler Thesenpapier von Bauern und Naturschützern fordert. Vier Punkte listet das Papier auf – nach der grundsätzlichen Bemerkung zu den Fruchtfolgen, die den Boden nicht schlechter machen, also nicht stressen und auslaugen sollten. Vier Punkte, die jeweils überprüfbar sein sollen mit wissenschaftlich unterfütterten Methoden: Der Humusgehalt des Bodens soll erhalten oder aufgebaut werden. Die Bodenstruktur, also die Krümelstruktur, der Lebendverbau, die Bodengare, soll erhalten oder verbessert werden. Die Aktivität des Bodenlebens soll nicht gestört, sondern erhöht werden, was am einfachsten an der Aktivität der Regenwürmer messbar ist. Und schließlich soll die Bodensubstanz erhalten, also keine Erosion zugelassen werden.

Eingedenk der Erfahrung Sepp Brauns, in dessen gesamter Ausbildung von natürlicher Bodenfruchtbarkeit und dem Schutz des Lebens im Boden nie die Rede war, folgt dann eine bildungspolitische Einsicht:

> *»Hierfür ist es dringend nötig, die Praktiken, Systeme und die agrarpolitischen, forschungs- und bildungspolitischen Rahmenbedingungen des Landbaus umzugestalten. Die Kontrolle sollte dabei in erster Linie in der Verantwortung der Bauern und Bäuerinnen liegen. Einzelne Bodeneigenschaften lassen sich in der Praxis kaum und wissenschaftlich nur mit großem Aufwand exakt bestimmen. Es gibt aber schon viel Wissen darüber, wie sie durch Veränderungen im Landwirtschaftssystem verändert werden.«*[20]

Das Wissen von Sepp Braun zum Beispiel. Der hat vor zehn Jahren noch einen Schritt gemacht, der auch in die Richtung der Versöhnung von Naturschutz und Landwirtschaft geht: Er hat Agroforst angelegt. Zunächst hat er mit einigen Heckenstreifen begonnen, die er zwischen seinen Äckern gepflanzt hat, inzwischen sind daraus breite Agroforststreifen mit Tausenden Bäumen geworden. Und auch da hat er wieder mit Forschern zusammengearbeitet, die auf seine Anregung hin überprüft haben, was sein Agroforst denn so an Aufwuchs produziert. Die errechnete Ertragsleistung kam dann nach einigen Jahren ungefähr der Leistung gleich, die ein hochgezüchteter und gedüngter Mais bringt, die Kulturpflanze, die am meisten Sonnenenergie in Biomasse umsetzt.

Angelegt hat er die Agroforststreifen aber nicht, um später möglichst viel Holz zu ernten, schließlich gehören ohnehin schon sechs Hektar Wald zum Hof. Angelegt wurden die Baumhecken in den Feldern, um das klimatische Milieu dort zu verbessern. Die Bäume sind Windschutz an stürmischen, kalten Tagen, und sie reduzieren die Verdunstung des Wassers, wenn es heiß und trocken ist. Den Pflanzen auf den Feldern und auch dem Leben im Boden geht es besser zwischen den Agroforststreifen. Er ist sich sicher, dass er auch deshalb so gut durch das letzte Dürrejahr gekommen ist. Die Landwirte in seiner Region klagten jedenfalls alle über katastrophale Ernteausfälle. In diesen Chor musste er nicht einstimmen.

Allerdings wird er von der Europäischen Union bestraft für seine Hecken, denn sie werden aus der Fläche seines Ökolandbaus herausgerechnet. Dafür fehlt ihm dann das Geld aus der sogenannten zweiten Säule der Agrarsubventionen. Das ist natürlich ökologisch gesehen kompletter Unsinn, weil ja gerade die Baumhecken zur biologischen Vielfalt beitragen, während Äcker üblicherweise Monokulturen sind. Aber so funktioniert Bürokratie: Agroforst ist in der Verordnung nicht vorgesehen, basta. »Das ist eine Sauerei«, sagt Sepp Braun. Das reißt zudem ein Loch in die Kasse, zumal er ja zuvor schon in die Hecken investiert hat. Das sei ihm inzwischen aber auch egal, sagt er: »Ich lasse mich jetzt einfach nicht mehr von irgendwelchen blöden Gesetzen aufhalten.« Das sei ja schließlich auch einer der Gründe gewesen, weshalb die Brauns ihren Hof auf Biolandbau umgestellt haben, damals in den 1980er-Jahren: »Wir wollten wieder freie Bauern sein!«

Anfüttern

»Wenn wir uns fragen: Was ist Bodengesundheit und wie können wir sie erreichen? Dann müssen wir uns anschauen, wie die Natur das macht.« Johannes Storch steht am Rand eines seiner Felder und zeigt auf den Wald dahinter. Ein Mischwald, der trotz der anhaltenden Dürre in diesem Jahr noch sehr gut dasteht. Die Blätter der Bäume haben hie und da ein wenig Sonnenbrand, sie sind an den Blatträndern an manchen Stellen etwas welk und braun. Aber das sieht man erst bei genauerem Hinschauen. Und selbst die Farne und Stauden unter den Bäumen sind noch leidlich grün. Dieser Wald kann die Trockenheit offenbar aus eigener Kraft recht lange abpuffern. Aber Johannes Storch meint es genereller: »Wir sehen: Der Boden ist durchwurzelt, und er ist immer bedeckt, durch organisches Material. Wo keine Pflanzen stehen, liegt Laub.« Das wäre das Vorbild. So müsste es auf dem Acker auch sein.

Die Felder des Bio-Gemüsehofs Dickendorf liegen rund 500 Kilometer nordwestlich vom Hof der Brauns. Das Land ist hügelig hier im Westerwald, geprägt von Wäldern und Wiesen; das Klima ist deutlich rauer als im Süden, die Vegetation teilweise montan bis nordisch. Dickendorf liegt im äußersten Nordosten von Rheinland-Pfalz, zwischen dem hessischen Dillenburg und dem nordrhein-westfälischen Windeck, am Rande des rund sechzig Hektar großen Naturschutzgebietes Lindians Seifen, das die Feuchtgebiete und Heidelandschaften des Hohen Westerwaldes erhalten soll. Eigentlich ist das überhaupt keine typische Landschaft für den Anbau von Gemüse. Und doch ist Johannes Storch mit einer kleinen Gruppe Gleichgesinnter hier in einen Betrieb eingestiegen, der sich genau das getraut hat. Seit 2007 ist die gemeinnützige GmbH »live2give«[21], die den Hof trägt, nun dabei, ein Bewirtschaftungssystem zu entwickeln, das dem Vorbild der Natur entspricht. Dem haben seine Erfinder inzwischen sogar einen Namen gegeben, unter dem sie die Maschinen vermarkten, die sie extra dafür entwickelt haben: MulchTec.

Johannes Storch erklärt das System an einem Feld, das gerade vor drei Wochen abgeerntet und neu eingesät wurde. Es ist Herbst, Mitte Oktober, die Einsaat, die über den Winter das Feld begrünen soll, ist gerade aufgegangen. Auch auf dem Bio-Gemüsehof Dickendorf wird nicht gepflügt. Aber eine mechanische Bodenbearbeitung gab es hier doch: mit einem Grubber mit schmalen Zinken einmal über den Acker und etwa 25 Zentimeter tief gelockert. Danach wurde das Saatbett bereitet mit einer flach eingestellten Fräse. Die Spatenprobe zeigt einen krümeligen Boden mit den alten Wurzeln des Gemüses, das hier geerntet wurde, und ganz oben von der Fräse eingearbeitetem Mulch. Der Boden sei vorher schon gar gewesen, sagt Johannes Storch, aber der Grubber habe ihn jetzt noch einmal gelockert und ihm zusätzlich eine Art mechanischer Gare verpasst. Die Zwischenfrucht, die jetzt gesät wurde, soll diese Krümelstruktur durchwurzeln und dadurch bewahren. Ein bisschen gekalkt wurde auch noch, und etwas Schwefel brauchte der Boden. Obenauf liegen die weißen und gelben Düngerkügelchen.

Vier verschiedene Saaten sind auf dem Feld aufgegangen im obersten Bereich des Bodens. »Das ist der Anfang unseres Systems«, sagt Johannes Storch: eine Mischung aus zwei Getreidearten, einem hoch aufwachsenden Roggen und Triticale, einer Kreuzung aus Weizen und Roggen[22]. Dazu kommen Winterwicke und Inkarnatklee. Die violett blühende Wicke wird die Getreidehalme zum Klettern benutzen und außerdem den Boden sehr tief durchwurzeln. Der Klee wird Stickstoff in den Boden einlagern für das später angebaute Gemüse. Im nächsten Frühjahr steht die gemischte Zwischenfrucht dann sehr dicht und über zwei Meter hoch auf dem Feld.

»Die Wurzeln ernähren die Bodenbiologie durch ihre Wurzelexsudate«, sagt Johannes Storch. Das sind Ausscheidungen der Wurzeln, wie Aminosäuren, Vitamine, Kohlenhydrate, Alkaloide, die die Pflanze meist im Austausch gegen Nährstoffe abgibt und von denen sich zahlreiche Bodenorganismen ernähren. Schon beim Wachsen scheidet die Pflanzenwurzel eine stark wasserhaltige, schleimige Zuckerlösung aus, die die Reibung zwischen den zarten Wurzelspitzen und den Mineralkörnern der Erde mindert. Auch diese Zuckerlösung dient der Mikrobiologie im Boden als Nahrung. »Superwichtig für den Erhalt der Bodenfruchtbarkeit«, sagt der Gemüsebauer, schon deshalb muss der Boden immer durchwurzelt sein. Hier im Westerwald aber auch, weil es im Spätherbst und Winter normalerweise viel regnet und

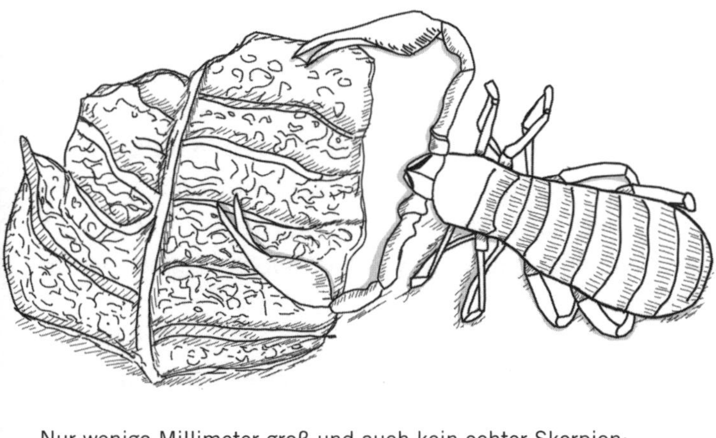

Nur wenige Millimeter groß und auch kein echter Skorpion: Der Giftstachel fehlt beim Pseudoskorpion. Dafür hat der Bewohner der Streuschicht in einer der Scheren eine Giftdrüse, mit deren Hilfe er seine Opfer lähmt.

die Gefahr der Wassererosion in dem hügelig gewellten Gebiet groß ist.

Im Frühjahr ist der Boden dann wirklich gar, die krümelige Struktur ist jetzt auch durchwurzelt, und die Bodenkrümel sind in sich gefestigt. Der Humus ist eingebaut, die Erde dunkelbraun, und das bis tief hinunter. Die Zwischenfrucht steht dicht und übermannshoch, dennoch kann man überall im Grün die Erdhäufchen der Regenwürmer sehen, den Wurmkot der Tiefbohrer. Jetzt ist die Bodenstruktur nicht mehr zu verbessern, jeder Eingriff würde das Bodenleben schädigen und den gewachsenen Lebendverbau zerstören. Jetzt aber soll das Gemüse in das nicht gemachte Beet. Nur wie?

Das am Gemüsehof Dickendorf entwickelte Bodenbewirtschaftungssystem greift jetzt zum Schlegelmulcher. Das ist eine Maschine, die an den Traktor angebaut wird und dann auf dem Acker gleichzeitig mäht und das Gemähte im selben Arbeitsgang zerhackt. Das macht man am besten, wenn die Zwischenfrucht voll in der Blüte steht, dann nämlich treibt sie nicht wieder aus, erklärt Johannes Storch. Da auf dem Betrieb im Frühjahr aber alle zwei Wochen frische Gemüsepflanzen in den Boden gebracht werden müssen, passt das nicht auf allen Feldern genau mit dem Termin. »Dann müssen wir nacharbeiten mit Mulchmaterial von anderen Feldern.« Das wächst auf dem Grünland, das zum Hof gehört. Der zugeführte Mulch deckt dann die gemähte Zwischenfrucht noch einmal ab, und da kommen die nachtreibenden Pflänzchen nicht mehr durch. Und es kann auch kein eingeflogenes Unkraut unter der Mulchschicht keimen, denn dort ist es dunkel.

Jetzt ist also das Feld mit einer geschlossenen Decke von Mulch versehen. Ein Festessen für die Regenwürmer und die Streubewohner unter den Bodenlebewesen und gleichzeitig eine Sperre für alles, was auf dem Feld nicht wachsen soll. Wachsen sollen da Rotkohl und Wirsing, Aber es ist immer noch keine der in den Gewächshäusern vorgezogenen Pflänzchen, die jetzt schon kräftige Blätter treiben, im Boden. Jetzt könnte man hergehen und mit dem Pflanzstock alle paar Zentimeter ein Loch in den Mulch und die darunter liegende Erde stoßen und eines der vorgezogenen Pflänzchen hineinsetzen und andrücken. Fertig, nächstes Loch, nächstes Pflänzchen. So mache ich das in meinen Hochbeeten. Die sind allerdings nur zwei Meter lang und einen breit, und ich muss mich nicht einmal bücken. Auf dem Gemüsehof sollen aber in kurzer Zeit acht Hektar Anbaufläche bestellt werden. Das geht nur maschinell.

Die Maschine, mit der man Gemüse in den Mulch pflanzen kann, gab es nicht zu kaufen, als die Dickendorfer mit ihrem Mulchsystem begonnen haben. Also mussten sie sich eine Maschine dafür bauen. Dafür haben sie bei live2give einen Konstrukteur: Marek Mezyk. Er hat zusammen mit dem für den Maschinenbau zuständigen Peter Storch das Gerät entworfen, das inzwischen bis zur Marktreife entwickelt wurde und auch gebaut und verkauft wird. Auch hier ist es wieder wie beim Oberpfälzer Sepp Hägler: Wer neue Wege gehen will bei der Bodenbearbeitung, der braucht einen begabten Maschinenbauer im Betrieb. Bisweilen reicht es, vorhandene Maschinen nur zu modifizieren, manchmal müssen sie aber ganz neu gedacht, gezeichnet und dann auch gebaut werden. So war das auch in Dickendorf.

Jetzt fährt im Frühjahr ein Traktor sehr langsam über die gemulchten Felder, der vor sich eine Messerwalze herschiebt, die den Mulch noch einmal andrückt. Hinten am Traktor hängt die Neukonstruktion von MulchTec, auf der zwei Pflanzer sitzen und aus den Steigen vor sich die kleinen Pflänzchen nehmen und sie kopfüber in unter ihren Sitzen laufende Pflanzschare stecken. Das sind langsam mitlaufende, schräg stehende Metallscheiben, die oben weit auseinander stehen und sich nach vorne und unten hin einander nähern, sodass nur noch die Stängel der Jungpflanzen in den Zwischenraum passen. So halten die Pflanzschare die Pflänzchen fest und lassen sie am Boden, wo sie sich wieder voneinander entfernen, in einer schmalen Furche fallen. Diesen Schlitz in Mulch und Erde schneidet eine vor den Setzscheiben laufende Messerwalze. Und hinterher laufen noch große, ebenfalls schräg stehende Metallräder, die einerseits die ganze Konstruktion tragen, andererseits aber auch mitarbeiten, indem sie die eben erst geschnittene Furche wieder zuschieben, sodass nur noch die Blätter der frisch gesetzten Gemüsepflänzchen aus dem Mulch herausschauen. Auf dem Rückweg über den Acker werden wieder zwei Reihen Pflänzchen gesetzt. Auf diese Weise entstehen zwischen den 1,80 Meter breiten Fahrspuren des Traktors anderthalb Meter breite, langgestreckte Gemüsebeete.

Im Boden sterben jetzt natürlich die Wurzeln der abgemähten Zwischenfrüchte ab, gleichzeitig aber schieben die Gemüsepflanzen ihre Wurzeln nach. »Besser takten kann man das wohl nicht mehr«, sagt Johannes Storch: heute mulchen, morgen pflanzen.

Die Druntersaat

Dreizehn Monate später stehen dann die Wirsingköpfe erntereif dicht an dicht auf dem Feld. Dazwischen ist ein wenig Mulch nachgestreut worden, aber sonst hat über ein Jahr lang keine Bodenbearbeitung stattgefunden. Auch kein Hacken von Hand, wie das in Gemüsebetrieben üblich ist. Wieder machen wir eine Spatenprobe. Der Boden ist intensiv durchwurzelt, zwei Regenwürmer flüchten aus der einen Handvoll ausgestochenem Boden. Johannes Storch hat sie zählen lassen, bevor sie am Gemüsehof das Mulchsystem gestartet haben und danach. Vorher war es schon sehr gut mit 120 Regenwürmern im Kubikmeter Boden, inzwischen aber sind es fast 400. Er legt die Erde zurück in das Spatenloch und deckt den Mulch wieder darüber. »So stell ich mir einen Boden vor«, sagt er.

Jetzt wird der Wirsing nach und nach geerntet und die Stelle, an der die Pflanze stand, mit Mulch neu abgedeckt. So geht der Acker durch den Winter. »Und jetzt soll ich da im nächsten Frühjahr eine neue Zwischenfrucht einsäen«, sagt Johannes Storch. Und dazu muss er den Boden bearbeiten und die eben bewunderte durchwachsene Bodenstruktur, wenn nicht zerstören, dann doch empfindlich stören. »Das ist eigentlich komplett falsch, sollte man nicht machen!« Der Boden sei jetzt so gar, dass man durch eine Bodenbearbeitung absolut nichts besser machen kann, nur schlechter.

Die Frage ist nun also: Wie kann man hier eine Zwischenfrucht säen, ohne den Boden zu bearbeiten? Das Wort Untersaat bekommt eine ganz neue Bedeutung. Man müsste unter den Mulch säen, aber so, dass die jungen Pflänzchen auch eine Chance haben, durch die Mulchdecke zu wachsen. Und die Zwischenfrucht soll ja nicht wie die Gemüsepflanzen in Reihen gesetzt werden, sondern flächig über die ganzen Beete gesät. Das Ziel wäre, die Beete, die durch das Pflanzen des Gemüses entstanden sind und jetzt die beste Bodenstruktur aufweisen, über mehrere Jahre zu bewirtschaften, ohne den Boden in der Tiefe bearbeiten zu müssen.

Die Zwischenfrucht muss aber sein, auch um dem Boden Nährstoffe wieder zuzuführen, die mit der Gemüseernte fortgetragen wurden. »Man will ja immer einen geschlossenen Betriebskreislauf haben«, sagt Johannes Storch. »Aber das kriegen wir nicht hin als Gemüsebetrieb.« Es gibt da nämlich ein riesiges Loch im Nährstoffkreislauf: die Kunden. »Die essen das Zeug und bringen es nicht wieder.« Es gibt keine großen Tiere auf dem Hof, die Gras fressen und Dung produzieren. Dafür allerdings sehr viele kleine, die den Mulch der Zwischenfrüchte fressen und daraus Humus produzieren. Er rechnet vor: Allein die Menge der Regenwürmer auf seinen Feldern bringt schon so viel Masse auf die Waage wie vier Kühe pro Hektar. Und die müssen gefüttert werden. Auch dafür braucht es die Zwischenfrucht. Also muss wohl wieder ein neues Gerät konstruiert werden, denn die käuflichen Maschinen für die Direktsaat können mit dicken Mulchschichten nicht umgehen. Sie sind eher dazu geeignet, in ein abgeerntetes Feld, etwa einen Stoppelacker, neu einzusäen.

»Wir haben da auch schon Ideen«, sagt Johannes Storch, aber das neue Gerät muss halt erst noch entwickelt und konstruiert werden. Die fertige Pflanzmaschine, die Gemüse in den Mulch setzen kann, hat auch ihre Zeit gebraucht, bis sie marktreif war. Aber jetzt sind die ersten Maschinen gebaut und auch verkauft. Regelmäßig veranstalten die Dickendorfer öffentliche Feldtage mit Vorträgen und Vorführungen, zu denen inzwischen Bauern auch aus Frankreich, England, Österreich und der Schweiz kommen. Ihr System hat sich herumgesprochen unter interessierten Landwirten. Sie verleihen ihre Maschinen auch, nicht nur in Deutschland, auch schon mal ins Ausland. Das Mulchen scheint Schule zu machen.

Johannes Storch hat sich schon während des Studiums mit Mulch auseinandergesetzt. Auf einem Feldtag in Süddeutschland bei Friedrich Wenz, dem Pionier der Regenerativen Landwirtschaft, hat er sich über Direktsaatsysteme informiert. In Frankreich hat er einen Betrieb besucht, der zwischen seine Spargel- und Kartoffelreihen mulcht. »Und dann war klar: Sobald ich hier loslege, mache ich das mit Mulch.« Nur so wie er und seine Mitstreiter es jetzt machen, so konnte er sich das vorher dann doch nirgendwo anschauen. Also mussten sie das alles erst entwickeln, inklusive der Maschinen.

live2give ist eine Gemeinschaft, die auch der christliche Glaube zusammengebracht hat. Und der ist auch einer der Antriebe von Johannes Storch. Wenn man ihn fragt, warum er so viel Energie in die Entwicklung eines ganz neuen landwirtschaftlichen Produktionssystems gesteckt hat, dann sagt er: »Aus Respekt vor der Schöpfung.« Und fügt gleich hinzu: »Und aus Respekt vor den

Mitmenschen.« Seine Form, den Boden zu bewirtschaften und dabei Humus aufzubauen, sei sein Beitrag für den Erhalt unserer Gesellschaft in einer lebenswerten und überlebensfähigen Umwelt, sein Beitrag zum Klimaschutz. Seit vier Jahren läuft die Mulchwirtschaft der Dickendorfer jetzt rund, und in diesen vier Jahren wurde in den so bewirtschafteten Böden ein halbes Prozent Humus aufgebaut. Die nächste kleine Berechnung folgt: Ein Prozent Humus pro Hektar bindet 26 Tonnen Kohlenstoff im Boden. Nimmt man das mal 3,65 kommt man auf die Menge Kohlendioxid, die aus der Luft geholt wurde: fast hundert Tonnen pro Hektar des so bewirtschafteten Landes. Das hätten wir dann demnächst, denn seit das Bearbeitungssystem etabliert ist, nimmt die Humusbildung im Boden noch einmal zu.

Und ganz nebenbei hat Johannes Storch auch noch bewiesen, dass mit dem Mulchsystem der Dickendorfer im biologischen Gemüsebau Höchsterträge zu erzielen sind, wie sonst nur im konventionellen Landbau mit Kunstdünger und Chemieeinsatz. Was bedeutet, dass es eben nicht wahr ist, dass höhere Erträge nur auf Kosten der Bodenfruchtbarkeit und des Bodenlebens zu erreichen sind. «Wir können viel ernten und viel Bodenaufbau betreiben«, sagt er, und das gleichzeitig. Das funktioniere aber eben nur mit der Natur und nicht gegen sie.

Der Wurmwettkampf

Szenenwechsel. Knapp zweihundert Kilometer südöstlich von Dickendorf im Westerwald beginnt der Odenwald mit einem weithin sichtbaren Vulkankegel, der von einer Burg gekrönt ist: der Veste Otzberg. Am Fuße dieses Burgberges liegt an einem Bachlauf die Heydenmühle, die mit ihrem ehemaligen Mühlenhaus und den vielen Nebengebäuden eigentlich eher wie ein Dorf anmutet. Heute ist die Heydenmühle eine anthroposophische sozialtherapeutische Lebensgemeinschaft für Menschen mit Behinderung. Hier hat Johannes Fetscher viele Jahre die Mühlengärtnerei biologisch-dynamisch bewirtschaftet und damit einige der therapeutischen Arbeitsplätze geboten, die in der Heydenmühle nicht nur in Werkstätten, sondern eben auch in der Landwirtschaft angesiedelt sind.

Damit hätte er eigentlich die Arbeitskräfte gehabt, die man beim Gemüseanbau braucht, um zwischen den Kulturpflanzen zu hacken. Dennoch fand er, dass es schönere Arbeiten gibt als das Hacken, und wollte es deshalb ohne versuchen. Außerdem ärgerte er sich, dass der konventionell wirtschaftende Landwirt nebenan genauso viele Regenwürmer im Boden hatte wie er, nämlich hundert. Da, wo der mit Zwischenfrüchten arbeitete, waren es sogar zwanzig mehr als im biodynamischen Gärtnereibetrieb. Auch diesem Missverhältnis wollte er gerne abhelfen, indem er seine Regenwürmer anfütterte. Also baute er Kleegras in die Fruchtfolge ein und erntete Mulchmaterial. Das streute er zwanzig Zentimeter dick zwischen die Gemüsekulturen, die lange auf den Beeten stehen, wie Kohl oder Lauch oder Fenchel. Dann musste er nur noch eine Weile lang die Wurzelunkräuter wie Ackerdistel, Quecke und Pferdeampfer ziehen, die den Mulch hochdrücken konnten, »und dann war Ruhe, nichts mehr mit Hacken«.

Das spornte Johannes Fetscher an, und weil er ein studierter Agrarwissenschaftler ist, wollte er es jetzt gerne genau wissen und systematisch erforschen. Schon für seine Doktorarbeit hatte er einen Feldversuch durchgeführt, und genau das begann er jetzt noch einmal. Zwei Universitäten begleiteten nacheinander seinen fünfjährigen Versuch: die Bodenkundler aus Trier und das Institut für Organischen Landbau in Bonn.

Er begann auf den regional typischen, wenig humosen Böden, die aufgrund ihres hohen Kalkgehaltes hohe pH-Werte aufweisen. Es wurden zwei Versuchsfelder angelegt, mit jeweils acht Beeten mit zwei verschiedenen maschinellen Bodenbearbeitungssystemen: mit Fräse oder der in Gartenbaubetrieben und im Weinbau oft verwendeten Spatenmaschine. Diese beiden Varianten jeweils mit und zur Kontrolle ohne Mulch. Nicht in allen fünf Versuchsjahren wurde Gemüse gepflanzt und der Ertrag gemessen. In den beiden letzten Jahren wollten die Wissenschaftler stattdessen den Erfolg der Mulchabdeckung bei der Bekämpfung in den Gemüsekulturen unerwünschter, spontan aufwachsender Beikräuter messen.

Am Ende des Versuchs hatte Johannes Fetscher den konventionell wirtschaftenden Nachbarn mit seinen 120 Regenwürmern pro Quadratmeter Ackerboden weit hinter sich gelassen:

> *»Durch die Mulchauflage ergab sich nach fünf Jahren ein signifikant höherer Wassergehalt im Boden von fünf Prozent, eine signifikant höhere Regenwurmbiomasse und -anzahl. Letztere war im Mittel fünfmal so hoch wie ohne Mulchauflage (circa 500 Individuen pro Quadratmeter). Der höhere Bodenwassergehalt war eng korreliert mit der Regenwurmzahl.«*[23]

Besonders interessant scheint Johannes Fetscher auch die Zusammensetzung der Gemeinschaft der Regenwürmer. Die Art, die von der Mulchdüngung am meisten profitierte, war der tiefgrabende Tauwurm. Ohne Mulchdüngung stellte *Lumbricus terrestris* knapp ein Viertel der Regenwürmer, unter dem Mulch waren es dann aber fast drei Viertel der um das Fünffache vergrößerten Population. Das könnte, so vermutete Johannes Fetscher, dann auch bedeuten, dass der Humus, den dieser Regenwurm im Boden mit aufbaut, in tiefere Bodenzonen verfrachtet würde und dort längere Zeit gebunden wäre. Und genau das wiesen die Wissenschaftler auch nach. Am Ende des Versuchs, als sie die Versuchsflächen ausgruben und Schicht für Schicht abhoben, konnten sie die Röhren des Tauwurms bis in anderthalb Meter Tiefe verfolgen, und überall waren sie mit seinen humosen Tapeten ausgekleidet.

Im gesamten Versuchsboden der gemulchten Flächen war außerdem das C/N-Verhältnis, der Gehalt an Kohlenstoff und Stickstoff, enger zusammengerückt. Ein enges C/N-Verhältnis steht für mehr pflanzenverfügbaren Stickstoff und damit für höhere Fruchtbarkeit. In einer sehr fruchtbaren Schwarzerde zum Beispiel liegt das Verhältnis normalerweise bei 10:1, zehn Teilen Kohlenstoff steht eines an Stickstoff gegenüber. In einem Hochmoor mit sehr geringer biologischer Aktivität liegt das Verhältnis bei 50:1. In den gemulchten Versuchsflächen der Parabraunerde der Heydenmühle lag das Verhältnis immer noch weit entfernt von dem einer Schwarzerde, war aber viel besser geworden als zuvor. Und das ließ sich dann auch an den Ernteerträgen messen. Schon im zweiten Versuchsjahr ergaben sich deutlich höhere Erträge auf den gemulchten Beeten, mit »imposanten Einzelpflanzengewichten«. Johannes Fetscher erntete Mangoldpflanzen, die zweieinhalb Kilo auf die Waage brachten.

Am Ende war er zwar froh über den Erfolg seines Mulch-Versuchs und arbeitet seitdem nur noch so im Gartenbau. Doch was den Erfolg der Vier-Promille-Initiative angeht, die die Franzosen bei der Klimakonferenz gestartet haben, ist Johannes Fetscher eher pessimistisch, denn der Humusaufbau ist eine sehr langwierige Angelegenheit. Sein Fazit in dieser Hinsicht ist deshalb ernüchternd:

> *»Solange durch fossile Brennstoffe mehr Kohlendioxid freigesetzt wird als gebunden werden kann, ist der Wettlauf gegen die Zeit zur Fixierung nennenswerter Kohlendioxid-Mengen nicht zu gewinnen.«*[24]

Will sagen: Nur wenn wir den Ausstoß des Treibhausgases in die Atmosphäre deutlich reduzieren, kann uns eine auf Humusaufbau und Bodensicherung umgestellte Landwirtschaft helfen, einen Teil des bereits ausgestoßenen Kohlendioxids in den Böden zu binden und damit die schlimmsten Folgen des Klimawandels doch noch zu mildern.

Tatsächlich haben ja selbst die Humus-Spezialisten wie Sepp Braun und Johannes Storch die vier Promille Humusaufbau pro Jahr nicht geschafft. In Freising waren es drei Prozent in dreißig Jahren, also ein Promille pro Jahr, im Westerwald war es ein halbes Prozent an Humuszuwachs in vier Jahren, also 1,25 Promille pro Jahr. Nun darf man davon ausgehen, dass auf ihren Böden zuvor schon ziemlich bodenschonend gearbeitet wurde, Sepp Braun hatte ja schon acht Jahre vor der Umstellung auf Ökolandbau nicht mehr gepflügt. Also dürften da vorher schon relativ hohe Humusanteile aufgebaut oder gehalten worden sein, weshalb der Zuwachs nach der Umstellung auf ein neues, Humus aufbauendes, Bodenbearbeitungssystem dann langsamer vonstattenging.

Andererseits ist der Start des Humusaufbaus und die Rückkehr der natürlichen Bodenfruchtbarkeit auf stark degradierten Böden mit geschädigtem Bodenleben auch eine sehr langfristige Sache. Das zeigen die Besiedelungsbeobachtungen der Görlitzer Bodenzoologen. Da ist zwar mehr Potenzial, verloren gegangenen Humus bis zur Sättigungsgrenze wiederaufzubauen, die für jeden Bodentyp unterschiedlich ist, aber es dauert auch länger. Die Startphase ist einfach mühsam. Wie bei einem großen Tanker: Das Umlegen des Ruders zeigt im ersten Moment wenig Wirkung.

Das Einhecken

Es gibt allerdings eine probate Möglichkeit, die Wiederbelebung geschädigter Böden zu beschleunigen. Auch dies Ergebnis der Görlitzer Forschung: Hecken pflanzen! In den Heckenstreifen stabilisiert sich das Bodenleben recht schnell, und von dort aus wandern die Bodentiere in die Ackerflächen ein. Regenwürmer schaffen die wissenschaftlich belegten fünf bis zehn Meter im Jahr, die winzigen Fadenwürmer und Bärtierchen können ja in ihrem kryptobiotischen Schlafzustand sogar fliegen, und auch Hornmilben wandern bekanntlich mit dem Wind.

Das Bundesland Schleswig-Holstein, dessen Kulturlandschaft außerhalb der Marschen in weiten Teilen immer noch von Hecken geprägt ist, die die Felder unterteilen, hat seine Knicks unter Schutz gestellt. Das sind Wallhecken, also Gehölze, die auf Erdwällen gepflanzt sind und dadurch zusätzlichen Schutz vor Winderosion bieten. Wenn jetzt noch landwirtschaftliche Flächen zusammengelegt werden sollen, müssen die Umweltbehörden das genehmigen und die Knicks müssen anderswo in gleicher Länge neu angelegt werden. Gegen den sogenannten Knick-Erlass sind die Landwirte Sturm gelaufen, als er in den 1990er-Jahren kam, und noch einmal, als er vor Kurzem angepasst wurde. Erlassen wurde die Verordnung doch, und inzwischen sind einzelne Landkreise sogar dabei, zusammen mit den Bauern neue Knicks anzulegen. Schwieriger durchzusetzen sein wird solches Neupflanzen von Hecken allerdings in den bereits maschinengerecht ausgeräumten Landschaften vor allem im Osten Deutschlands. Vielleicht ginge es ja mit der Förderung von Agroforstflächen wenigstens da, wo die Landwirtschaft auch bei den Eigentumsverhältnissen noch etwas kleinräumiger ist. Besser noch mit einer amtlichen Definition von Agroforstflächen als Kombination von Forst- und Ackerland. An der Brandenburgischen Technischen Universität in Cottbus ist dazu ein Vorschlag erarbeitet worden. Auf der zugehörigen Internetseite wird allerdings bedauert, dass die Landwirtschaftsverwaltung schläft.

> *»Agroforstschläge, welche definitionsgemäß Gehölzkulturen und Ackerkulturen auf einem Schlag vereinen, sind bislang*

nicht mit dem deutschen Agrarförderrecht vereinbar. Dennoch erscheint es sinnvoll und notwendig, dass sich in den Agrarbehörden, vor dem Hintergrund einer verstärkt geforderten Multifunktionalität in der Landwirtschaft, mehr und mehr von sektoralen Denkmustern verabschiedet und neuen integrativen Landbausystemen zugewandt wird.«[25]

Vielleicht gibt es ja, wenn das möglichst bald gelingt, mehr Bauern wie Sepp Braun, die mal ausprobieren, wie das ist, wenn der Agroforststreifen neben dem Acker das Klima auf dem Feld verbessert und das Bodenleben unterstützt. Und übrigens auch nach kurzer Zeit den Verlust am Ernteertrag wieder wettmacht, der durch die etwas kleiner gewordene Ackerfläche eintritt. Die ausgleichende Wirkung der Baum- und Strauchhecken macht sich besonders dann bemerkbar, wenn das Wetter nicht ausgeglichen ist, wie in den vergangenen zu trockenen oder zu nassen Jahren. Eine ausgleichende Wirkung der Hecken stellt sich übrigens auch bei den menschlichen Betrachtern ein. Eine gestaltete kleinräumige Kulturlandschaft ist zumindest für das Gemüt von uns Mitteleuropäern zuträglicher als die Agrarsteppen des Ostens oder die Maiswüsten des Nordwestens. Womit dann auch gleich die Regionen benannt wären, deren Landwirte mehrheitlich einer Abkehr von der industrialisierten Form der Landwirtschaft wohl am härtesten entgegenstehen werden.

Ökologisierung

Eine komplette und vor allem rasche Humuswende der Landwirtschaft, die einen aktiven Beitrag zur Sicherung der natürlichen Bodenfruchtbarkeit und am Ende dann auch zur Rückholung der Klimagase aus der Atmosphäre leisten könnte, ist eher unwahrscheinlich. Deshalb müsste es in einem ersten Schritt wohl darum gehen, die Landwirtschaft insgesamt klimaneutraler zu machen, also ihren Anteil am Ausstoß von Klimagasen deutlich zu reduzieren und letztlich gegen null zu führen. Danach könnte man dann über den Humusaufbau und die Speicherung von Kohlenstoff im Boden besser reden, weil der Anfang schon gemacht wäre und nicht wie jetzt neunzig Prozent der Landwirtschaft, nämlich der industrialisierte Teil, gegen den notwendigen Trend arbeiten. Genau diese Idee hatte auch Greenpeace Deutschland und deshalb das Institut FIBL, das Forschungsinstitut für biologischen Landbau mit Sitz in der Schweiz und Dependancen in Deutschland und Österreich, mit einer Machbarkeitsstudie beauftragt.

Herausgekommen ist das »Kursbuch Agrarwende 2050«. Es zeigt auf, wie die Landwirtschaft in Deutschland umgebaut werden könnte, auch um ihre Treibhausgas-Emissionen bis 2050 zu halbieren. Ein Effekt, bei dem dann schon wieder Kohlenstoff aus dem Kohlendioxid der Luft in den Boden eingelagert würde, ist die Renaturierung der Moore, die heute entwässert sind und landwirtschaftlich genutzt werden.

Die Autorin und die beiden Autoren der Studie gehen dabei einen grundsätzlich neuen Weg: Sie fordern nicht, wie bei ähnlichen Projekten gang und gäbe, eine komplette Umstellung auf den Ökolandbau. Das wäre zwar die richtige Lösung, sei aber unrealistisch. Deshalb geht es hier erstmals um etwas völlig anderes:

> *»Ziel der vorliegenden Studie ist es, eine Diskussionsgrundlage für die Entwicklung einer zukunftsfähigen und ökologisierten Landwirtschaft in Deutschland im Jahr 2050 zu erarbeiten. Diese ökologisierte konventionelle Landwirtschaft zeichnet sich aus durch eine weitgehend klimaschonende Bewirtschaftung, eine deutliche Erhöhung der Biologischen Vielfalt in der*

Agrarlandschaft, signifikant verringerte Schadstoffeinträge, eine verbesserte Nutztierhaltung und eine gentechnikfreie und schadstofffreie Erzeugung von hochwertigen Lebensmitteln, Futtermitteln und – falls erforderlich und möglich – von Biomasse.«[26]

Mit der hier extra erwähnten Biomasse ist die gemeint, mit der in Biogasanlagen Energie erzeugt wird. Natürlich ist auch Gemüse und Getreide Biomasse. Und mit dem neuen Gedanken der Studie – der Ökologisierung der konventionellen Landwirtschaft – ist nicht gemeint, was Lobbygruppen der Agrarindustrie wie das sogenannte »Forum Grüne Vernunft«[27] vorschlagen, nämlich die Zusammenführung »des Besten der beiden Welten« der konventionellen und der ökologischen Landwirtschaft. Solche Sprüche plappern auch deutsche Landwirtschaftsministerinnen und -minister immer mal wieder gerne nach, was aber nichts daran ändert, dass die Biolandwirtschaft sich nicht »durch das Beste aus der konventionellen Landwirtschaft« ergänzen lässt. Was sollte das auch sein? Gentechnik wahrscheinlich.

Mit der Ökologisierung der konventionellen Landwirtschaft ist eine möglichst deutliche Abkehr von Wirtschaftsweisen gemeint, die in der industrialisierten konventionellen Landwirtschaften die Probleme bereiten. Es geht um die Reduktion der klimaschädigenden Treibhausgase aus der Landwirtschaft, um die Erhaltung der Biodiversität statt der Vernichtung der biologischen Vielfalt, um die Verringerung der übermäßigen Nährstoff- und Schadstoffeinträge. Es geht um das Ende des Verlusts von Boden durch Erosion und der Schädigung des Bodenlebens, also der natürlichen Fruchtbarkeit der Böden, um den virtuellen Flächenbedarf in fremden Ländern durch den Import von Futtermitteln und letztlich natürlich auch um das Tierwohl. Es geht also um alles. Ein äußerst anspruchsvolles Projekt, gegen das es massiven Widerstand geben würde, wollte es denn jemand in der Politik ernsthaft durchsetzen. Und doch könnte die Ökologisierung der konventionellen Landwirtschaft ein gutes Stück realistischer sein, als zu versuchen, die biologische Landwirtschaft flächendeckend durchzusetzen und sich dabei der Marktmacht der Discounter auszuliefern.

Vieles wäre schon getan, wenn das agrarpolitische Ziel hieße, die Treibhausgas-Emissionen der Landwirtschaft bis 2050 zu halbieren. Das schlägt die Studie vor, und das wäre wohl in Deutschland mehrheitsfähig, wenn vielleicht auch noch nicht bei der Mehrheit der Politiker, dann doch bei der Mehrheit der Deutschen. Das kann man zumindest aus Umfrageergebnissen zu ähnlichen Sujets schließen. Das Kursbuch Agrarwende schlägt vor, bis 2050 in mehreren Schritten zu einer Reduktion der Treibhausgase aus der Landwirtschaft auf die Hälfte zu kommen. Gemessen am Ausstoß von 2010, wären das dann immer noch 35 Tonnen Kohlendioxid-Äquivalente pro Jahr. Äquivalente deshalb, weil das klimaschädlichste Treibhausgas aus der Landwirtschaft gar nicht Kohlendioxid ist, sondern Lachgas, gefolgt von Methan.

Lachgas ist dreihundertmal klimaschädlicher als Kohlendioxid. Es stammt aus der Tierhaltung und stickstoffhaltigen Düngemitteln. Methan ist 25 Mal klimawirksamer als Kohlendioxid. Es stammt direkt oder indirekt ebenfalls aus der Tierhaltung, entsteht aber auch in stark vernässten Böden. Bei der Zersetzung organischer Stoffe unter Luftabschluss, also dem Faulen, produzieren die daran beteiligten Mikroorganismen, die Archäen, das Gas als Abfallprodukt ihres Stoffwechsels. Der Reisanbau auf gefluteten Feldern trägt bis zu einem Viertel zu den weltweiten Methanemissionen bei, etwa 35 Prozent werden der landwirtschaftlichen Tierhaltung zugerechnet. Der Rest entsteht ohne menschliches Zutun. Auch im Darm der Rinder werkeln Archäen, was natürlich auch für Wildrinder gilt; ebenso sind im

Darm von Termiten Archäen aktiv, in Kläranlagen und in den Biogasanlagen. Allein dort wird das Gas verbrannt und daraus Strom produziert. Und das ist eine Chance.

Die Biogasanlagen, die überall auf dem Land wie Pilze gewachsen sind und zu einem gewaltigen Überhang des alles andere als umweltfreundlichen und bodenschützenden Maisanbaus geführt haben, könnten auch zur Vermeidung von Methanausgasungen genutzt werden. Dazu müsste nur die Verstromung von Gülle gefördert werden. Dann wäre das Methan und auch das Lachgas aus diesem flüssigen Wirtschaftsdünger schon mal nicht in der Atmosphäre. Es würde zu Biogas und dann zu Strom und Wärme gemacht. Natürlich entsteht auch dabei Kohlendioxid, aber das stammt aus dem Futter der Tiere, nicht aus fossilen Quellen. Es gehört also zum natürlichen Kohlenstoffkreislauf. Die Gärreste der Biogasanlage sind dann übrigens auch wieder ein hervorragender Dünger, der vom Bodenleben gut aufgenommen und zu Humus umgebaut wird. Kleiner Nebeneffekt für die Menschen, die auf dem Land leben: Die Gärreste stinken nicht. Die zweite Konsequenz aus einer geförderten Gülle- statt Maisverstromung wäre der Rückgang der Maisanbaufläche. Das würde weniger Einsatz von Pestiziden und deutlich weniger Erosionsschäden bedeuten.

Natürlich kann man Mais auch anders anbauen und sogar mit Untersaat versehen, wie Sepp Hägler in der Oberpfalz das sehr erfolgreich vorführt. Aber bis solche Systeme von allen Maisanbauern übernommen werden, ist es ein sehr langer Weg. Der Umbau der Biogasverstromung könnte mit einer Änderung des Erneuerbare-Energien-Gesetzes rasch beginnen. Man muss aus dem Biogas übrigens auch keinen Strom machen, jedenfalls nicht auf dem Land, wo so viel davon gar nicht gebraucht wird. Man kann es reinigen und ins Gasnetz einspeisen, dann können Gaskraftwerke in den Städten mit regenerativem Gas betrieben werden, oder es kann damit geheizt werden. Die Studie des Forschungsinstituts für biologischen Landbau geht dieses Thema allerdings sehr zaghaft an.

Ähnlich ist es beim Thema Bodenleben. Da wird zwar aufgelistet, welche gewaltigen Probleme wir mit der Erosion haben und wie sich das durch den Klimawandel in den nächsten Jahren und Jahrzehnten noch deutlich verstärken wird. Auch der Humusverlust und die Schädigung des Bodenlebens sind benannt. Dann aber ist bei den Problemlösungen von den lebendigen Böden kaum mehr die Rede. Nur in der Greenpeace-Vision für das Jahr 2050 kommt das Wort noch einmal vor:

> *»Eine schonende Bodenbewirtschaftung führt zu einem langjährigen Humusaufbau und vermindert Bodenverdichtung und Erosion. In der Folge sind die Böden fruchtbar und kohlenstoffreich. Ihr Bodenleben hat sich deutlich verbessert und die Wasseraufnahmekapazität steigt.«*[28]

Und wie bitte kommen wir zu dieser schonenden Bodenbewirtschaftung? Durch ein europäisches Boden- und Erosionsschutzgesetz schlagen die Autoren des Kursbuchs Agrarende vor, und durch förderpolitische Anreize, die zum Beispiel die Rinder wieder auf die Weiden bringen. Damit wäre das Ganze mal wieder in Brüssel geparkt. Wenn selbst das Forschungsinstitut für biologischen Landbau so wenig zum Humusaufbau und zum Bodenleben zu sagen hat, sind wir doch noch sehr weit von der Humuswende entfernt. Schade, die dicke und ansonsten sehr ausgefeilte Studie wäre eine Chance gewesen. Nicht um die Landwirte zu erreichen. Diejenigen, die so wirtschaften wie auch vom FIBL umfänglich beklagt, dürften keine Studien lesen, die von Greenpeace beauftragt wurden. Aber die Naturschützer und andere zivilgesellschaftliche Akteure könnten den schleichenden Verlust der natürlichen Bodenfruchtbarkeit besser in den Blick bekommen.

Moor Leben

Bei einem anderen Thema ist die Studie deutlich forscher als beim Bodenschutz: da, wo es um die Rückholung verlorener Böden geht. Und zwar genau um diejenigen, die am meisten Kohlenstoff einlagern können, die durch ihre intensive landwirtschaftliche Nutzung aber auch am meisten Kohlendioxid in die Atmosphäre freisetzen.

> *»Zusätzlich wird die Ackernutzung auf organischen Moorböden eingestellt und 500 000 Hektar werden bis zum Jahr 2050 wiedervernässt und renaturiert. Das entspricht einer Reduktion von rund fünfzehn Millionen Tonnen Kohlendioxid-Äquivalenten für die (…) Landnutzung; insbesondere durch die Reduktion der Kohlendioxid-Emissionen auf organischen Moorböden.«*[29]

Dass trockengelegte Moore tatsächlich wieder zu wachsenden, lebendigen Mooren gemacht werden können, indem man die Dränagen zurückbaut, ist schon an mehreren Beispielen in Deutschland ausprobiert und wissenschaftlich gut begleitet und dokumentiert worden. Es funktioniert, zumindest da, wo noch Reste des ursprünglichen Moores vorhanden sind. Im Biosphärenreservat Schorfheide-Chorin in Brandenburg wird seit ein paar Jahren das den Flusslauf der Sernitz begleitende Moor sukzessive wieder vernässt, ein Teil des geförderten EU-Life-Projektes Schreiadler. Die Flussmoor-Niederung ist trotz intensiver Entwässerungsmaßnahmen über viele Jahrzehnte und trotz früheren Torfabbaus für die Landwirtschaft immer zu nass geblieben. Kein Wunder, es handelt sich um ein Quellgebiet; aus dem ehemaligen Moor sprudelt es bis heute. Dort nimmt die Görlitzer Bodenzoologin Ricarda Lehmitz seit 2014 regelmäßig Proben und schaut zu, wie sich die auf das Leben im Moor spezialisierten Hornmilbenarten wieder ausbreiten. Es geht langsam, aber das Moor kommt wieder. Und damit wird auch wieder Kohlenstoff in den wachsenden Moorboden eingebaut; so viel wie in keinem anderen Bodentyp.

Bei der Renaturierung des Sernitzmoores im Biosphärenreservat gehen der Landwirtschaft keine Flächen verloren. Ihr konnte die unnütze Entwässerung ohnehin nichts helfen. Für andere Flächen, die heute aber tatsächlich beackert werden, schlägt die FIBL-Studie eine spätere extensive Grünlandnutzung vor. In manchen sumpfigen Naturschutzgebieten grasen schon heute robuste Rinder, die das ganze Jahr draußen gehalten werden können; oft ist diese landwirtschaftliche Nutzung vom Naturschutz gewünscht und initiiert. Zweite Möglichkeit wäre die Wiederbelebung der Paludikultur, für deren Produkte es eine wachsende Nachfrage gibt. Der Begriff stammt vom lateinischen Wort Palus, was Morast oder Sumpf bedeutet, und beschreibt durch den Zusatz des Wortes Kultur eine Nutzung der sumpfigen Flächen. In Norddeutschland sind seit geraumer Zeit durch eine Modifizierung des Dachdeckerhandwerks und der ihr folgenden Änderungen bei den Versicherungsbedingungen Reetdächer wieder in Mode gekommenen. Die könnten dann mehr als heute wieder mit heimischem Reet gedeckt werden. Zurzeit wird viel aus Ungarn und China importiert, weil unsere Moore ja trockengelegt wurden und es nur noch wenige feuchte Naturschutzgebiete gibt, wo das Schilfrohr überhaupt geerntet werden kann.

Übrigens muss der Boden gefroren sein, um Reet ernten zu können, weil man sonst mit dem Traktor zum Mähen und Aufladen gar nicht hineinfahren kann in das sumpfige Gelände. Wir brauchen also kalte Winter, um unsere natürliche Dachbedeckung überhaupt gewinnen zu können. Die haben wir aber zunehmend abgeschafft, weil der einsetzende Klimawandel die Winter zu milde macht. Auch deshalb ist das heimische Reet in den letzten Jahren knapp geworden, weil es im Sumpf schlicht stehen bleiben musste. Das haben wir auch geschafft, indem wir die Regionen, in denen der nachwachsende Rohstoff entsteht, trockengelegt haben. So kommt das eine Problem zum nächsten.

Nicht nur die Briten sind in der Lage, scheinbar unausweichliche Zwickmühlen zu konstruieren – siehe Brexit. Ich würde ihnen allerdings gerne die Meisterschaft darin überlassen und lieber hoffen, dass der Rest der Menschheit in der Lage ist, Lösungen zu suchen für die selbst geschaffenen Probleme und auch zu finden. Und dann, letzte Hürde, danach auch zu handeln.

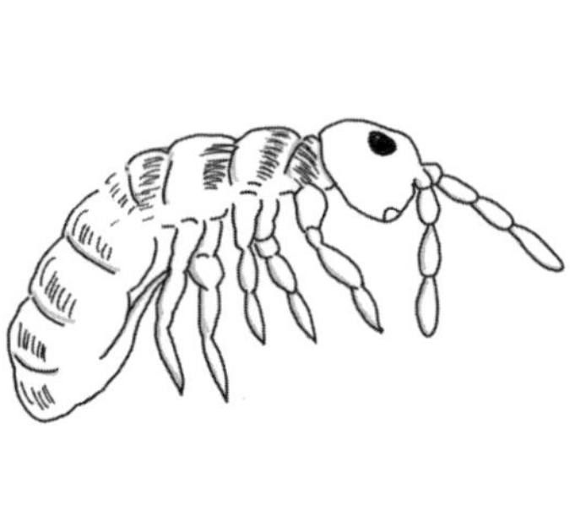

Epilog
Lebensboden

Das absurdeste Paradoxon unserer Zeit ist sicher die seltsame Diskrepanz zwischen unserem Wissen und unserem Handeln. Noch nie in der Geschichte der Menschheit verfügten wir über so viel Wissen, und noch nie haben wir uns dermaßen irrational konträr zu unserem Wissen verhalten.

Wir haben einen noch nie dagewesenen Wohlstand erreicht. Der ist immer noch allzu ungleich verteilt, muss aber, vor allem mit Blick auf die Länder, die das Klima am meisten anheizen, historisch genannt werden. In Mitteleuropa, das tausend Jahre Kriege hinter sich hat, haben wir zudem die bislang längste Zeit des Friedens erlebt. Und das meint nicht nur die Abwesenheit von Krieg, sondern auch die Abnahme von innergesellschaftlicher Gewalt. Auch deshalb werden wir im Durchschnitt immer älter, nicht nur wegen der Fortschritte der Medizin. Wir leben also eigentlich »in der besten aller möglichen Welten«, wie sie Leibniz postulierte, nur dass diese Welt leider einen grundsätzlichen Fehler hat. Ganz so, wie Voltaire seinen Candide auf der Suche nach dem Guten immer wieder das Böse erfahren lässt.[1]

In einem ganz und gar heutigen Buch will uns der Sozialpsychologe Harald Welzer eigentlich die machbare Utopie einer selbstbestimmten offenen Gesellschaft vorstellen, also einen positiven Blick in die Zukunft öffnen. Für dieses Buch habe er sich immer wieder selbst disziplinieren müssen, um nicht in die übliche negative Sichtweise zu verfallen, sagte er in einem Interview. Und kommt dennoch nicht drumherum, wenn er ganz unvermeidlich feststellen muss, welches unser grundsätzliches Problem ist:

> *»Alles, was die unglaublichen zivilisatorischen Fortschritte möglich gemacht hat, (…) basiert auf der Vorstellung, dass die Naturressourcen, aus denen wir Autos, Häuser, Nahrungsmittel, Smartphones, Kleider, Alexanderplätze und Raketen machen, unbegrenzt vorhanden sind. Diese Vorstellung ist sogar so irre, dass die meisten Ökonomen und Politiker glauben, dass die Materialmenge, die für die Verwandlung in Produkte jeder Art nötig ist, immer noch anwachsen kann, genauso wie die Menge der Energie, die für die Umwandlung gebraucht wird. Das widerspricht (…) so ziemlich allem, was wir über das Universum wissen.«*[2]

Unser Verhalten widerspreche allem, was wir die Kinder in der Schule lernen lassen, und auch der »allgegenwärtigen Reklame«, die uns vorgaukelt, wir lebten in einer Wissensgesellschaft.

> *»Nichts könnte falscher sein: Wir leben in einer Gesellschaft, in der Wissen gelehrt und Unwissen praktiziert wird, ja, in der Tag für Tag gelernt wird, wie man systematisch ignorieren kann, was man weiß.«*[3]

Vielleicht wird die schwedische Klimaschutzaktivistin Greta Thunberg und ihre um die Welt greifende Schülerbewegung »Fridays for Future« beweisen, dass es doch nicht umsonst war, die Schüler das tatsächliche Wissen zu lehren. Wenn die Hartnäckigkeit Greta Thunbergs und ihre Unfähigkeit, die Tatsachen zu ignorieren, auch ihrem Leiden an einem Asperger-Syndrom geschuldet sein mögen. Vielleicht bewegt sie viele ihrer Mitstreiter tatsächlich dauerhaft, und aus den Schulstreiks erwächst die erste Generation, die tatsächlich anders handelt und das moderne Paradoxon aus der Welt schafft. Bis diese Schülerinnen und Schüler allerdings so alt sind, dass sie selbst entscheiden können, wie es weitergehen soll, wird es an vielen Stellen dieser Welt und für sehr viele Menschen schon nicht mehr weitergehen. Bis dahin schalten und walten die heute Erwachsenen, die gelernt haben, wie man sein eigenes Wissen »systematisch ignorieren kann«. Wobei der Spagat zwischen unserem Wissen und unserem Handeln noch nie so weit war wie heute.

Manchmal denke ich allerdings auch, dass das gar keine so neue Erscheinung ist, sonst wären nicht so viele Kriege angezettelt worden, bei denen am Ende alle verloren hatten. Es könnte sich hinter diesem scheinbar unerklärlichen Verhalten auch eine menschliche Konstante verbergen. Wir hätten dann quasi einen psychischen Knick in der Optik, eine eingebaute Hybris, geboren aus unserer »machiavellischen Intelligenz«. So nannte das in den 1970er-Jahren der britische Psychologe Nicholas Humphrey. Er beschrieb ein selbstsüchtiges Verhalten, das auch dann noch auf den kurzfristigen eigenen Vorteil bedacht war, wenn klar und bewusst war, dass schon mittelfristig daraus auch persönliche Nachteile entstehen werden. Der Primatenforscher und Psychobiologe Frans de Waal bestätigte dieses Verhalten später auch bei den uns am nächsten verwandten Großen Menschenaffen, den Schimpansen.

Es könnte sich also um ein leider nicht so leicht zu überwindendes Erbe der Evolution handeln. Andererseits sind wir natürlich auch zu Kooperation fähig und zu selbstlosem Helfen, das aber eher weniger anonym, also nicht der gesamten Menschheit oder gar deren noch gar nicht geborenen Nachkommen gegenüber, sondern da, wo wir uns tatsächlich gegenüberstehen oder uns Bilder und Imaginationen von konkretem Leid anfassen.

Natürlich gibt es auch persönliche und berufliche Konstellationen, Karriereaussichten, Gewinnanreize, die das machiavellische Erbe besonders fördern. Wahrscheinlich baut unsere

Wirtschaftsweise generell darauf auf. Ich will nicht sagen, dass der Kapitalismus von psychologisch geschulten Spin Doctors erdacht worden sei, aber wenn man ihn nochmal erfinden müsste, würden sich solche Gestalten sicher für den dafür kreierten Think Tank eignen.

Die Psychoanalytikerin Sibylle Drews[4] antwortet mir auf die Frage, wie sie die bemerkenswerte Diskrepanz zwischen unserem Wissen und unserem Handeln erklärt:

> *»Zu diesem Paradox fällt mir als erstes Freuds Spekulation über den Widerspruch zwischen Lebens- und Todestrieb ein. Ihm war klinisch aufgefallen, dass es zwei Tendenzen im Menschen gibt, die einander widersprechen: die eine Tendenz hin zur Erhaltung und Entwicklung des Lebens, die andere hin zur Auflösung, letztlich zum Tode. Er sagt, dass das Ziel alles Lebens der Tod sei. ›Das Leblose war früher da als das Lebende‹, als strebe der Mensch zu diesem Zustand zurück, als gäbe es einen ›dem belebten Organischen innewohnenden Drang zur Wiederherstellung eines früheren Zustandes‹.«*[5]

Tatsächlich dokumentiert die psychoanalytische Literatur viele Fälle von Menschen, die immer wieder gegen ihre eigenen Interessen handeln. Sibylle Drews zitiert dazu noch einmal Sigmund Freud:

> *»Es gibt Menschen, die in ihrem Leben immer die nämlichen Reaktionen zu ihrem Schaden wiederholen, oder die selbst von einem unerbittlichen Schicksal verfolgt scheinen, während doch eine genauere Untersuchung lehrt, dass sie sich dieses Schicksal unwissentlich selbst bereiten.«*[6]

Weshalb Sibylle Drews nicht davon ausgeht, dass wir wissentlich wider besseres Wissen handeln und also auch nicht »systematisch ignorieren«, wie der Sozialpsychologe Harald Welzer sagt. Das nämlich setze einen bewussten Vorgang voraus. Wir würden vielmehr verdrängen, das Wissen ins Unterbewusstsein verschieben, und dort solle es auch bleiben, »weil wir das Unheil, das diese Verdrängung anrichtet, nicht wahrhaben wollen«.

Was für einzelne Personen gilt, von denen die Psychoanalytiker meist reden, haben zwei von ihnen, Alexander und Margarete Mitscherlich, schon vor langer Zeit auf ganze Gesellschaften übertragen. In ihrer *Unfähigkeit zu trauern*[7] haben sie vorgeführt, wie die Gräueltaten der jüngsten Vergangenheit, die allen bekannt sind, dennoch für Jahrzehnte aus dem kollektiven Bewusstsein verdrängt werden können. Erst die Studentenbewegung der Achtundsechziger brachte die Taten der Nazizeit in die öffentliche Diskussion der Bundesrepublik Deutschland. Zuvor passte das alles nicht ins gesellschaftliche Selbstbild. Die Kulturwissenschaftler Aleida und Jan Assmann bezeichnen die Konstruktion einer kollektiven Wir-Erzählung als »kulturelles Gedächtnis«. Und dieses kann eben auch auf Verdrängung bauen. Aleida Assmann, die sich seit vielen Jahren auf Gedächtnis- und Erinnerungsforschung spezialisiert hat, sagte in einem Interview:

> *»Es ist ein Grundgesetz der Erinnerungsforschung, dass die Rekonstruktion der Vergangenheit unmittelbar abhängig ist von den Interessen und Deutungsrahmen der Gegenwart. Politik, Macht und Erinnerung gehen dabei eine enge Verbindung ein, weshalb diese Prozesse immer von kritischer Reflexion begleitet werden müssen, um sicherzustellen, dass auch die Opfer ihre Geschichte erzählen können.«*[8]

Im Falle des Klimawandels und der Vernichtung der Bodenfruchtbarkeit wird es aber noch kritischer als beim kollektiven Erinnern vergangener Untaten, denn hier sind die Taten noch immer aktuell. Sie wurden in der jüngeren Vergangenheit begangenen, und sie werden noch immer begangen. Und das mit stetig wachsender Zerstörungskraft. Auch mit der Geschichte der Opfer ist es hier komplizierter, denn die meisten Menschen werden erst in der Zukunft Opfer der heutigen Taten. Was allerdings schon jetzt bestens funktioniert, ist das kollektive Verdrängen. Vielleicht ist die Schülerbewegung Fridays for Future in der Lage, dies zu beenden. Dann werden wir in Zukunft vielleicht von der Achtzehner-Bewegung sprechen. Darauf verlassen können wir uns allerdings nicht, denn noch sind die Verdränger an der Macht und in der Mehrheit.

Wenn das paradoxe Verhalten wider besseres Wissen also zu unserem evolutionären Erbe und zu unserer psychischen Disposition gehört und sicher auch mitgeholfen hat, uns durchzusetzen und zur beherrschenden Spezies dieser Erde zu machen, dann ist es jetzt dennoch an der Zeit, sich davon zu lösen. Die Evolution ist ja nicht zu Ende und die Psyche nicht unbeeinflussbar. Irgendwie muss es uns gelingen, denn wir sind derzeit dabei, unsere Lebensgrundlagen endgültig zu zerstören.

Der Vorteil, den wir Menschen sicher haben: Wir gehören zu den anpassungsfähigsten Lebensformen dieser Erde. Das ist ein Schlüssel zu unserem Erfolg. Es gibt natürlich einige Lebewesen, die darin noch besser sind, wie zum Beispiel Fadenwürmer und Ratten, aber die haben es nicht zu so komplexen Gesellschaften und so viel willentlich oder unwissentlich ausgeübter Macht gebracht.

Diese Macht ist es aber auch, die uns in die derzeitige Situation gebracht hat. Nie zuvor waren wir in der Lage, die Erde so zu beeinflussen, dass wir weltweite Veränderungen ihrer Selbsterhaltungs- und Ausgleichssysteme verursachen konnten. Jetzt können wir das. Offenbar sind wir nur nicht in der Lage, mit dieser Macht umzugehen. Wir sind, wie es der umweltbewegte Schriftsteller Carl Amery in seiner *Botschaft des Jahrtausends*[9] am Ende der 1990er-Jahre schon geschrieben hat, mit dem Programm der Bierhefe auf dem Weg des Schimpansen unterwegs. Die Schimpansen sind bekannt dafür, dass sie konkurrent und aggressiv sind – unsere nächsten Verwandten eben. Und die Bierhefe frisst sich so lange durch die Maische, bis sie in den eigenen Exkrementen erstickt ist. Das Ergebnis nennen wir Bier. Carl Amery nannte es »die Gattungsfrage«, die Frage, ob wir uns selbst aus der Welt schaffen, nachdem wir so vielen anderen Lebewesen den Garaus gemacht haben. Es scheint heute, wo wir in diesem neuen Jahrtausend angekommen sind, als habe Carl Amery mit seiner dunklen Prognose recht gehabt. Wir sind schlicht nicht zukunftsfähig. Na denn: Prost!

Aber, wie das so ist mit der Hoffnung: Solange es noch lebendigen Boden als Lebensgrundlage gibt, muss sie nicht sterben. Vielleicht sind wir ja trotz allem in der Lage – ach was, wir müssen es einfach sein –, unsere Anpassungsfähigkeit, unsere Kooperationsfähigkeit und unsere Intelligenz zusammenzunehmen. Dann müsste es doch gelingen, auch mit der Situation umzugehen, in die wir uns nun hineinmanövriert haben. Was wir finden müssen, ist einen »Ausgang aus unserer selbst verschuldeten Unmündigkeit«, würde Immanuel Kant[10] sagen, meinethalben können wir auch einen Aufstand der Klarsichtigen anzetteln, wenn man's aktivistischer oder kämpferischer mag. Der gemeinhin eher pessimistische Sigmund Freud setzte seine Hoffnung auch in die späte Einsicht, als er sagte:

> *»Wir mögen noch so oft betonen, der menschliche Intellekt sei kraftlos im Vergleich zum menschlichen Triebleben, und recht damit haben. Aber es ist doch etwas Besonderes um diese Schwäche; die Stimme des Intellekts ist leise, aber sie ruht nicht, ehe sie sich Gehör geschafft hat. Am Ende, nach unzählig oft wiederholten Abweisungen, findet sie es doch.«*[11]

Und was sollte folgen auf die Einsicht, wenn nicht die Aktion? Handeln ist jedenfalls das Gebot. Das Wissen um die Unersetzlichkeit unserer belebten Böden, die im wahrsten Wortsinn unsere Lebensgrundlage sind, in Aktion münden lassen.

Wie wäre es zum Beispiel, jenen fast schon sprichwörtlichen Hamburger Reeder, der in Pommern eine ehemalige LPG aufgekauft hat, oder auch andere der vielen »landwirtschaftsfernen Investoren« mal darauf anzusprechen, welche Verantwortung sie mit dem Land übernommen haben? Gerade unter denen, die zuvor nichts mit Landwirtschaft zu tun hatten, könnte sich doch der ein oder andere finden, der nicht darauf angewiesen ist, irgendeine in der Landwirtschaft ohnehin unrealistische Rendite zu erwirtschaften. Wenn da nur in Ackergold investiert wurde, weil man das gerade so macht und die anderen Immobilienmärkte schon verstopft sind, könnte man vielleicht darüber reden, wie das Land nun bewirtschaftet wird. Womöglich möchte auch ein Milliardär mal was Gutes tun, über das geredet wird. Ein solches Beispiel könnte Schule machen.

Wie wäre es, die staatliche Bodenverwertungs- und Verwaltungsgesellschaft dazu zu bringen, beim Verkauf des restlichen Landes aus DDR-Erbe, das sie als Nachfolgerin der Treuhand noch verwaltet, darauf zu achten, wie die Landwirte mit dem Boden umgehen, den sie erwerben wollen? Immerhin hat es da ja schon einmal funktioniert mit der Einflussnahme. Nach hörbarem Protest verkauft die BVVG heute keine großen, zusammenhängenden Tranchen Land mehr, die für Investoren interessant sein können.

Wie wäre es, den Ansatz der Biostiftung Schweiz auf ganz breite Füße zu stellen und einen Wettbewerb auszuschreiben für die Humussammler unter den Bauern? Mit finanzieller Unterstützung austesten, was geht in Sachen Humusaufbau, um dabei Erfahrungen auf unterschiedlichen Böden und mit verschiedenen Methoden zu sammeln und gleichzeitig die Landwirte zu interessieren. Dabei kann man nicht nur Biobauern ansprechen, sondern auch die konventionell wirtschaftenden Landwirte. Das könnte auch ein Schritt in Richtung »Ökologisierung« sein.

Wie wäre es, die Annäherungen zwischen den Umweltverbänden und den Landwirten auszubauen? So wie das der WWF mit seiner Kasseler Arbeitsgruppe zum Bodenschutz gemacht hat? In Baden-Württemberg hat der Naturschutzbund Nabu ein Projekt ins Leben gerufen, bei dem der Mais, der als Futter für die Biogasanlagen gesät wird, durch eine Mischung aus Sonnenblumen, Malven und Klee ersetzt wird. Das bringt zwar weniger Energie für die Biogasanlage, muss aber nicht gespritzt und kaum gedüngt werden und ist Bienenweide auf dem Acker. Außerdem Erosionsschutz und Förderung des Bodenlebens. Die Umweltstiftung des Versandunternehmers Michael Otto hat den Nabu und den Bauernverband in ein Projekt namens »Franz« geholt; ausgeschrieben heißt das: »Für Ressourcen, Agrarwirtschaft & Naturschutz mit Zukunft«[12]. Das Projekt ist auf zehn Jahre angelegt und soll klären, was konventionell wirtschaftende Landwirte für den Artenschutz tun können, ohne dabei wirtschaftliche Einbußen hinnehmen zu müssen. Zehn Musterbetriebe in den unterschiedlichen Regionen Deutschlands sind dabei, unter anderem mit mehrjährigen Blühstreifen und Hecken. Ein konkreter Versuch der Ökologisierung der konventionellen Landwirtschaft. Mehr solcher Projekte würden die oft unnötige Konfrontation zwischen Landwirten und Naturschutz entschärfen und könnten den Umgang mit den Agrarsubventionen verändern. Der Naturschutz könnte die Agroforst-Initiativen unterstützen und dabei auch mitgestalten. Wenn sich das für die Landwirte lohnt, sehen die Äcker bald anders aus.

Wie wäre es, wenn die Umweltverbände mit den Bauernverbänden zusammen und nicht nur mit der Agraropposition eine Reform des Bodenschutzgesetzes erarbeiten und vorlegen würden, ohne zu warten, bis es die Politik doch nicht tut? Und eine die ländliche Entwicklung stärkende und den Bodenschutz sichernde Renovierung des Erneuerbare-Energien-Gesetzes gleich dazu. Das nämlich ist, gerade im Bereich Biogas, ein Paradebeispiel für die Unkenntnis von gesetzlicher Ursache und Wirkung auf dem Acker.

Wie wäre es, wenn die Wissenschaftler, die in der letzten Zeit immer mehr zum Bodenleben forschen, ihre Erkenntnisse wieder mehr mit den Landwirten teilen würden? Mehr praxisorientierte Forschung, die Wissen über die Zusammenhänge von Bodenleben und Pflanzenbau und die Auswirkungen der Erntemethoden und des Chemieeinsatzes zu den Bauern bringt und letztlich bis in die Ausbildung trägt. »Forschung heißt, Verantwortung für die Zukunft zu tragen«, sagte Altkanzler Helmut Schmidt und sprach von einer Bringschuld der Wissenschaft.[13]

Wie kein anderes Lebewesen auf dieser Erde sind wir Menschen in der Lage, uns Szenarien auszudenken und uns deren Umsetzung vorzustellen. Wir können alles Mögliche durchspielen, und in unseren Köpfen ist auch das Unmögliche möglich. Und manches scheinbar Unmögliche wird dann auch gemacht. Viele der ehemaligen Utopien sind heute gesellschaftliche Realität. Die Sklaverei ist abgeschafft, fast überall. Es gibt Demokratien, leider noch nicht überall. Aber vor hundert Jahren war das für die meisten Menschen so unrealistisch wie noch 1988 der Mauerfall. »Seid realistisch, fordert das Unmögliche!«, war eine der witzig ernsthaften Parolen der Achtundsechziger. Heute ist diese Art von Realismus dringender denn je. Ignoranz ist die dümmste der Todesursachen, schon gar für eine ganze Gattung.

Literatur

AgrarBündnis: *Kritischer Agrarbericht 2019. Schwerpunkt: Landwirtschaft für Europa.* Hamm 2019

Augustin, Johannes; Braun, Sepp et.al.: *Lebendiger Boden als gemeinsame Basis für Landwirtschaft und Naturschutz.* Kassel 2018

Blum, Winfried E. H.: *Bodenkunde in Stichworten.* Stuttgart 2012

Borchardt, Rudolf: *Der leidenschaftliche Gärtner.* Stuttgart 1968

Christian, Axel: *Untersuchungen zur Entwicklung der Raubmilbenfauna (Gamasina) der Halden des Braunkohlentagebaus Berzdorf/OL.* Abhandlungen und Berichte des Naturkundemuseums Görlitz 67: 2–64, Görlitz 1993

Craven, Dylan et al.: *The unseen invaders: introduced earthworms as drivers of change in plant communities in North American forests.* Global Change Biology, Volume 23, Issue 3, 2017

Darwin, Charles: *Die Bildung der Ackererde durch die Thätigkeit der Würmer.* Übersetzung J. Victor Carus. Stuttgart 1882

DeHaan, Lee R. et al.: *A Pipeline Strategy for Grain Crop Domestication.* Crop Sci. 56:917–930, Madison 2016

Die Bibel. Die revidierte Lutherbibel, 2017

Dunger, Wolfram: *Die Entwicklung der Bodenfauna auf rekultivierten Kippen und Halden des Braunkohletagebaus.* Habilitationsschrift, Leipzig 1968

Dunger, Wolfram: *Tiere im Boden.* Magdeburg 2013

Don, Axel; Flessa, Heinz; Poeplau, Christopher et al.: *Die 4-Promille-Initiative »Böden für Ernährungssicherung und Klima« – Wissenschaftliche Bewertung und Diskussion möglicher Beiträge in Deutschland.* Braunschweig 2018

Europaparlament: *Aktueller Stand der Konzentration von Agrarland in der EU: Wie kann Landwirten der Zugang zu Land erleichtert werden?* Entschließung vom 27. April 2017 (2016/2141 (INI))

Fetscher, Johannes: *Mulchdüngung und biologische Aktivität im Unterboden. Studie zu Regenwurm, Bodenfruchtbarkeit und CO_2.* Darmstadt 2017

Forstner, Bernhard; Zavyalova, Ekaterina (Hg.): *Betriebs- und Unternehmensstrukturen in der deutschen Landwirtschaft: Workshop zu vorläufigen Ergebnissen und methodischen Ansätzen.* Thünen Working Paper 80, Braunschweig 2017

Francé, Raoul Heinrich: *Das Leben im Boden. Das Edaphon.* Kevelaer 2012

Gaupp-Berghausen, Mailin et al.: *Glyphosate-based herbicide reduce the activity and reproduction of earthworms and lead to increased soil nutrient concentrations.* Scientific-Reports 5: 12886, London 2015

Graff, Otto: *Unsere Regenwürmer. Lexikon für Freunde der Bodenbiologie.* Hannover 1983

Helming, Katharina; Daedlow, Katrin; Paul, Carsten et al.: *Managing soil functions for a sustainable bioeconomy – Assessment framework and state of the art.* Land Degrad Dev. 2018; 1–15

Heraeus, Beate; Moosbrugger, Volker (Hg.): *Lebensraum Boden. Bodenfunktionen.* Senckenberg Wissenschaftsmagazin, Band 145, Heft 3/4. Frankfurt am Main 2015

Hoberg, Karin; Xylander, Willi: *Unter unseren Füßen – Lebensraum Boden.* Ausstellungsführer, Görlitz 2007

Jacobs, Anna; Flessa, Heinz; Don, Axel: *Landwirtschaftlich genutzte Böden in Deutschland – Ergebnisse der Bodenzustandserhebung.* Thünen-Report 64. Braunschweig 2018

Jacobs, Anna; Flessa, Heinz; Don, Axel: *Humus in landwirtschaftlich genutzten Böden Deutschlands. Ausgewählte Ergebnisse der Bodenzustandserhebung.* Bonn 2018

Kathan, Bernhard: *Schöne neue Kuhstall Welt.* Berlin 2009

Kleffmann Group: Fairclough, Bob; Mal, Puran; Kersting, Stefan: *Die wirtschaftliche Bedeutung von Glyphosat in Deutschland.* Lüdinghausen 2017

König, Hans-Peter; Meyerkordt, Armin; Koch, Heinz-Josef: *Zuckerrüben ökologisch anbauen. Ein Leitfaden für die Praxis.* Institut für Zuckerrübenforschung, IfZ. Göttingen 2005

Krebs, Rolf; Egli, Markus; Schulin, Rainer; Tobias, Silvia (Hg.): *Bodenschutz in der Praxis.* Bern 2017

Kundler, Peter: *Erhöhung der Bodenfruchtbarkeit.* Berlin 1989

Lehmitz, Ricarda: *Die Verbreitungswege von Hornmilben (Oribatida) und ihre Einwanderung in Rohböden.* Doktorarbeit, Leipzig 2012

LOP, Landwirtschaft ohne Pflug: *Sonderheft Ökologischer Landbau ohne Pflug II.* Berlin 2017

Meinhardt, Ursula: *Alles über Regenwürmer*. Stuttgart 1986

Neugebauer, Gerth M.: *Erde in Not. Die heimliche Bodenkatastrophe.* Wien 2017

Neulinger, Georg: *Die Wesen aus der Unterwelt.* Spektrum der Wissenschaft, Heidelberg 2013

Paulsen, Hans Martin; Schrader, Stefan; Schnug, Ewald: *Eine kritische Analyse von Ruschs Theorien zur Bodenfruchtbarkeit als Grundlage für die Bodenbewirtschaftung im Ökologischen Landbau.* Landbauforschung – vTI Agriculture and Forestry Research, 3 2009 (59) 253–268

Rusch, Hans Peter: *Bodenfruchtbarkeit. Eine Studie biologischen Denkens.* Kevelaer 1968

Scheub, Ute; Schwarzer, Stefan: *Die Humusrevolution. Wie wir den Boden heilen, das Klima retten und die Ernährungswende schaffen.* München 2017

Schmidt, Wanda: *Boden und Gesundheit.* Ökologie & Landbau 124, Bad Dürkheim 2002

Scholzen, Anja: *Invasion der Würmer.* Bild der Wissenschaft, Echterdingen 2004

Schrader, Christopher: *Global Worming.* Spektrum der Wissenschaft, Heidelberg 2017

Stahr, Karl; Kandeler, Ellen; Herrmann, Ludger; Streck, Thilo: *Bodenkunde und Standortlehre.* Stuttgart 2016

Tietz, Andreas: Überregional aktive Kapitaleigentümer in ostdeutschen Agrarunternehmen: Entwicklungen bis 2017. Thünen Report 52, Braunschweig 2017

Then, Christoph; Boeddinhaus, Runa: Superweeds – resistente Unkräuter bedrohen die Ernte! Das Prinzip industrielle Landwirtschaft in der Sackgasse. Wiesbaden 2014

van der Ploeg, Rienk R.; Ehlers, Wilfried; Horn, Rainer: *Schwerlast auf dem Acker.* Spektrum der Wissenschaft, Heidelberg 2006

von Carlowitz, Hannß Carl: *Silvicultura oeconomica, oder haußwirthliche Nachricht und Naturmäßige Anweisung zur wilden Baum-Zucht.* Leipzig 1713

WBAE (Wissenschaftlicher Beirat für Agrarpolitik, Ernährung und gesundheitlichen Verbraucherschutz beim Bundesministerium für Ernährung und Landwirtschaft): *Für eine gemeinwohlorientierte Ge-*

meinsame Agrarpolitik der EU nach 2020: Grundsatzfragen und Empfehlungen. Stellungnahme. Berlin 2018

Wagner, Christian et al.: *Faunistische Evaluierung von Blühflächen.* Schriftenreihe der Bayerischen Landesanstalt für Landwirtschaft 1/2014, 1–150. Freising 2014

Walter, Roswitha; Brandhuber, Robert; Burmeister, Johannes; Müller, Christa: *Auswirkungen von Überflutungen landwirtschaftlicher Nutzflächen auf Regenwürmer im Boden.* Bayerische Landesanstalt für Landwirtschaft, Freising 2016

Welzer, Harald: *Alles könnte anders sein. Eine Gesellschaftsutopie für freie Menschen.* Frankfurt am Main 2019

Wirtz, Axel; Kasperczyk, Nadja; Thomas, Frieder: *Kursbuch Agrarwende 2050* – ökologisierte Landwirtschaft in *Deutschland.* Hamburg 2017

Wuketits, Franz M.: *Evolution. Die Entwicklung des Lebens.* München 2000

Zaller, Johann G.: *Unser täglich Gift. Pestizide – die unterschätzte Gefahr.* Wien 2018

Zaller, Johann G. et al.: *Glyphosate herbicide effects belowground interactions between earthworms and symbiotic mycorrhizal fungi in a model ecosystem.* Scientific Reports 4: 5634, London 2014

Zaller, Johann G. et al.: *Pesticide seed dressings can affect the activity of various soil organisms and reduce decomposition of plant material.* BMC Ecology 16: 37, Berlin 2016

Zumkowsky-Xylander, Helga; Pilz, Maria; Paczos, Andrzej; Christian, Axel; Xylander, Willi: *Die dünne Haut der Erde – Unsere Böden.* Ausstellungsführer, Görlitz 2017

Anmerkungen

Prolog: Alles Gewürm

1 *Die Bibel*, Moses 1, 1–3, 11, 25
2 Francé: *Leben im Boden*, S. 9
3 Der Begriff geht zurück auf den Arzt und Mikrobiologen Hans Peter Rusch. Er bezeichnet in seinem Hauptwerk »Bodenfruchtbarkeit« die Muttererde oder den Mutterboden als Organismus, in dem Humus kein Stoff sei, sondern »ein Ausdruck der tätigen Beziehung zwischen dem Mutterboden und allen anderen Organismen«.
4 Die 21. UN-Klimakonferenz von 2015, COP21, verabschiedete das »Übereinkommen von Paris« als Nachfolger des Kyoto-Protokolls von 1997.

1 Drunter und drüber

1 Borchardt: *Der leidenschaftliche Gärtner*, S. 7
2 iDiv: Deutsches Zentrum für integrative Biodiversitätsforschung, Forschungszentrum der Deutschen Forschungsgemeinschaft (DFG) an den Universitäten Halle, Jena und Leipzig
3 Darwin: *Die Bildung der Ackererde*, S. 54
4 Francé: *Leben im Boden*. S. 21
5 Epigäisch von Griechisch epi = auf und gaia = Erde. Endogäisch von Griechisch endon = innen und gaia. Anözisch in Anlehnung an das Kunstwort anécique, vom französischen Agrarforscher Marcel Bouché 1970 wiederum aus dem Griechischen abgeleitet, in der Bedeutung: nach oben gerichtet. So wie hier benutzt, eingedeutscht von Wolfram Dunger, dem Begründer der Bodenforschung im Naturkundemuseum Görlitz, das heute Teil der Senckenberg Gesellschaft für Naturforschung ist.
6 Darwin: *Die Bildung der Ackererde*, S. 177

7 Im Original hat das Buch den wissenschaftlich genaueren Titel »*The Formation of Vegetable Mould through the Action of Worms, with Observations on their Habits*«, also »Die Bildung des Humus durch die Tätigkeit der Würmer, mit Beobachtungen zu ihrem Verhalten«.

8 Für weniger gläubige oder patriarchalisch denkende Menschen gibt es inzwischen auch die Variante mit Mutter Natur: »Dame Nature sait comment s'obtient la fertilité de la terre, elle en a confié le secret aux vers de terre.«

9 Francé: *Leben im Boden.* S. 14

10 Ebd. S. 25

11 Lateinisch = Abrieb

12 Durchschnittswert: rund 58 Prozent organischer Kohlenstoff; vgl. Jacobs: *Bodenzustandserhebung.* S. 93

13 Vgl.: Stahr: *Bodenkunde.* S. 68 f.

14 Ebd.: S. 75 f.

15 Ebd.: S. 76

16 Wikipedia Stichwort »Bodengare«, abgerufen Januar 2018

17 Dunger: *Tiere im Boden.* S. 19

18 Dipteren sind Zweiflügler, wie zum Beispiel Fliegen.

19 Diplopoden sind Doppelfüßer, eine Unterklasse der Tausendfüßer. Juliden sind die Rammtypen unter den Doppelfüßern; der Kopf und das erste Nackensegment sind besonders kräftig ausgebildet.

20 Dunger: *Tiere im Boden.* S. 27

21 Jacobs: *Bodenzustandserhebung.* S. II

22 Jacobs: *Humus.* S. 30

23 Don: *4-Promille-Initiative.*

24 Blum: *Bodenkunde in Stichworten*, S. 30

25 *Die Bibel*, Moses 41, 1–36

26 Walter: *Auswirkungen von Überflutungen auf Regenwürmer.* S. 33

27 A. a. O. S. 34

28 Bei der ersten Groten Mandränke (Hochdeutsch = großes Menschen-Ertrinken), einer verheerenden Sturmflut im Jahr 1219, sollen nach alten Quellen 36 000 Menschen gestorben und durch Landverlust der Jadebusen und das Ijsselmeer entstanden sein. In der Mandränke von 1362 ging dann die sagenumwobene Stadt Rungholt unter und mit ihr ein Teil der Insel Nordstrand. Die heutigen nordfriesischen Inseln und Halligen sind der kärgliche Rest der ehemaligen Landmasse, entstanden durch die dritte Mandränke im Jahr 1634. Mit verursacht ha-

ben dürfte die damaligen Sturmfluten der regionale Klimawandel der sogenannten Mittelalterlichen Warmzeit.

29 Rienk R. van der Ploeg war Professor für Bodenphysik in Hannover († 2005), Wilfried Ehlers ist emeritierter Professor für Acker- und Pflanzenbau in Göttingen, Rainer Horn ist Professor für Bodenkunde in Kiel.

30 Van der Ploeg: *Schwerlast auf dem Acker.*

31 Siehe: Fetscher: *Mulchdüngung.*

32 Internetseite des Umweltbundesamtes, abgerufen Februar 2019

33 Von Griechisch edaphos = Erdboden

34 Internetseite des Umweltbundesamtes, abgerufen Februar 2019

35 Im Wortlaut: »Gesetz zum Schutz vor schädlichen Bodenveränderungen und zur Sanierung von Altlasten«, kurz Bundes-Bodenschutzgesetz oder abgekürzt BBodSchG

36 § 7 BBodSchG

37 § 17 Abs. 2 BBodSchG

38 Im Wortlaut: »Verordnung über die Einhaltung von Grundanforderungen und Standards im Rahmen unionsrechtlicher Vorschriften über Agrarzahlungen«, abgekürzt AgrarZahlVerpflV

39 Verordnung (EU) Nr. 1307/2013 des Europäischen Parlaments und des Rates, Art. 46 Abs. 2

40 WBAE: Wissenschaftlicher Beirat für Agrarpolitik. Ernährung und gesundheitlichen Verbraucherschutz beim Bundesministerium für Ernährung und Landwirtschaft

41 WBAE: *Gemeinwohlorientierte Gemeinsame Agrarpolitik.* S. 1

42 »Rechnungshof fordert Kurskorrektur bei EU-Agrarförderung«, Interview mit Klaus-Heiner Lehne. Berliner Morgenpost vom 24.09.2018

2 Reparaturbetrieb

1 Prof. Wolfram Gottfried Dunger (* 9. Oktober 1929, † 24. Januar 2019), studierte Biologie und Bodenkunde, war von 1959 bis 1995 Direktor des zu DDR-Zeiten staatlichen, heute Senckenberg'schen Museums für Naturkunde in Görlitz. Er habilitierte sich 1968, durfte aber in der DDR kein ordentlicher Professor werden, weil er nicht in die Staatspartei SED eintreten wollte.

2 Eukaryoten sind Lebewesen mit einem abgegrenzten Zellkern, im Gegensatz zu Prokaryoten, die keinen Zellkern haben.

3 Flechten sind Symbiosen von Algen und Pilzen.

4 Lehmitz: *Verbreitungswege von Hornmilben.*

5 Vgl. Christian: *Raubmilbenfauna.* S. 61
6 Vgl. Dunger: *Tiere im Boden.* S. 138
7 Von Griechisch mesos = mittlerer und philos = liebend
8 Dunger: *Entwicklung der Bodenfauna auf rekultivierten Kippen.* S. 64
9 Ebd. S. 130
10 In: *Sylva sylvarum*, London 1627
11 Internetseite: www.pfluglos.de
12 Grubber, von Englisch grub = graben: Alternative zur Bodenbearbeitung durch den Pflug. Grubber wenden die Erde nicht, sondern lockern den Boden durch die Zinken in einstellbarer Tiefe. Grubberzinken können auch unterirdisch Wurzeln durchtrennen.
13 König: *Zuckerrüben ökologisch anbauen.* S. 18
14 Dunger: *Tiere im Boden.* S. 237 f. Collembolen sind Springschwänze, Diplopoden sind Doppelfüßer, Lumbriciden die Regenwürmer und Makroarthropoden Gliederfüßer der Makrofauna des Bodens.
15 Zaller: *Unser täglich Gift.* S. 102 f.
16 Zaller: *Glyphosate.* Gaupp-Berghausen: *Glyphosate-based herbicides*
17 Zaller: *Unser täglich Gift.* S. 103
18 Kleffmann Group: *Glyphosat in Deutschland.* S. 9
19 Ebd. S. 10
20 Zaller: *Unser täglich Gift.* S. 104
21 Then: *Superweeds.*
22 Ebd. S. 111
23 Ebd. S. 111 f.
24 Wanderausstellung »Die dünne Haut der Erde«
25 Der Wattwurm, *Arenicola marina*, ist ein Vielborster, Regenwürmer sind Wenigborster. Beide gehören zu den Ringelwürmern, *Clitellata*.
26 Meinhardt: *Regenwürmer.* S. 9
27 Wuketits: *Evolution.* S. 53
28 https://angelprofi.org, abgerufen Februar 2019
29 iDiv-Mitteilung vom 05.09.2016
30 Scholzen: *Invasion der Würmer.*
31 iDiv-Mitteilung vom 05.09.2016
32 Dunger: *Tiere im Boden.* S. 9
33 Die erste Ausgabe erschien 1963, eine überarbeitete und ergänzte Neuauflage zwanzig Jahre später. Die Fassung von 1983 ist bis heute als Teil der »Neuen Brehm-Bücherei« erhältlich.

34 Douglas Keith McEwan Kevan, war Bodenzoologe und Entomologe, bekannt wurde er mit seiner Forschung zu Heuschrecken; hier zitiert nach Dunger: *Tiere im Boden.*

35 www.bonares.de, abgerufen Dezember 2018

36 Die drei Domänen der zellularen Lebewesen: Bakterien und Archäen (früher auch Archebakterien genannt) besitzen keinen Zellkern, Eukaryoten – wie wir Menschen – haben einen durch eine Doppelmembran abgegrenzten Zellkern.

37 Wikipedia, abgerufen Januar 2019

38 Zitiert nach: Neulinger: *Wesen aus der Unterwelt.*

3 Ausverkauf

1 Dairymaster Broschüre: *Automatische Fütterung im Melkstand.* Abgerufen Januar 2019

2 Vgl. Wagner, Christian: *Blühflächen.*

3 Kathan: *Kuhstall Welt*. S. 10

4 A. a. O. S. 7 f.

5 Das »Gesetz zur Schätzung des landwirtschaftlichen Kulturbodens (Bodenschätzungsgesetz – BodSchätzG)« gibt jeweils einen Schätzungsrahmen für Ackerland und für Grünland vor.

6 Dairymaster Produktbeschreibung. Abgerufen Januar 2019

7 Aus einem Post bei *Landwirt.com* zum Thema »Selbstmorde unter Landwirten«, abgerufen Dezember 2017

8 Tietz: *Agrarunternehmen.* S. VII

9 Europaparlament: *Konzentration von Agrarland.*

10 Die genauen Zahlen aus dem Bericht: 2013 kontrollierten in der EU-27 3,1 Prozent der Betriebe 52,2 Prozent der europäischen landwirtschaftlich genutzten Fläche; im Gegensatz dazu verfügten 76,2 Prozent der Betriebe lediglich über 11,2 Prozent des Agrarlandes.

11 Urteil des Bundesverfassungsgerichts: 1 BvR 169/63, BVerfG 21, 73–87

12 Verordnung (EU) 2018/1046 des Europäischen Parlaments und des Rates vom 18. Juli 2018 über die Haushaltsordnung für den Gesamthaushaltsplan der Union.

13 www.zugangzuland.de

14 www.accesstoland.eu

15 AgrarBündnis: *Agrarbericht 2019.* S. 79

16 Ebd.

17 Gesetz über Maßnahmen zur Verbesserung der Agrarstruktur und zur Sicherung land- und forstwirtschaftlicher Betriebe (Grundstückverkehrsgesetz – GrdstVG). §§ 9 und 10

18 Sonderforschungsbereich 119, gefördert von der Deutschen Forschungsgemeinschaft: »Verräumlichungsprozesse unter Globalisierungsbedingungen«. Kooperation der Universität Leipzig mit dem Leibniz-Institut für Geschichte und Kultur des östlichen Europas (GWZO) und dem Leibniz Institut für Länderkunde (IfL)

19 »Verordnung (EU) 2018/1091 des Europäischen Parlaments und des Rates vom 18. Juli 2018 über integrierte Statistiken zu landwirtschaftlichen Betrieben«

20 Forstner: *Betriebs- und Unternehmensstrukturen.* S. 19

21 A. a. O. S. 49

22 Der Tagesspiegel, 12.08.2013: *Landgrabbing in Deutschland. Kaufen Spekulanten den Osten auf?*

4 Humuswende

1 Francé: *Leben im Boden.* S. 50

2 www.ig-gesunder-boden.de

3 William A. Albrecht († 1974), 1888 als Sohn deutscher Auswanderer auf einer Farm in Illinois geboren, war Professor für Bodenbiologie und Leiter des Instituts für Bodenkunde an der Universität Missouri.

4 Zitiert nach: Organic Pioneers bei IFOAM, Internationale Vereinigung der ökologischen Landbaubewegungen, www.ifoam.bio

5 Zitiert nach: Schmidt: *Boden und Gesundheit.* S. 8

6 Deutsche Ausgabe: *Flur und Furche*

7 Kationen sind positiv geladene Ionen, so genannt, weil sie bei der Elektrolyse stets der Kathode zustreben.

8 Das Potenzial der Bindungsfähigkeit von Nährstoff-Kationen im Boden

9 Wenn das – selten genug – nicht der Fall ist, wird dies wieder mit einer solchen Sprachbiegung beschrieben: muttergebundene Kälberaufzucht.

10 Die Zuchtkonzerne bieten nur spezialisierte Hühner, entweder Masthühner oder Legehennen. Bei den Legehennen werden die männlichen Tiere meist sofort nach dem Schlüpfen getötet, weil sie zu wenig Fleisch ansetzen. Um das abzustellen, gibt es die Bruder-Hahn-Initiative (www.bruderhahn.de) und ähnliche Aktionen, die die Bruderhähne aufziehen und von den verkauften Eiern Geld für die ökologi-

sche Tierzucht abzweigen. Ziel ist das Zweinutzungshuhn, das genügend Eier legt und trotzdem Fleisch ansetzt.

11 Rusch: *Bodengesundheit.* S. 217

12 Annie Francé-Harrar: *Humus – Bodenleben und Fruchtbarkeit.* München 1957

13 Siehe: www.bodenfruchtbarkeit.bio/

14 Dunger: *Tiere im Boden.* S. 238

15 A. a. O. S. 239

16 https://humusfarming.de

17 Augustin; Braun: *Lebendiger Boden.* S. 2

18 Ebd.

19 Vgl.: DeHaan: *Strategy for Grain Crop Domestication.*

20 Augustin; Braun: *Lebendiger Boden.* S. 2

21 https://live2give.info

22 Triticale ist eine Kreuzung aus weiblichem Weizen und männlichem Roggen. Sie entstand zunächst auf natürlichem Weg. Erste Triticale-Pflanzen wurden auf Feldern bereits im 19. Jahrhundert entdeckt und dann weiter gezüchtet. Intensiviert wurde die Züchtung in den letzten dreißig Jahren. Inzwischen gibt es fast vierzig Sorten. Triticale ist besonders winterhart. Auch Roggen ist eine sehr genügsame und winterharte Pflanze.

23 Fetscher: *Mulchdüngung.* S. 39

24 A. a. O. S. 41

25 https://agroforst-info.de/rechtliche-und-politische-rahmenbedingungen, abgerufen Januar 2019

26 Wirtz: *Kursbuch Agrarwende.* S. 7

27 Das »Forum Grüne Vernunft« ist inhaltlich und personell eng verbunden mit »Innoplanta«. Beide setzen sich für mehr Akzeptanz der sogenannten Grünen Gentechnik in Öffentlichkeit und Politik ein und sind Gründungen von Saatgut-, Agrochemie und Biotechnologiekonzernen. Geleitet wird das Forum von dem Agrarlobbyisten Gerhard Prante (Bayer AG) und dem früheren Wirtschaftsminister von Sachsen-Anhalt, Horst Rehberger (FDP). Gründungspräsident von Innoplanta ist Thomas Leimbach (CDU). Er war Präsident des Landesverwaltungsamts Sachsen-Anhalt und damit Chef der zuständigen Kontrollbehörde.

28 Wirtz: *Kursbuch Agrarwende.* S. 32

29 A. a. O. S. 70

Epilog: Lebensboden

1 Gottfried Wilhelm Leibniz stellte 1710 in seiner Theodizee die These auf, dass Gott nur eine gute Welt schaffen könne. Voltaire widersprach mit seinem Roman »Candide oder der Optimismus« 1759, indem er die Helden auf einer Weltreise alle Schrecken der damaligen Zeit erfahren lässt.
2 Welzer: *Alles könnte anders sein.* S.24
3 Ebd.
4 Sibylle Drews ist Psychoanalytikerin in Frankfurt am Main. Sie war viele Jahre Vorsitzende der Sigmund-Freud-Stiftung und Herausgeberin der *Zeitschrift für psychoanalytische Theorie und Praxis*.
5 Sibylle Drews in einem Schreiben an den Autor, April 2019. Die Zitate stammen aus Sigmund Freud: *Jenseitiges Lustprinzip.* GW 13, S. 1 – 69 (1920).
6 Sigmund Freud: *Neue Folge der Vorlesungen zur Einführung in die Psychoanalyse.* GW 15, S. 114 (1933)
7 Alexander und Margarete Mitscherlich: *Die Unfähigkeit zu trauern. Grundlagen kollektiven Verhaltens.* München 1967
8 Aleida Assmann im Gespräch mit Roland Detsch, Goethe-Institut Online-Redaktion, Januar 2011
9 Carl Amery: *Die Botschaft des Jahrtausends. Von Leben, Tod und Würde. München 1994*
10 Sinngemäß zitiert nach dem ersten Satz aus Immanuel Kants Essay *Beantwortung der Frage: Was ist Aufklärung?* aus dem Jahr 1784
11 Sigmund Freud: *Die Zukunft einer Illusion.* GW 14, S. 325 – 380 (1927)
12 www.franz-projekt.de
13 Zitat aus einer Rede Helmut Schmidts aus dem Jahr 2011 zum hundertsten Geburtstag der Kaiser-Wilhelm-Gesellschaft, bei einem Festakt von deren Nachfolgeorganisation, der Max-Planck-Gesellschaft.

Dank

Ich danke für die Anregung zu diesem Buch und hilfreiche Gespräche: Felix Prinz zu Löwenstein und Prof. Harald Kächele. Ich danke den Bauern, die mir ihr Hoftor geöffnet haben, besonders Sepp Braun, Sepp Hägler, Johannes Storch und dem Forschungsgärtner Johannes Fetscher. Ich danke den Wissenschaftlern, die mir ihre Forschung erläutert haben, insbesondere Prof. Nico Eisenhauer und den Bodenforscherinnen und -forschern von Senckenberg in Görlitz: den Dres. Karin Hohberg, Axel Christian, Birgit Lang, Ricarda Lehmitz und Prof. Willi Xylander; und denen vom ZALF in Müncheberg: den Profes. Katharina Helming und Monika Frielinghaus. Für großartige Hilfe und Vermittlungsarbeit sei Dr. Christian Düker von Senckenberg in Görlitz besonders gedankt. Dem Kollegen und Biobauern Daniel Sulzmann danke ich fürs engagierte Gegenlesen.